UBU LOI

Des mêmes auteurs

Œuvres de Philippe Sassier

Les Français à la corbeille, avec François De Witt, Robert Laffont, 1985

L'Euro : un exposé pour comprendre, un guide pour s'y retrouver, Flammarion, 1997

Seillière : le baron de la République, avec Jean Bothorel, Robert Laffont, 2001

La Grande Distribution : enquête sur une corruption à la française, avec Jean Bothorel, Bourin, 2005

Œuvres de Dominique Lansoy

Dictionnaire Larousse de l'informatique, rubrique « droit de l'informatique », Larousse, 1972

Dominique Lansoy
Philippe Sassier

UBU LOI

essai

Fayard

ISBN : 978-2-213-63618-4

Introduction

Nul n'est censé ignorer la loi. Pour respecter ce principe, les Français doivent connaître plus de 10 500 lois, 120 000 décrets, 7 400 traités, 17 000 textes communautaires, des dizaines de milliers de pages de 62 codes différents. Certains sont constamment modifiés : 6 modifications par jour ouvrable pour le Code des impôts du 2006.

La France est la championne du monde de production législative. Les Français sont les premiers consommateurs de lois et d'antidépresseurs. Y aurait-il un lien ? Les Français sont les citoyens les plus méfiants du monde.

La France est malade, malade de l'inflation législative qui peu à peu étouffe l'État, les entreprises et les citoyens. La France est engluée dans ses lois, paralysée par le nombre de fonctionnaires chargés de les appliquer. En quarante ans, le nombre des agriculteurs a été divisé par 4 et celui des fonctionnaires du ministère de l'Agriculture multiplié par 2. Qu'il s'agisse du parc animalier de Thoiry, de l'extension de Rungis, du fonctionnement d'un restaurant, de l'activité d'une multinationale ou de la pêche à pied, le travail comme les loisirs sont submergés par des lois et des règlements.

La modernisation de l'État dont on parle depuis des décennies passe par une simplification législative et administrative. La première réforme consiste à légiférer moins pour légiférer mieux. En effet, les textes s'empilent, se contredisent et souvent ne sont pas appliqués. Inutile de prétendre réduire la dépense publique sans réduire le nombre des lois : la norme (la réglementation), avec sa complexité, entraîne la dépense.

La réforme de l'État est le chantier majeur de Nicolas Sarkozy. Parviendra-t-il à calmer cette inflation pour réduire le nombre de fonctionnaires ? Les codes grossissent, les effectifs des fonctionnaires aussi. Parviendra-t-il à simplifier la vie des entreprises et des Français, à reprendre le pouvoir sur une administration omniprésente et omnipotente, à faire accepter aux syndicats de nouvelles règles de représentativité, à ceux des finances de ne plus refuser la modernisation du prélèvement de l'impôt, et à tous de collaborer à une révision du Code du travail dans lequel eux-mêmes, comme les juristes les plus réputés, ne se retrouvent plus ?

« Trop de lois tue la loi », avait déclaré Jacques Chirac pendant la campagne présidentielle de 2002, mais la planche à billets législative a continué de tourner durant son quinquennat.

Pourquoi ? Comment ? Combien cela coute-t-il ? Allons-nous périr sous cette avalanche de textes ? Que faire ? Quel courage faut-il aux politiques ? Quelle pédagogie à l'égard des Français ?

Tel est l'objet de ce livre. Nous avons demandé à Alfred Jarry et à Raymond Queneau qu'Ubu et Zazie nous accompagnent dans ce voyage.

Et pour répondre à ces questions, nous avons interrogé les politiques qui élaborent les lois, les professionnels du droit, avocats, magistrats, juristes, fiscalistes qui tentent de les appliquer et les acteurs économiques et sociaux qui les subissent.

À travers des exemples significatifs ou cocasses, nous allons tenter d'expliquer pourquoi cette inflation législative est à la base de ce que l'on appelle le mal français.

Enfin, l'institut Thomas-More, qui a mis en place un baromètre du quinquennat, nous a communiqué ses premières appréciations sur les réformes de Nicolas Sarkozy

Le comte, les singes et le procureur

« J'ai ouvert Thoiry il y a quarante ans en obtenant des autorisations provisoires sans cesse renouvelées. Aujourd'hui je ne pourrais plus ouvrir ce parc, je ne pourrais plus faire face au monceau de réglementations nouvelles et, surtout, à leurs contradictions », explique Claude, comte de La Panouse, propriétaire de Thoiry, un château Renaissance entouré de 380 hectares, dont 150 transformés en parc animalier.

Cent trente espèces allant du varan de Comodo (le plus grand lézard du monde) à l'éléphant en passant par les escargots de Betula de la famille des bétulacées et en voie de disparition se côtoient à moins d'une heure de Paris. Ces mille animaux vivant sous le climat de l'Île-de-France ont attiré les hommes : près de cent emplois créés (dont quarante permanents) ; la population du village de Thoiry a pratiquement doublé et le nombre de taxes professionnelles acquittées est passé de 15 à 104. Une réussite couronnée par les quinze millions de visiteurs venus du monde entier parcourir un parc dont la gestion est proposée en exemple. On imagine les soins que nécessitent une telle installation et une telle population et les contrôles multiples et variés qu'elles suscitent de la part des administrations concernées.

Plusieurs ministères se penchent sur Thoiry : l'Agriculture, le Travail, l'Environnement, la Culture. « En bon Aveyronnais, j'ai ouvert un bistrot », s'amuse Claude de La Panouse. Après les services vétérinaires, représentant deux ministères, les services sanitaires ont pris le chemin de Thoiry pour inspecter le restaurant installé dans un bâtiment du XVIIIe siècle. « Une belle bagarre avec les Monuments historiques », commente le comte bistrotier. Bien entendu il ne faut pas oublier le roi de la jungle administrative, sa majesté le fisc. Les éléphants de Thoiry ont valu aux experts du ministère de l'Économie et des Finances un grattage de tête compulsif. Ils devaient résoudre le problème de l'amortissement fiscal d'un éléphant. « C'est un animal difficile à décrire, mais quand on en voit un on ne peut pas se tromper », disait Churchill. Oui, mais son amortissement, comment le définir ? Deux spécialistes des impôts ont étudié la durée de vie des éléphants, l'utilisation faite des pachydermes, leurs habitudes et leurs coûts alimentaires. Pas moins de trois rapports furent consacrés à cet angoissant problème fiscal.

Mais ce sont des singes qui sont responsables de la plus belle empoignade entre La Panouse et l'administration. Ou plutôt leur cabane. Lors d'une visite de routine, les services vétérinaires constatent que la population des macaques a doublé et que leur habitation n'est plus aux normes. Par lettre recommandée, l'administration met en demeure Claude de La Panouse de bâtir un nouvel édifice sous peine de poursuites correctionnelles. La loi ne badine pas avec les animaux sauvages. Le permis de construire à peine déposé, une nouvelle lettre recommandée parvient à Thoiry : vous êtes en zone protégée et toute modification d'une installation existante est passible de poursuites correctionnelles. Le préfet, de qui dépendent les deux administrations à l'origine de ces lettres, fut consulté et conseilla de régulariser. Oui, mais dans quel sens ? La décision prise de construire une nouvelle cabane attira à Thoiry la visite des gendarmes et Claude de La Panouse fut convoqué à la gendarmerie qui transmit son dossier au procureur. Estimant que les gendarmes avaient d'autres chats à fouetter que de s'occuper de l'habitat des macaques, le magistrat classa l'affaire, mais il fit savoir à Claude de La Panouse que si une administration portait plainte, sa décision de classement était alors susceptible d'appel, auquel cas des poursuites contre lui pourraient être engagées.

Les démêlés du propriétaire de Thoiry avec l'administration sont multiples, qu'il s'agisse de planter des arbres, d'aménager un terrain, de refaire un bâtiment, d'éditer des brochures ou de proposer le gîte et le couvert aux visiteurs. Mais ils sont exemplaires. Les arbres de Thoiry ne doivent pas cacher la plus grande forêt législative au monde. La forêt française. Inflation législative, logorrhée normative, harcèlement textuel, les formules font florès pour dénommer ce mal français : les lois qui s'empilent, doublonnent, se contredisent, ne correspondent à aucune vue d'ensemble. Gouvernement, députés, élus régionaux et locaux, préfets et administrations diverses sont à la tête de la plus grosse fabrique de paperasseries du monde.

La France est la championne de la production de lois et règlements : 40 textes par jour pleuvent sur la tête des Français. Plus personne n'est capable d'en dénombrer le nombre exact, de suivre leurs modifications permanentes (jusqu'à 3 par jour pour le Code des impôts) et de comprendre leurs applications de plus en plus hasardeuses.

À la logorrhée nationale s'ajoutent désormais les textes européens et des traités internationaux de plus en plus nombreux. Cette multiplication de textes législatifs constitue probablement le plus important obstacle sur la route de la réforme de l'État qui est le chantier prioritaire et majeur du quinquennat de Nicolas Sarkozy. La France a entassé les textes concernant l'Éducation nationale mais son système éducatif est un des plus mauvais au monde, elle a empilé les textes sur l'emploi et elle bat des records de chômage, sur l'inflation et elle connaît une des plus fortes hausses des prix d'Europe. La France entasse les textes mais aussi les administrations et les organismes dont elle ignore le nombre précis. Pas plus que celui de ses fonctionnaires dont elle ignore parfois le salaire exact.

Les démêlés du comte de La Panouse, de ses macaques et du procureur peuvent prêter à sourire. Mais la situation est sérieuse. Cet amas de textes accumulés sans jamais être simplifiés s'est transformé en sables mouvants dans lesquels entreprises, citoyens et administrations s'enfoncent lentement. C'est le pays tout entier qui est menacé. « La complexité croissante des normes menace l'État de droit », estime le Conseil d'État. Sans une politique d'amélioration du droit « la réforme de l'État sera incomplète et inachevée », déclare de son côté le vice-président du Conseil constitutionnel, Jean-Marc Sauvé, qui constate qu'en quarante ans le volume des lois a décuplé et qu'il a doublé au cours des quinze dernières années. Dans un rapport, le même Conseil affirme que, sans une simplification et une amélioration de notre droit, toutes les autres réformes seraient vouées à l'échec. C'est une réorganisation totale de l'État qu'implique cette simplification administrative, et une révision complète des administrations. Privées de leur compétence opérationnelle par la décentralisation,

« les administrations centrales ne voient d'autre façon d'intervenir sur les événements que par la production de lois et de règlements », souligne le Conseil d'État. C'est à sa volonté de combattre l'inflation législative comme dans le temps fut combattue l'inflation des prix que sera jugé Nicolas Sarkozy, car c'est de la réussite dans cette tâche que dépend celle de la réforme de l'État.

Pour juger de l'enjeu, rendez-vous chez Dalloz, rue Soufflot, à deux cents mètres du Panthéon. Dans ce temple de la littérature juridique, des dizaines de mètres de codes (il y en a 62) occupent des rayons entiers de la librairie. On trouve là tous les textes que les Français sont censés ne pas ignorer : plus de dix mille lois et des dizaines de milliers de décrets, arrêtés, circulaires, ordonnances et directives diverses. Comment voulez-vous compter ? Au kilo, au mètre, à la quantité de pages ? Au cours de la XIe législature (1997-2002), 1 979 propositions de loi ont été déposées et 81 d'entre elles ont fait l'objet d'une loi promulguée. Durant la XIIe législature (25 juin 2002-19 juin 2007), l'Assemblée nationale a siégé 573 jours, elle a adopté 175 projets de loi d'origine gouvernementale et 56 propositions de loi d'origine parlementaire, 236 conventions ont été validées et la Constitution a été révisée sept fois.

Le *Recueil des lois* qui recense les lois publiées par l'Assemblée nationale a connu une évolution spectaculaire : en 1970 il comptait 620 pages et son poids (912 grammes) était celui d'un petit poulet de grain. Dix ans plus tard, avec 1 022 grammes, le poulet n'avait guère grossi (632 pages). En 1990, le poulet pesait près de 1,6 kilo et le *Recueil* comptait plus de 1 000 pages. En 2000, il atteignait 1 663 pages et 2,8 kilos. En 2004, le poulet s'était transformé en un superbe coq de 3,3 kilos et le *Recueil* comptait 2 556 pages et plus de 3 500 en 2005. À ce train-là et avant dix ans, le poulet se sera mué en dinde de Noël.

Avec les amendements, la calculette s'emballe : 2 260 amendements ont été déposés devant l'Assemblée en 1970, 34 475 pour l'année parlementaire 2002-2003 et la XIIe législature 2002-2007 a battu tous les records avec 137 645 amendements dont plus du tiers, il est vrai, pour le seul projet de privatisation d'EDF en 2006. Ces amendements ne sont pas déposés uniquement par l'opposition mais de plus en plus par la majorité et, dans une telle proportion qu'« il n'est pas rare de voir un projet doublé, voire décuplé de volume en cours de discussion », peut-on lire dans le rapport du comité Balladur, publié en 2007.

Cette inflation législative, estime le Conseil d'État dans son rapport de 2006, est porteuse d'insécurité juridique, non seulement pour les acteurs de la vie économique mais aussi pour l'ensemble des Français. Quelques années plus tôt, le Conseil d'État s'était déjà penché sur le phénomène de l'inflation législative et notamment celle qui concerne les PME. Il avait calculé que, mis bout à bout, les formulaires remplis par une PME pour la taxe professionnelle atteignaient une longueur de 3,63 mètres à laquelle s'ajoutaient les 2,4 mètres des documents exigés d'une PME lorsque celle-ci crée un établissement nouveau dans une zone soumise à des mesures d'aménagement du territoire. Et ce n'est pas fini, il faut y rajouter les 3 mètres d'explications dont la lecture est impérative pour comprendre les 6 mètres précédents. Au total, 9 mètres. On frôle la hauteur d'une maison de deux étages. Depuis ce calcul du Conseil d'État, on peut rajouter au moins un étage de plus à l'édifice. Selon Nicolas Molfessis, professeur à l'université Paris II, c'est parce que le droit est devenu compliqué qu'on ne cesse d'y ajouter des textes supposés le simplifier. Mais en fait « les règles participent au mal qu'elles veulent combattre. Le système s'est autodérégulé », écrit ce professeur dans un rapport du Conseil d'État.

Peut-on encore créer une entreprise, travailler, boire, manger, promener son chien, aller à la pêche aux moules ou à la cueillette des champignons, vendre des concombres ou bien des tomates si l'on est agriculteur, sans se heurter à l'un de ces 62 codes qui balisent notre vie quotidienne aussi férocement que les radars surveillent notre vitesse ? « Non », répond Bernard Zimmern. Ce polytechnicien énarque possède tout ce qu'il faut pour devenir un de ces mandarins admirés et enviés qui, sanglés dans leur costume trois-pièces, parcourent, en Safrane hier et en Velsatis aujourd'hui, les arcanes du pouvoir et les allées de l'administration. Bernard Zimmern est devenu la bête noire de ces administrations pour s'être mué en procureur de ses pairs, les énarques. Le châtelain de Thoiry et l'énarque polytechnicien font les mêmes constatations et tiennent le même langage : travailler et entreprendre en France relève désormais du parcours législatif du combattant.

En 1970, trois ans après l'ouverture de Thoiry, Bernard Zimmern crée une entreprise de recherche dans la mécanique. Dès le départ, l'entreprise marche bien, se développe et dépose des brevets dans le monde entier. Bernard Zimmern gagne de l'argent et il embauche. La belle vie. Mais au milieu des années 80, changement de climat ; il a de plus en plus de mal à travailler et l'impression que son outil est en train de se gripper. Les demandes en tout genre de l'administration se font de plus en plus nombreuses, tandis que les contrôles fiscaux et sociaux se multiplient. Les contraintes réglementaires auxquelles sont soumises les entreprises se sont considérablement alourdies. Depuis quand ? « La contrainte réglementaire, amorcée sous

Giscard, s'est accélérée sous Mitterrand », explique Bernard Zimmern, qui, pour comprendre ce qui lui arrive, crée l'Ifrap (Institut français de recherche sur les administrations publiques), un organisme de réflexion, un *think-tank* disent les Anglo-Saxons, qui étudie le comportement de la fonction publique, se penche sur le travail des parlementaires et passe au crible les dépenses de l'État. L'Ifrap est devenu le poil à gratter de la vie politique et administrative française. L'inflation législative tient une place importante dans ses travaux. L'institut constate que, chaque année, le gouvernement élabore plus d'une centaine de projets de loi, rédige 1 200 à 1 500 décrets auxquels s'ajoutent les arrêtés ministériels, préfectoraux, municipaux et les 10 000 à 15 000 circulaires émanant tantôt du pouvoir central, tantôt des collectivités locales, tantôt des AAI (autorités administratives indépendantes), la CNIL (Commission national informatique et liberté), par exemple.

Dans quel domaine légiférer ? C'est la question que se pose chaque ministre quand il entre en fonction et ses conseillers ouvrent les tiroirs où dorment les projets. En novembre 2007, les Français étaient soumis à 10 500 lois, 120 000 décrets, 7 400 traités ou accords internationaux et 17 000 textes communautaires. « La planche à billets législative » tourne de plus en plus vite, occasionnant quarante réglementations nouvelles par jour. « Du harcèlement textuel », déclarait, sous les rires de ses collègues sénateurs, Philippe Nogrix au printemps 2007 en dénonçant des lois de plus en plus « nombreuses, bavardes, instables, complexes ».

Le principe selon lequel les plaisanteries les meilleures sont souvent les plus courtes ne s'applique plus aux lois françaises depuis longtemps. Leur longueur s'accroît au même rythme que leur complexité. On oscille entre la nouvelle et le roman : 218 pages et 158 articles pour la loi du 9 août 2004 sur la Santé publique ; 231 pages et 203 articles pour celle des libertés et responsabilités locales, à la même époque ; 101 pages pour la loi sur la confiance économique numérique du 21 juin 2004. Le projet de loi concernant le développement des territoires ruraux – février 2005 – comptait 73 articles au départ et trois fois plus à l'arrivée quand la loi fut votée.

Pierre Mazeaud, qui a quitté la présidence du Conseil constitutionnel pour celle de la Fondation Charles de Gaulle qui se trouve, clin d'œil de la topographie parisienne, rue de Solferino, en face du siège du Parti socialiste, nous a déclaré : « Une bonne loi doit faire deux pages, mais plus les lois sont longues et plus elles font parler d'elles et plus elles sont médiatisées. » La loi est devenue un instrument d'affichage politique. Les législateurs ne se soucient plus de faire des textes simples, clairs, compréhensibles par tous et applicables partout. À la fracture sociale s'ajoute désormais une fracture juridique. « Il n'y a plus d'accès à la loi. Sur les 63 000 dossiers que nous traitons par an, la moitié concernent des demandes d'information. Le fossé se creuse entre les citoyens et leurs représentants », affirme Jean-Paul Delevoye qui met autant d'enthousiasme que de vigueur à exercer ses fonctions de médiateur de la République. « À la démocratie de conviction s'oppose la démocratie d'émotion, ajoute-t-il, nous pratiquons la seconde, aujourd'hui c'est l'émotion qui domine et non la conviction. Si on n'y prend pas garde, les pulsions émotionnelles peuvent balayer tout pouvoir politique. »

La loi du 11 février 2005 qui devait réformer en profondeur la politique à l'égard des handicapés avait été annoncée comme un des chantiers majeurs du quinquennat chiraquien. À l'importance du projet s'ajoutait la priorité. Bref, une ambition politique de premier ordre, relayée dans tous les coins de France et de Navarre par les tambours médiatiques. On n'est pas déçu. La loi est copieuse avec ses 110 articles renvoyant à 100 décrets d'application. Quand nous avons rencontré Jean-Paul Delevoye, en décembre 2007, il avait été saisi de « plusieurs dossiers qui témoignent de la complexité et de l'enchevêtrement des textes censés garantir les droits des personnes handicapées ». Près de trois ans après leur publication, les onze textes qui se juxtaposent n'ont pas mis fin à une situation préoccupante. C'est vrai, il y a une loi, mais font défaut aussi bien certains textes d'application que l'argent nécessaire à l'adaptation des locaux scolaires ou encore la liste des métiers devant être prioritairement réservés aux handicapés. La loi prévoit des aides financières pour favoriser leur travail... mais ces aides ne concernent que ceux dont le handicap est tel qu'il exclut tout travail. Enfin, cerise administrative sur ce millefeuille législatif, la reprise d'une activité entraîne la perte de certaines aides sociales qui ne peuvent être perçues, à nouveau, avant un certain délai, après que le travailleur aura, le cas échéant, quitté son emploi.

Dans son numéro d'octobre-novembre 2007, la revue *Médiateur Actualités* écrit : « Il faut incontestablement faire une pause législative et se donner les moyens pour chaque projet de loi ou décret d'en évaluer l'impact sur les situations du handicap. » C'est une remarque applicable à des centaines de lois dont l'effet médiatique prime l'efficacité. Xavier Bertrand, ministre du Travail, des Relations sociales et des Solidarités, a mis en place un groupe de suivi de cette loi sur les handicapés, composé notamment de représentants des associations et de parlementaires. Il s'est engagé à ce que la majorité des décrets en attente de publication soit prise avant la fin 2007. La non-application des lois est-elle devenue, avec l'inflation juridique, une spécialité française ? « Oui, parce qu'il y a détournement de la loi à des fins électorales », affirme Jean-Paul Delevoye.

Renaud Denoix de Saint-Marc, qui n'a eu que quelques mètres à parcourir de son bureau de vice-président du Conseil d'État à son fauteuil de membre du Conseil constitutionnel, constate lui aussi : « On utilise de plus en plus la loi comme instrument de l'action politique. Comme les moyens budgétaires font défaut et qu'on ne peut plus décider d'un investissement important, on gesticule en faisant des lois. » À côté des « lois gesticulations », il y a les lois de circonstance, celles répondant à l'humeur de l'opinion publique ou aux manifestations d'émotion populaires si bien que « la pression politique se conjugue avec l'écoute craintive de l'opinion ».

Bel exemple de cette collusion entre pression politique et écoute de l'opinion, l'affaire d'Outreau. « Pour faire une loi, explique le bâtonnier Yves Repiquet, il faut prendre son temps ; là, au contraire, on a légiféré dans la précipitation, avocats et magistrats se posent aujourd'hui la question de savoir ce qu'elle a changé en profondeur même si elle a apporté de légers progrès. » Pour frapper l'opinion, répondre aux sollicitations des médias qui relaient cette opinion, aux demandes émanant des différents groupes sociaux ou encore réagir à un événement, on tire du chapeau parlementaire une loi de circonstance, là où des mesures réglementaires auraient amplement suffi et permis de simplifier les procédures. « Désormais la loi est faite pour être solennelle plus que pour être utile », estime le sénateur et ancien ministre délégué au Budget Alain Lambert. La main du législateur est guidée par les faits divers.

« Tout reportage du Journal de 20 heures est susceptible de se transformer en loi », grince un parlementaire.

On ne fait pas une loi pour protéger le citoyen, mais pour lui donner l'impression qu'on s'occupe de lui. L'annonce d'une réforme accompagnée d'un projet de loi étant devenue un gage d'action et de détermination, la loi est donc de plus en plus utilisée comme un outil de communication par les ministères. La très grande majorité des lois (sous forme de projets) a pour origine le gouvernement, le seul vrai pouvoir du Parlement en la matière est l'amendement. Avant d'être un instrument législatif, la loi est ainsi devenue un outil de l'exécutif : « Elle permet d'effectuer un *show* à l'Assemblée et au Sénat à l'usage des médias », constate Alain Lambert. Les reportages choisis par Patrick Poivre d'Arvor, Claire Chazal ou David Pujadas peuvent se retrouver parmi les textes d'un des 62 codes de loi. C'est la loi fait-divers, la loi émotion, la loi maternelle calmante et rassurante... mais de plus en plus inefficace. L'Europe est-elle critiquée pour n'être pas assez sociale ? Voici, à quelques jours de mai 2005, le Conseil d'État saisi en urgence d'un projet sur l'égalité de traitement des hommes et des femmes. Les Français ont-ils le moral en berne et des craintes pour leur pouvoir d'achat ? Voici un remontant législatif avec un texte sur « la confiance dans l'économie et la consommation ». Les homosexuels se plaignent-ils de discrimination à leur égard ? Voici encore, à la veille de la Gay Pride de 2004, un projet de loi sur les droits des homosexuels présenté, également, en urgence au Conseil d'État.

Aux Romains les empereurs promettaient du pain et des jeux, aux Français les gouvernements promettent des lois... qui souvent existent déjà. Bel exemple de cette amnésie législative qui frappe le monde politique, les projets annoncés par les candidats à la présidentielle de 2007 sur les femmes battues, les enfants handicapés, la transparence fiscale, ou la présence de représentants des salariés dans les conseils d'administration des entreprises, ont depuis donné naissance à des lois souvent oubliées et quelquefois inappliquées. Qu'un chien morde un enfant, que les SDF plantent leurs tentes le long du canal Saint-Martin à Paris, qu'un ascenseur défectueux entraîne la mort d'un adolescent ou qu'un pédophile fasse une nouvelle victime, le Conseil d'État est prié de donner son avis dans des délais très courts sur des textes qu'il estime « trop longs et mal préparés ». Parce que les gouvernements réagissent dans l'urgence aux émotions comme aux colères, aux inondations comme aux naufrages, aux avalanches comme aux accidents de la route, les événements tragiques de la vie quotidienne accélèrent la multiplication des lois.

Le 16 août 2007, un garçon de cinq ans, Enis, est enlevé par un pédophile récidiviste du nom de Francis Evrard, condamné par deux fois en 1975 et 1985 pour attentat à la pudeur et violences sur mineur. En 1987, un mois après sa libération, il enlève de nouveau un enfant de huit ans. En matière de récidive, on ne fait guère mieux et l'arsenal juridique concernant les pédophiles est fourni. Coïncidence, moins d'une semaine avant l'enlèvement d'Enis (heureusement retrouvé vivant), une nouvelle loi – 10 août 2007 – renforçait la lutte contre la récidive. Depuis dix ans, les textes s'accumulent pour mettre hors d'état de nuire les auteurs des crimes sexuels et notamment les récidivistes : loi du 17 juin 1988, du 15 juin 2000, du 9 mars 2004, du 12 décembre 2005, du 7 mars 2007. Si ces textes avaient été appliqués à la lettre, si Evrard avait purgé les peines auxquelles il avait été condamné, il aurait été libéré à l'âge de soixante-dix ans, devenant ainsi moins dangereux. Il aurait été également soigné par des psychiatres mais le problème, pour les récidivistes, comme pour les handicapés, est que les moyens manquent pour mettre en œuvre les mesures prescrites par la loi. La loi délivre une ordonnance que l'État ne peut faire exécuter faute d'argent. Si bien que pour apaiser les inquiétudes des parents, on en est réduit à décider une nouvelle loi. « À chaque fait-divers, on promet une nouvelle loi pour plaire à l'opinion, sans même se soucier de connaître les textes qui existent déjà et savoir s'ils sont ou non appliqués. L'affaire Evrard est symptomatique », a déclaré, en septembre 2007, André Vallini, député de l'Isère et ancien président de la commission Outreau.

Lors de la discussion de la loi du 10 août 2007, plusieurs parlementaires ont souligné que l'intitulé du texte proposé était pratiquement identique à celui du 12 décembre 2005 et que la loi du 7 mars 2007 (relative à la prévention de la délinquance) comportait des dispositions touchant aux mêmes problèmes que celle soumise dix mois après aux parlementaires. « Il me semble vraiment indispensable, Madame le garde des Sceaux, de prendre à l'avenir le temps d'évaluer les effets des lois précédentes avant de légiférer sur le même sujet, surtout lorsque tous les textes sont issus de la même majorité », a déclaré alors le sénateur Yves Detraigne, ajoutant que les magistrats ont à peine le temps d'« assimiler une nouvelle loi qu'elle est déjà modifiée ». Un peu plus d'une semaine après la discussion de cette loi, un nouveau projet voyait le jour, le 20 août 2007, pour décider de la création d'hôpitaux pour les pédophiles jugés dangereux.

Le 8 janvier 2008, Rachida Dati présente une nouvelle loi en vue d'empêcher certains criminels de récidiver. « A-t-on invité le mouvement législatif permanent à la recherche du risque zéro, à la recherche du saint Graal de la criminologie, notre garde des Sceaux devra, à chaque nouvelle flaque de sang, faire assaut d'imagination », écrit *Le Canard enchaîné* du 9 janvier 2008 dans un papier intitulé « Au nom de la loi... suivante ». La loi de rétention de sûreté a déclenché d'intenses controverses politiques et juridiques. Le Conseil constitutionnel ayant censuré le principe de rétroactivité contenu dans la loi, le président de la République a demandé au président de la Cour de cassation, Vincent Lamanda, de mener « une mission sur la récidive ». Au même moment, un sondage Ifop/*Le Figaro* révélait que les Français approuvent l'instauration du principe d'une rétention de sûreté.

Qu'il s'agisse des morsures de chien, de l'immigration, du travail, de la justice, des impôts, du logement, des planches à découper la viande, des cageots à légumes sur les marchés, des inondations ou bien des incendies, les textes se succèdent sans qu'on se préoccupe de ceux qui existent, sans qu'on se soucie de leur efficacité, sans qu'on s'interroge et encore moins vérifie le résultat de leur application. Le cas des inondations est aussi représentatif que celui des pédophiles récidivistes. Chaque crue laisse en se retirant un monceau de débris, des détritus divers, bien évidemment transformés en textes législatifs réglementaires. Le Père Ubu est ravi. Il laisse entendre qu'il n'aurait pas fait mieux. Il aurait, lui aussi, aimé dresser un véritable barrage textuel où le PSS (Plan des surfaces submersibles) s'ajoute au PRP (Plan des risques prévisibles) qui se joignent aux schémas d'aménagement et de gestion des eaux, lesquels se superposent aux atlas des zones inondables, et s'ajoutent au DDRM (Dossiers départementaux des risques majeurs), relevant bien évidemment de plusieurs ministères (Environnement, Équipement, Intérieur, Agriculture,

Tourisme), sans oublier les multiples et fatidiques agences et comités divers conjuguant leurs efforts pour endiguer la montée des flots. Cette digue de « textes confus et inadaptés », selon la Cour des comptes, non seulement n'arrête pas la moindre goutte d'eau mais serait même responsable de l'ampleur de certaines catastrophes aquatiques. Dans les crues qui ont touché Vaison-la-Romaine, seul le vieux pont romain a tenu le choc. Les ponts nouveaux, construits dans le respect des lois et règlements en vigueur, ont tous été emportés. L'empilement des lois n'arrête ni les récidivistes ni les eaux, n'empêche ni les morsures de chien ni les discriminations sociales et ne permet pas plus d'améliorer notre système éducatif ou le fonctionnement du marché du travail.

Depuis la loi Edgar Faure de novembre 1968, les grandes lois sur l'éducation nationale se sont succédé : loi d'orientation sur l'enseignement technologique (juillet 1971), sur l'enseignement supérieur (26 janvier 1984), loi d'orientation sur l'éducation (juillet 1989) ou relative au travail, à l'emploi et à la formation professionnelle d'orientation et de programme pour l'avenir de l'école (septembre 2005). Cette dernière, dite loi Fillon, du nom de son auteur, l'actuel Premier ministre, a été fortement critiquée. Non seulement elle a fait descendre les étudiants dans la rue, mais elle s'est attiré les foudres du Conseil constitutionnel pour « insuffisance normative ». Deux ans après sa parution, les tests internationaux, réalisés par l'OCDE auprès d'une dizaine de millions d'élèves de quinze ans dans le domaine des connaissances scientifiques, plaçaient la France au vingt-neuvième rang des cinquante-sept participants. La France a obtenu une note en dessous de la moyenne européenne et huit pays l'ont devancée depuis en l'espace de trois ans.

« Il n'est pas normal que la France ne cesse de reculer », a récemment commenté le ministre de l'Éducation nationale, Xavier Darcos. En 2005, son prédécesseur François Fillon se posait la même question : pourquoi 15 % des élèves ne maîtrisent-ils pas les compétences de base en terminant leur scolarité obligatoire, pourquoi chaque année 150 000 jeunes sortent-ils de l'école sans qualification ? La loi de 2003 s'ouvrait par une lapalissade : « L'école est faite pour apprendre. » Le 28 août 2007, le Haut Conseil de l'Éducation nationale a remis à Nicolas Sarkozy un rapport soulignant l'urgence des problèmes. 40 % des élèves quittent l'enseignement primaire avec une formation insuffisante qui les condamne à un échec quasi certain dans leurs études à venir. « Ce n'est pas à coups de circulaires, souvent inappliquées sur le terrain, que l'on est efficace », a déclaré en juillet 2007 Xavier Darcos au *Figaro* (voir au dernier chapitre).

C'est le message que, depuis des années et des années et dans tous les domaines, de la justice à l'économie, du social à l'éducation nationale, tentent en vain de faire passer tous les organismes comme le Conseil d'État, le Conseil constitutionnel, la Cour des comptes, tous les fonctionnaires, tous les juristes qui craignent que l'inflation législative ne finisse pas entamer le pacte républicain et la confiance des Français dans la loi.

Les dégâts collatéraux causés par cet incessant tir de barrage législatif sont nombreux : lois bâclées, lois inappliquées ou partiellement applicables, lois et codes perpétuellement modifiés. À cette logorrhée normative s'ajoute une modification permanente des textes qui est une cause majeure d'insécurité et d'injustice. Pierre Mazeaud, l'ancien président du Conseil constitutionnel, tonnait déjà contre « la loi qui bafouille, revient à brefs intervalles sur le même sujet dans un sens ou dans un autre, selon les réactions réelles ou supposées de la société ». On légifère sans se soucier de l'application des textes mais aussi sans se préoccuper de leurs contradictions. Renaud Denoix de Saint-Marc estime que pour mener une action politique, les ministres n'ont pas besoin de forcément légiférer. Ils utilisent la loi uniquement pour frapper l'opinion et du coup leur action se perd dans le fouillis des textes. « L'action politique, ajoute-t-il, a pris la forme d'une gesticulation. Cette gesticulation se traduit non seulement par le grand nombre de lois mais aussi par leur modification perpétuelle. » Le crédit impôt recherche, destiné à accroître la compétitivité des entreprises, avait, fin 2005, subi 23 modifications. L'article 244 B du Code général des impôts qui concerne ce crédit en a enregistré 2 dans la même journée en 1984. Vous êtes perdu ? Courage, l'administration branche son GPS et vous adresse un document simplifié de quarante-deux pages. Vous désirez faire des dons à des organismes d'aide sociale ou humanitaire ? Un régime de déductions fiscales, institué par un texte de 1976, vous y encourage. Depuis sa publication, ce texte a été modifié 22 fois dont la moitié entre 2000 et 2005 : deux fois par an.

Entre le 24 juillet et le 2 août 2005, 6 lois, 6 ordonnances et 15 décrets sont venus grossir les quelque 3 000 pages du Code du travail en ce qui concerne la durée du temps de travail. En l'espace de trois ans, l'apprentissage a connu une succession de 6 textes de loi, l'ordonnance relative aux conditions d'entrée et de séjour des étrangers en France a été modifiée 71 fois depuis sa publication en 1945. La sécurité, sous toutes ses formes – violences routières, adaptation de la justice, protection du consommateur –, est à l'origine de plus de 10 lois créées entre 2000 et 2005.

Au cours de la dernière décennie, 3 000 des 4 500 articles du Code général des collectivités territoriales ont subi des corrections. Chaque année, en moyenne, 10 % du contenu de chacun des 62 codes est modifié. Entre 2005 et 2006, plus du tiers des articles du Code du travail ont été modifiés, créés ou abrogés. Chaque année, plus de mille corrections lui sont apportées, soit près de trois par jour. Les contribuables et leurs conseillers, s'ils en ont, ne sont pas les seuls à s'arracher les cheveux. On nous a raconté l'histoire d'un contribuable que son contrôleur fiscal avait aidé à remplir sa déclaration et qui a été redressé... pour une erreur.

Les lois s'accumulent et changent tellement vite que le bâtonnier de Paris, Yves Repiquet, prédécesseur de Christian Charrière-Bournazel, a nommé, à ses côtés, une conseillère permanente chargée de suivre l'évolution de ce tourbillon et demandé aux avocats du barreau de Paris de réfléchir pour « mettre en perspective un Code pénal qui a connu 43 réformes en trois décennies ». Yves Repiquet est clair : « Nous attendons du président Sarkozy qu'il marque une pause dans la publication des textes. »

Si le gouvernement ne parvient pas à freiner de façon significative la production de lois et de règlements, il ne parviendra ni à réformer l'État ni à faire diminuer la dépense publique. « La norme crée la complexité ; la complexité crée la dépense », affirme le député Étienne Blanc. L'inflation législative explique, en partie, la progression du nombre de fonctionnaires en France alors que partout ailleurs leur nombre diminue de façon parfois spectaculaire. La France se trouve, ainsi, tel Gulliver, enchaînée par les lois qu'elle a multipliées, les organismes, commissions, conseils, comités de toutes sortes qu'elle a créés, les dépenses, subventions, aides qu'elle a additionnées afin de soigner ses propres faiblesses. Depuis plusieurs décennies, la lutte contre l'inflation législative, la bataille pour la réforme de l'État ont toutes deux été perdues. « Des sables mouvants encerclent l'État, les simplifications administratives demeurent sans effet, on supprime des administrations, elles renaissent sous un autre nom », explique Claudius Brosse, ancien préfet, dans *L'État dinosaure*[1]. Non seulement nous avons l'État le plus cher du monde mais aussi le plus impuissant. Sous la IIIe République, il absorbait le quart du revenu des citoyens, sous la IVe le tiers et aujourd'hui la moitié. Dans *Le Figaro* du 14 janvier 2008, Jean-Philippe Feldman, professeur agrégé des facultés de droit et avocat au barreau de Paris, écrit : « L'État apparaît à la fois tout-puissant et impuissant. Tout-puissant parce qu'il phagocyte l'ensemble des pouvoirs. Impuissant parce qu'à remplir des fonctions qui ne le concernent pas, il n'arrive pas à remplir celles pour lesquelles il a été créé. »

La réforme de l'État, qui est au centre des préoccupations affichées par Nicolas Sarkozy et François Fillon, signifie une nouvelle approche du rôle même de l'État, et un nouveau contrat entre celui-ci, les citoyens et les fonctionnaires qui le servent.

Il faut s'attendre à du « rififi » à Bercy plutôt qu'au bonheur des sous-préfets aux champs. Au lendemain de la victoire de Nicolas Sarkozy, l'ancien ministre Francis Mer, écrivait : « Le nouveau président devra prendre des risques s'il veut remettre le pays en marche. » Pour rendre l'État plus simple, le gouvernement doit retrouver l'obéissance de son administration qui, jusqu'à présent, « a fait preuve d'un manque de motivation dans la mise en œuvre des mesures de simplification », selon le vice-président du

1. Paris, Éditions Albin Michel, 2000.

Conseil constitutionnel, Jean-Marc Sauvé. Admirable euphémisme pour expliquer que, depuis des années, les fonctionnaires torpillent toutes les tentatives gouvernementales de simplification normative et administrative. Ils ont même transformé l'excès de loi en outil de la contre-réforme administrative.

Le manque de motivation est, en fait, un refus d'obéissance : les fonctionnaires refusent d'écouter les ordres du gouvernement. « Lorsque, sur un bateau, le commandant sur sa passerelle ne parvient plus à se faire entendre de la salle des machines, le navire devient ingouvernable. C'est ce qui se passe en France », nous a déclaré un jour Francis Mer.

Dans la circulaire administrative du 26 août 2003, le Premier ministre, Jean-Pierre Raffarin, demandait aux différents ministères de maîtriser l'inflation normative et d'améliorer la réglementation ; il souhaitait des textes clairs, limiter la validité de certains, mener une action d'information et de formation au profit des personnels chargés de l'établissement de la réglementation. Un responsable de la qualité de la réglementation devait s'attacher, dans chaque ministère, à coordonner et à simplifier la production normative et législative. Tous les six mois, ce responsable devait faire le point des progrès enregistrés. Jean-Pierre Raffarin aurait essayé de vendre des sacs de sable en plein Sahara qu'il n'aurait pas eu plus de succès. Cette réforme constante de la législation est à la base d'une baisse de qualité des textes.

Une direction de la modernisation de l'État est rattachée à Bercy. Pourquoi Bercy ? Le député de l'Ain, Étienne Blanc, estime que Nicolas Sarkozy et François Fillon, ayant fait de cette modernisation leur chantier prioritaire, devraient installer cet organisme à l'Élysée. Jusqu'à présent, impossible de freiner la quantité de textes, d'en améliorer la lisibilité et la clarté et, bien évidemment, de parvenir à cette simplification administrative devenue l'Arlésienne de la vie politique depuis un demi-siècle. On est arrivé à une situation telle que les fonctionnaires ne se reconnaissent pas davantage dans ce maquis législatif que le citoyen. C'est notamment le cas des fonctionnaires de l'UNAF (Union nationale des associations familiales), perdus dans le dédale des aides au logement.

L'augmentation de la quantité s'accompagne d'une baisse de la qualité. « L'inflation législative s'autoalimente et crée sa propre inflation, puisqu'il faut par de nouveaux textes corriger les anciens, de médiocre qualité », commente un haut fonctionnaire. De son côté, le Conseil constitutionnel ne cesse de pointer du doigt « la perte d'intelligibilité et d'effectivité de la règle de droit, les malfaçons des lois, les neutrons législatifs, c'est-à-dire les dispositions sans portée normative ». Si Zazie avait pris le métro pour descendre à la station Palais-Royal (celle du Conseil constitutionnel et du Conseil d'État), elle aurait traduit cette martiale et élégante semonce en disant : « La loi est bien mal ficelée, elle devient imbitable, les citoyens s'assoient dessus. » Sans doute horrifiés par de tels propos, les conseillers et magistrats de ces deux vénérables assemblées lui auraient quand même donné raison.

C'est ainsi que l'article 78 de la loi de finances 2006 a été censuré par le Conseil constitutionnel pour le caractère obscur d'un texte qui n'assurait pas la garantie des droits des citoyens, notamment en matière de contrôle de l'impôt. Mais qui se soucie vraiment des citoyens ? Les lois s'empilent, bafouillent et se contredisent. Une loi fait obligation à une entreprise de tenir informés de ses projets les représentants syndicaux, une autre loi punit la transmission de cette information considérée, dans certains cas, comme un délit d'initié. Nous retrouvons là le syndrome de la cabane aux singes de Thoiry : deux administrations, deux avis, deux textes, deux interprétations. Un texte de janvier 2007 dote d'un véritable statut juridique le mobil-home longtemps assimilé à une caravane. Ce n'est pas une construction, ce n'est pas une caravane, alors qu'est-ce que c'est ? Eh bien, c'est « un véhicule terrestre habitable pouvant être déplacé mais que le Code de la route interdit de faire circuler ». M. de La Panouse aurait dû acheter un mobil-home pour ses singes.

Les contradictions de la loi ne se prêtent pas toujours à un numéro de chansonnier. On a ainsi fini par s'apercevoir que les différents textes sur l'assurance-vie prévoyaient un certain nombre de contraintes, mais rien pour obliger les compagnies d'assurance à informer les bénéficiaires de ces contrats des dispositions les concernant lors du décès du souscripteur. Les sommes, jamais réclamées, et pour cause, restent dans les coffres des assureurs et représenteraient entre 5 et 7 milliards d'euros. Il a fallu une nouvelle loi (octobre 2007) pour exiger des compagnies qu'elles recherchent les éventuels bénéficiaires d'assurances-vie non réclamées, garantir leurs droits et leur faire obligation de s'informer du décès éventuel de l'assuré. Lorsqu'on se rend compte à temps d'une contradiction dans un texte, cela ne signifie pas pourtant correction automatique. Patrick Rochet, ancien secrétaire général de l'AFEP (Association française des entreprises privées) explique qu'en 1998 deux des textes concernant la participation des salariés traitaient le problème de deux manières différentes. Cette contradiction ne fut pas corrigée sur-le-champ, le ministre en charge du problème ayant estimé que toute modification d'un de ces textes aurait paru donner raison à l'opposition et au patronat. Du reste Patrick Rochet affirme que lorsqu'un texte ne convient pas, il faut aller s'adresser directement à l'administration concernée. Le lobbying administratif est, paraît-il, plus efficace que le lobbying politique.

Depuis belle lurette les législateurs ont jeté aux oubliettes l'affirmation de Montesquieu qui écrivait : « Les lois inutiles affaiblissent les lois nécessaires. » Aucun gouvernement ne sait comment faire face à cette avalanche de lois, décrets, arrêtés qui sont aussi nombreux, complexes que contradictoires. Petit à petit les espaces de liberté se rétrécissent ou sont supprimés et les lois prennent en otages un pays et ses habitants : « Aucune entreprise, aucune société anonyme ne pourrait fonctionner en appliquant à la lettre les lois telles qu'elles sont », affirme Marc Spielrein, président de la Semaris, c'est-à-dire du marché de Rungis. La complexité pose un problème de lisibilité mais aussi de sécurité juridique. Le législateur donne du fil à retordre aux juristes, c'est leur métier, « mais il éloigne un peu plus le citoyen de la chose publique », estime le médiateur de la République, Jean-Paul Delevoye.

Partant de la même constatation, l'ancien préfet Claudius Brosse s'interroge dans *L'État dinosaure*, déjà cité, sur les raisons qui poussent les Français à se montrer agressifs dans tous les domaines de leur vie familiale ou professionnelle, au bureau comme en vacances. Selon lui, c'est parce que « trop de textes leur tombent sur la tête, des textes compliqués qui essaient de tout prévoir. Ainsi la loi devient injuste et arbitraire. Tel citoyen sera poursuivi pour n'avoir pas respecté un texte et tel autre sera laissé en paix bien qu'il ait eu le même comportement. Dans un cas, le fonctionnaire connaissait ou interprétait le texte à sa façon, dans l'autre il le connaissait mal et sa clémence n'était que le fruit de son ignorance. Rien d'étonnant, dans ces conditions, à ce que les citoyens se sentent persécutés par l'administration[1] ». Et le préfet Brosse parvient à la même conclusion que Marc Spielrein : « Nous nous trouvons dans une situation paradoxale : le pays ne peut fonctionner que parce que la plupart des textes en vigueur ne sont pas appliqués ». Dénonçant le danger auquel sont souvent exposés les citoyens, le vice-président du Conseil d'État, Jean-Marc Sauvé, lançait en juillet 2007 un sérieux et solennel avertissement : « La complexité croissante des normes menace l'État de droit. L'inflation des normes et des lois couplée avec l'instabilité de la règle atteint en France une dimension presque pathologique. »

La maîtrise de cette inflation devient un enjeu démocratique majeur parce que les citoyens et les acteurs économiques et sociaux sont non seulement dépassés par la complexité du droit, mais finissent par se défier des lois comme de leurs promesses souvent fallacieuses. Pour le vice-président du Conseil d'État, c'est le crédit même de l'action publique qui est affecté par cette intempérance normative.

Face à cette dérive, les premières questions à se poser sont les suivantes. Comment en sommes-nous arrivés là ? Comment expliquer que la multiplication des lois relatives à l'éducation nationale s'accompagne d'une montée de l'illettrisme, que celle des textes sur la précarité aboutisse à une progression de la pauvreté, que celle des lois sur la modernisation économique débouche sur une perte de compétitivité et un record du déficit commercial, et que celle, enfin, des aides à l'emploi n'ait pu remédier à un chômage des jeunes le plus élevé d'Europe ? Plus le

1. Claudius Brosse, *L'État dinosaure, op. cit.*

pouvoir politique accumule lois et règlements et moins il semble avoir barre sur les événements, plus il réglemente et plus il montre sa faiblesse. Au risque de dissoudre peu à peu sa volonté politique dans l'inflation législative ? « Plus le singe monte haut, plus il montre son derrière », dit un proverbe africain.

« Plus le singe monte haut, plus il montre son derrière »

Assis à son bureau, le Premier ministre consulte une pile de documents qu'un de ses jeunes et brillants conseillers vient de déposer devant lui pour qu'il les signe. Nous sommes en 1966, 1 Français sur 10 n'a pas le téléphone et 1 sur 2 ne possède pas d'automobile mais la planche à billets législative se met en route. Georges Pompidou, réputé pour sa courtoisie et la modération de son langage, se fâche, tape sur le dossier et s'écrie : « Ça suffit, arrêtez donc d'emmerder les Français. Il y a trop de lois dans ce pays, on en crève. » Cette anecdote est racontée par Thierry Desjardins dans son livre *Cessez d'emmerder les Français*[1]. Message reçu cinq sur cinq par le jeune et brillant conseiller, Jacques Chirac, qui, trente ans plus tard, devenu président de la République, déclarera à son tour au lendemain de son élection, le 19 mai 1995 : « Trop de lois tue la loi. Aujourd'hui l'inflation normative est devenue paralysante. Il faut mettre un terme à cette situation qui pénalise les plus faibles et entrave l'esprit d'entreprise au

1. Paris, Éditions Gallimard, 2000.

seul bénéfice des spécialistes qui font écran entre le citoyen et le droit. »

Jacques Chirac ne fut pas plus entendu qu'il n'avait écouté Georges Pompidou. Cinq ans après cette solennelle déclaration devant le Parlement, on comptait en moyenne 70 à 100 nouvelles lois par an, 1 500 décrets, 50 ordonnances. Si la curiosité vous prend d'aller sur Internet vérifier où nous en sommes de l'inflation législative, vous verrez qu'1,5 million de pages sur le sujet attendent votre consultation.

Les textes continuent de s'empiler avec frénésie alors même que, depuis 1966, tous les successeurs de Georges Pompidou ont essayé avec énergie de désamorcer la machine infernale. Mais cette volonté est restée purement verbale. En 1987 Jacques Chirac, alors Premier ministre, signe une circulaire adressée aux administrations et aux élus qui constatent que « le volume global des textes normatifs composant notre ordonnancement juridique connaît un accroissement continu. Ce phénomène, insiste la circulaire, dont les conséquences sont bien connues, doit être maîtrisé et l'excès de réglementations combattu ». Un an plus tard, c'est son camarade de promotion à l'ENA, Michel Rocard, qui remplace Jacques Chirac à Matignon et déclare à son tour : « La société civile peut être justement irritée par le nombre et la complexité des règles que l'État lui impose. » En 1991, le Conseil d'État mêle sa voix au chœur des Premiers ministres et Françoise Chandernagor, qui préside une commission spécialisée, dénonce dans un rapport la logorrhée administrative et réglementaire : chaque année 8 500 textes, constate-t-elle, de la loi à l'arrêté, s'abattent sur la tête des Français. Le même Conseil d'État, quinze ans plus tard dans son rapport 2006, reprend le flambeau : « Légiférons moins mais légiférons mieux », comme si de rien n'était.

Après Michel Rocard, Edouard Balladur en 1994 a remis l'ouvrage sur le métier et chargé le député Langenieux-Villard d'une mission d'étude, laquelle observe un nouvel emballement du phénomène : le volume du *Journal officiel* a doublé depuis 1980, celui du Code du travail a augmenté de 35 % et celui du Code des impôts de 36 %. La liste des Premiers ministres tombés au champ d'honneur du combat contre l'hydre législative ne cesse de son côté de s'allonger. Jean-Pierre Raffarin, le 3 juillet 2003, appelle devant les députés à un nouvel élan afin de rendre notre pays plus attractif et faire en sorte que « la machine fiscale ou réglementaire ne soit pas systématiquement une occasion de découragement ». Trois ans plus tard, c'est au tour de Dominique de Villepin de réclamer des explications et de demander au secrétaire général du gouvernement un rapport sur cette dérive que personne ne parvient à maîtriser. Et en 2007, treize mois après avoir confié la mission d'étude à Langenieux-Villard, Édouard Balladur s'en voit à son tour confier une, relative au même sujet, pour aboutir au même diagnostic : « L'inflation législative est devenue un des aspects les plus manifestes du mauvais fonctionnement de nos institutions. Des lois trop nombreuses, trop longues, trop peu appliquées et trop souvent modifiées : telle est une des raisons pour lesquelles nos citoyens ont une image peu flatteuse de l'activité de leurs élus. Comment en finir avec cet activisme normatif, largement imputable, au demeurant, au gouvernement ? »

Fort du rapport Balladur, Nicolas Sarkozy saura-t-il se faire entendre de ses ministres, écouter du Parlement et obéir de l'administration, tous prescripteurs de ces textes, nombreux et souvent obscurs, mal appliqués et trop peu respectés ? À ses côtés se trouve un des hauts fonctionnaires les plus réputés et respectés de sa génération,

Raymond Soubie, déjà conseiller de Jacques Chirac et de Raymond Barre à Matignon, qui a écrit il y a dix-sept ans dans un livre au titre prémonitoire *Dieu est-il toujours français ?* : « Empêtré dans l'écheveau de ces procédures administratives et comptables, l'État ne sait pas aider nettement et simplement ceux qui en ont besoin. Le dédale administratif est tel que ceux-là mêmes qui devraient en être les premiers bénéficiaires sont découragés par ces procédures qui leur sont imposées. L'État ne sait pas être simple[1]. » De toute évidence, Raymond Soubie n'a pas eu jusqu'ici l'oreille de Dieu. Trouvera-t-il celle de Nicolas Sarkozy pour simplifier l'État, le rendre plus aimable aux citoyens et plus efficace pour les entreprises, à la fois plus léger, plus fort et mieux respecté ?

Il ne s'agit pas de faire des coupes dans quelques textes pour calmer quelques grincheux, de simplifier quelques réglementations pour rendre le sourire aux citoyens qui patientent dans les files d'attente devant les guichets des administrations. Il s'agit, pour le président actuel, d'un enjeu politique majeur dont dépend la réussite de son quinquennat, comme le redressement de la croissance française, le succès de la lutte contre le chômage, la diminution des déficits et la réduction de la dette. « Si Nicolas Sarkozy ne comprend pas qu'il faut arrêter de normer et de légiférer, il est mort, ce qui signifie qu'il ne parviendra pas plus à réformer l'État que son prédécesseur », affirme aujourd'hui l'ancien secrétaire d'État au Budget Alain Lambert, un parlementaire des plus écoutés.

La mise en garde faite par Jean-Marc Sauvé lors d'un colloque en juillet 2007 sur le thème « Mieux légiférer » est moins brutale mais tout aussi solennelle. Pour le vice-

1. Paris, Éditions de Fallois, 1991.

président du Conseil constitutionnel, les décrochages des économies et des systèmes juridiques sont lents et invisibles au départ, mais ensuite ils accélèrent et deviennent difficiles à rattraper. « La France est peut-être aujourd'hui proche du décrochage dans le domaine de la production normative, assure-t-il, le déploiement d'une stratégie vigoureuse de refondation de nos méthodes d'élaboration des textes revêt donc un caractère de réelle urgence. » En clair, incapable de s'y retrouver dans son océan de lois, la France est sur le point de devenir ingouvernable. « Éluder les choix risquerait de compromettre nos chances à bref délai dans ce domaine et pourrait même retentir sur les actions conduites dans d'autres champs que l'action publique », ajoute le vice-président du Conseil constitutionnel.

Depuis la chute du mur de Berlin, le champ de l'action publique, en Europe et dans le monde, ne cesse de s'étendre. Nous avons besoin de lois pour que soit respectée l'autorité politique nationale dans des domaines qui échappent de plus en plus à sa volonté. La lecture de *Gomorra* [1], le livre de Saviano, donne une idée de ce que devient un pays où les lois ne sont plus respectées et de quelle manière la corruption peut attaquer les démocraties ouvertes aux marchandises comme au terrorisme, aux haricots verts du Kenya comme à la drogue de Colombie, aux pommes du Chili comme aux kalachnikovs. La moderne Gomorrhe est la ville de Naples où la Camorra fait régner sa loi. 80 % du textile importé par l'Europe débarque sur les quais de Naples, 150 000 cargos y accostent chaque année dont certains arrivent de Chine, les cales pleines de chemises *made in Italy*. Dans des ateliers sordides qui dépendent de la Camorra, des ouvriers et des ouvrières cousent des copies de vêtements de

1. Roberto Saviano, *Gomorra*, Paris, Gallimard, 2007.

grande marque contre une poignée d'euros, lesquelles copies seront vendues plusieurs milliers d'euros. Prada, Gucci, Armani ne portent pas plainte : les magasins dans lesquels ils vendent en toute légalité leurs robes et tailleurs appartiennent souvent à la Camorra. Ils ont peur d'être boycottés. La Camorra est allée en Chine et y a investi avant la Cofindustria (le Medef italien). Le Net permet aux idées de faire le tour du monde, à la subversion comme à la criminalité. La cybercriminalité génère déjà plusieurs milliards d'euros de chiffre d'affaires.

Les États tentent de s'organiser. En France, la loi du 26 octobre 2007 autorise la police à réclamer aux entreprises leurs données informatiques. La mondialisation, la construction européenne, la libre circulation des hommes, des marchandises, des capitaux, les préoccupations écologiques ou sanitaires sont de puissants prescripteurs de textes juridiques. Les technologies de l'information, la biotechnologie, le respect de l'environnement et celui du droit à la concurrence bouleversent nos habitudes culturelles, sociales et commerciales mais aussi nos codes et lois. Depuis 1964, le droit communautaire a vu sa primauté sur le droit national reconnu et il pénètre désormais la moitié de nos lois. Depuis la chute du mur de Berlin, la mondialisation a repris sa marche en avant et accélère le rythme législatif. Sur les 40 000 traités conservés depuis 1763 dans les archives diplomatiques, 7 400 liaient encore la France en 2005. Mais depuis 1990 la France négocie environ 200 accords bilatéraux par an contre 145 entre 1960 et 1979 et 14 entre 1919 et 1939. La bioéthique a donné lieu à plusieurs textes internationaux comme la Déclaration universelle sur le génome humain adoptée par l'Unesco. Le droit à l'environnement figure sous différentes formes dans plus de 500 traités.

« Nous vivons dans une société plus complexe, plus atomisée tout en étant mondialisée. La complexité de la loi ne fait que refléter la complexité du monde », explique le juriste suisse Alexandre Fuckiger. En 2001, un Marocain, cuisinier à bord d'un bateau assurant une navette entre le Maroc et la France, fut interpellé en gare de Nice. La police découvrit qu'il faisait l'objet d'un arrêté de reconduite à la frontière, un arrêté contesté. Ce litige relevait de deux conventions, d'une ordonnance et d'un accord entre la France et le Maroc modifié par lettre entre les deux gouvernements. Le Conseil d'État a estimé qu'on ne pouvait reconduire à une frontière un marin sans visa d'entrée et sans titre de séjour.

Les institutions de la Ve République ont résisté à tous les bouleversements, à l'alternance comme à l'ouverture des frontières, à la construction européenne comme à la décentralisation qui toutes réclament davantage de lois et règlements. Ces raisons objectives ne suffisent pas à expliquer une inflation législative que connaissent certes tous les pays, mais qui bat des records en France. Aux nombreuses et légitimes raisons à cette inflation s'ajoutent des causes plus discutables : « impératifs de la communication médiatique, pressions des milieux professionnels », estime Jean-Marc Sauvé. Le dévoiement de la force symbolique du droit a fini par modifier profondément les rapports entre les citoyens et les gouvernements. Ces derniers additionnent les lois avec d'autant plus de facilité que les Français en réclament. « Nous avons en France plus de lois que tout le reste du monde ensemble et plus qu'il n'en faudrait pour régler tous les mondes d'Épicure », disait Montaigne.

Quatre siècles plus tard, les Français qui ne cessent de se plaindre de l'abondance des lois et règlements, en demandent toujours plus pour résoudre tel problème, conjurer telle menace, se sentir protégés ou tout simplement écoutés. Chaque loi proposée cache une forêt législative que plus personne n'ose affronter. « Quand il n'y a pas un projet de loi sur la table du Conseil des ministres, on regarde le secrétaire général du gouvernement d'un œil rond », explique Denoix de Saint-Marc qui a occupé cette fonction. La France est le pays qui consomme le plus et d'antidépresseurs et de lois au monde. Ça coûte cher, ça ne sert parfois à rien, mais ça rassure. La loi appartient au patrimoine tricolore comme le beaujolais nouveau en novembre, la bûche à Noël, le champagne de l'anniversaire ou le bal du 14 Juillet. Légiférer est un sport national et la France est la patrie de l'inflation législative. À la moindre douleur, au moindre mal, le citoyen réclame le remède miracle, c'est-à-dire la loi. C'est du reste le seul remède que dans la plupart des cas le gouvernement est capable de délivrer.

Le comportement de la majorité des Français est plutôt schizophrénique car dans le même temps où ils réclament de nouvelles lois, ils s'ingénient à bafouer celles qui existent, sauf sur les cinquante mètres qui séparent leur auto d'un radar. Les Français jugent dans un état de défiance perpétuelle et respectent moins bien les règles de la vie en société que les habitants des autres pays riches. Ce déficit de confiance des Français est « intimement lié au fonctionnement de leur État et de leur modèle social. Après la Seconde Guerre mondiale, le modèle français s'est construit sur des bases étatistes et corporatistes [1] ».

Faute de réformer l'État, de lutter efficacement contre les corporatismes, on ajoute une nouvelle loi pour adoucir la méfiance et calmer les inquiétudes. On en arrive ainsi à une nouvelle contradiction : des textes de plus en plus

---

1. Pierre Cahuc et Yann Algan, *La Société de défiance*, Paris, Éditions Rue d'Ulm, 2007.

compliqués qui donnent au citoyen le sentiment d'être de plus en plus persécuté par l'administration. Le sadomasochisme législatif national conduit à réclamer indéfiniment des règlements dont on dénonce perpétuellement l'oppression. « On brigue la liberté et l'initiative, on détourne d'entreprendre à force de tout vouloir prévoir : environnement, sécurité, hygiène, explique l'avocat Philippe Poux. Les petits restaurants ferment et les traiteurs mettent la clé sous la porte parce qu'ils ne peuvent pas respecter des règlements qui ont un coût qu'ils ne peuvent assumer. »

Il cite le cas du permis de construire qui, jusqu'à sa simplification en 2007, pouvait être bloqué indéfiniment, ou encore la vente de logements. Il ne se passe pas une année sans qu'on ajoute un certificat aux documents réclamés pour une transaction immobilière. La paperasserie tombe, mais en même temps les abus et infractions prolifèrent dans le domaine de l'immobilier. En septembre 2007, la DGCCRF (Direction générale de la concurrence, de la consommation et de la répression des fraudes) stigmatisait les professions immobilières, agents immobiliers, syndics, constructeurs de maisons individuelles qui profitaient de la situation tendue des marchés pour fournir des informations erronées sur les prix à la surface à travers des publicités mensongères. 77,5 % des agents immobiliers contrôlés étaient en infraction. Parmi les explications fournies : l'absence de hiérarchisation entre les infractions commises et l'engorgement des tribunaux.

On veut être protégé, rassuré, cajolé par la loi. « Quand un enfant se cassait le bras pendant la récréation, on téléphonait à sa mère et on prévenait le médecin. Aujourd'hui on enquête pour savoir si le terrain est homologué et le panier de basket-ball à la hauteur réglementaire », explique un maire. « Si bien, constate de son côté un ancien préfet, que tout le monde ouvre son parapluie, à commencer par les maires qui peuvent se retrouver en justice et à qui les pompiers dictent des normes de sécurité dont certaines sont souvent inapplicables. » Peut-on tout prévoir, tout prévenir, tout assurer ? « La vie est une maladie sexuellement transmissible et mortelle dans tous les cas », disait Oscar Wilde. Le principe de précaution sous toutes ses formes est un puissant moteur de l'inflation législative.

« C'est la course à la norme, commente le député européen Jean-Louis Bourlanges, membre du comité Balladur ; le comble du comble est atteint avec la Charte de l'environnement qui n'a aucun sens, mais à la place de ce sens on lui donne une dignité, et puisque l'environnement devient une préoccupation des citoyens, on compense l'inanité de ce texte en l'inscrivant dans la Constitution. Le citoyen veut du texte, on lui en donne, quitte à transformer en prospectus politique le texte sacré que devrait être la loi. » Le principe de précaution est-il un prospectus politique ? L'Allemagne avait mis en œuvre ce principe dans les années 1970. Il apparaît dans le droit français pour la première fois en 1995 et dix ans plus tard il est inscrit dans la Constitution au sommet de la hiérarchie des normes.

Y a-t-il contradiction entre précaution et action, légiférer et entreprendre ? Le débat qui paraissait clos est reparti avec vigueur quand, en octobre 2007, la commission Attali a préconisé que le principe de précaution soit retiré « de la Constitution où il se réduit à une imprécation vague contre le progrès (...) et à une chape de plomb sur l'innovation et l'initiative ». La proposition Attali est tombée au milieu du Grenelle de l'environnement comme une bombe. Nicolas Sarkozy l'a désamorcée en déclarant que ce principe n'est pas inhibition mais action, mais le débat reprendra parce que modérer la machine législative suppose de modifier le comportement des Français et leur méfiance grandissante. Ainsi les Français figurent dans le peloton de tête (comprenant trois à cinq pays) des peuples qui pensent que la réussite est liée à la corruption et qui accordent le moins de confiance à la justice, au Parlement et aux syndicats. Alors qu'ils n'ont pas confiance dans leur Parlement, ils accordent une valeur symbolique à la loi. « Ils pensent qu'elle va résoudre les difficultés et qu'une situation peut et doit être résolue par la loi ou une modification de la loi. Ils ont même tendance à penser que c'est la seule forme d'action publique », analyse Josseline de Clausade, conseiller d'État et rapporteur de la commission Attali, en mars 2006 sur le blog des *Échos*.

« Nous sommes entrés dans l'ère du consumérisme des règles de la République, explique le médiateur de la République. Plus la solidarité privée continue et plus on réclame de solidarité publique avec des lois pour l'assurer. C'est un cercle vicieux car plus on accroît les interdits collectifs avec la loi (un bon exemple est celui de l'interdiction de fumer) et plus on diminue la sphère privée et les libertés individuelles. »

Après l'échec du CPE, le gouvernement Villepin a songé tout simplement à interdire, par un seul décret, sans l'avis du groupe UMP majoritaire, de fumer dans tous les lieux publics. « Une forme de provocation », pour le député de la Somme Alain Gest (UMP). Les Français tiennent-ils autant à leur liberté qu'ils le prétendent puisqu'ils ne cessent d'exiger de nouvelles lois, de nouvelles règles, pour ensuite vitupérer contre l'oppression des règlements ? « Les Français préfèrent l'égalitarisme à la liberté. Ils affichent un attachement viscéral à l'égalitarisme. Or plus un texte est égalitaire, plus il est complexe, et à force de rechercher l'égalité partout et pour tous on obtient des usines à gaz juridiques », explique Marcel Pochard, conseiller d'État, qui a présidé la commission sur l'enseignement dans laquelle siégeait Michel Rocard et dont il a démissionné avec fracas en janvier 2008.

Marcel Pochard est également l'auteur d'un rapport sur les AAI (autorités administratives indépendantes). Lorsque l'État craint d'être taxé d'impartialité, accusé de ne pas respecter la sacro-sainte égalité, il crée une AAI, « qui résulte souvent d'une défiance à l'égard de l'État », confirme Marie Anne Frison-Roche, professeur des universités. La liste des AAI s'allège-t-elle en même temps que grandit cette défiance ? On en compte aujourd'hui 39 et la première fut créée en 1973 avec le médiateur de la République ; ensuite ont suivi, notamment, la CNIL (Information et Liberté), puis une commission des infractions fiscales, une commission de la transparence de la vie politique, une commission nationale du débat public. Et tandis que personne n'arrive à compter le nombre des organismes s'occupant de problèmes sanitaires, on a institué une Haute Autorité de la Santé. Et fallait-il lui ajouter l'Autorité de contrôle des nuisances sonores aéroportuaires ? Les AAI sont censées répondre aux faiblesses du gouvernement comme à celles de l'administration. La multiplication des AAI « participe au déclin de l'autorité de nos assemblées, déclarait aux journées parlementaires de l'UMP en 2006 Jean-Louis Debré, alors président de l'Assemblée nationale. Imaginer que l'on puisse surmonter la crise politique que nous connaissons depuis plusieurs années est une illusion qui pourrait s'avérer dangereuse ».

Les restrictions apportées à la liberté individuelle au nom de l'intérêt collectif sont en passe de devenir un sujet de préoccupation politique. « Sommes-nous encore dans un pays de liberté ? Lorsqu'on voit toutes les interdictions dans tous les domaines, l'espace devient de plus en plus petit », remarquait un internaute sur le site des *Échos* en mars 2006. Réponse de Josseline de Clausade : « Il est sûr qu'il y a en France trop de lois et de règlements. Le seul moyen d'y remédier est de procéder à des évaluations systématiques, préalablement à l'élaboration de nouvelles lois. » C'est ce qu'on appelle une étude d'impact.

Depuis des années tous les Premiers ministres demandent en vain à leur gouvernement de lever le pied sur la production législative et de regarder où ils mettent les pieds en faisant de nouvelles lois. « On légifère mais on ne voit pas où l'on va, pourquoi on y va, et avec qui ou contre qui on y va », ajoute Jean-Louis Bourlanges, député européen et membre du comité Balladur. Pas davantage que la restriction dans la production les Premiers ministres n'ont réussi à imposer la qualité de la loi par une étude d'impact.

Un père de famille, comme le maire d'une petite commune, un patron boulanger comme le P-DG d'une multinationale, l'artisan maçon comme le propriétaire terrien évaluent le résultat attendu de l'argent qu'ils vont dépenser ou investir, qu'il s'agisse de l'achat d'une machine, de l'entretien d'un bâtiment ou d'une voiture, ou bien encore d'un voyage de vacances. L'État ne fait rien de tout cela. Il légifère, ajoute beaucoup, ne supprime jamais, subventionne, autorise ou interdit, sans avoir étudié sérieusement les résultats escomptés, évalué les coûts engendrés, pesé les inconvénients comme les avantages d'un nouveau texte et sans, par ailleurs, se poser la question de savoir s'il est vraiment nécessaire et si les dispositions qu'il contient n'existent pas déjà dans une autre loi.

De l'aide sociale à la répression des délits sexuels, des subventions aux entreprises aux aides au logement, des subventions à l'emploi au plan de banlieue : les textes se superposent, les crédits s'accumulent sans que l'on ait évalué le moindre impact de leur utilité. L'absence d'étude, à cet égard, explique la médiocrité, l'imprécision et donc l'instabilité de nombreuses lois et les modifications constantes à y apporter. « Une situation qui tend à devenir une sorte de droit commun de la législation », précise Jean-Marc Sauvé. Depuis des années le Conseil d'État suggère avec vigueur de rendre obligatoire par une loi organique s'imposant à toutes les autres lois l'évaluation de l'impact de chacune des réformes envisagées.

Jean-Pierre Raffarin, succédant à Lionel Jospin, voulait éviter que des lois, comme celle des 35 heures, puissent être lâchées dans la nature juridique et économique sans étude préalable. En 2003, il signa des circulaires recommandant des études d'impact et que celles-ci ne soient pas réalisées par les ministères concernés (pour éviter l'auto-jusfification) mais par des corps d'inspection et les différentes administrations. La circulaire Raffarin prévoyait dans chaque ministère un « Monsieur Plus », haut fonctionnaire chargé de la qualité et de l'opportunité politique comme de la nécessité juridique du projet. Le Premier ministre souhaitait qu'on ne réponde plus comme le service de presse du cabinet du ministre de l'Industrie, qui était alors Patrick Devedjian, à propos de la loi sur la confiance dans l'économie numérique : « Le texte n'est pas parfait mais il a le mérite d'exister. Il devra sans doute évoluer car ce sont des technologies dont on ne maîtrise pas les conséquences. » Même quand on sait que des technologies vont évoluer et que l'on doit perpétuellement s'y adapter, on fait une loi pour tenter de rassurer leurs utilisateurs. Jean-Marc Sauvé explique que ce dispositif pourtant simple n'a pas rencontré le succès escompté, que les charges de qualité étaient... de qualité diverse et leur mise en œuvre pratiquement inexistante, « les exigences de l'action politique ayant conduit assez systématiquement à s'exonérer de leur préconisation ».

C'est du reste ce que nous a répondu Yves Jego, le député de Seine-et-Marne, porte-parole de l'UMP, quand il nous a reçus en janvier 2008 dans son bureau de l'Assemblée : « Le Parlement répond à une demande politique très forte. Le seul filtre aux projets de loi doit être le ministère des Relations avec le Parlement. Le ministre doit être puissant et respecté : un ancien Premier ministre, par exemple. »

La Grande-Bretagne a démocratisé l'étude d'impact des réformes. Tony Blair a fait installer deux sites où les citoyens prennent connaissance des réformes proposées par le gouvernement et sont invités à formuler des suggestions qui sont publiées et analysées. Le Premier ministre lui-même ou le ministre concerné doivent ensuite expliquer pourquoi une suggestion n'a pas été retenue. Dans la plupart des pays européens, on étudie le bénéfice attendu d'une loi, les coûts entraînés par son application, pour les citoyens, les élus locaux, les acteurs économiques et les fonctionnaires. Chez la plupart de nos voisins, on note une diminution des textes législatifs, une réduction des effectifs publics et de la dette et une baisse des effectifs des fonctionnaires. En France, où les lois sont longues, nombreuses, complexes, parce qu'insuffisamment concertées, c'est exactement l'inverse. Le comité Balladur prend le contre-pied du député Jego, et recommande que l'étude d'impact soit une condition de la recevabilité d'une loi au Parlement et que des « mesures drastiques soient prises pour éviter la prolifération de textes législatifs et réglementaires. Un contrôleur juridique attaché à chaque ministère serait chargé de donner son visa à l'édiction de textes. « Cornegidouille, a dû pester Édouard Balladur, cette étude d'impact, je l'avais déjà préconisée en 1995, lorsque j'étais à Matignon. » « Merdre alors, moi aussi l'année suivante », aurait pu s'exclamer Alain Juppé. Tous les deux connaissent Jarry dans le texte.

Nicolas Sarkozy et François Fillon vont-ils dans les mois qui viennent suivre le conseil d'Édouard Balladur de légiférer moins pour mieux légiférer ou se rangeront-ils à l'avis d'Yves Jego de continuer à légiférer parce que la pression politique est la plus forte. Et si Édouard Balladur est écouté, son « Monsieur Propre » sera-t-il plus efficace que le « Monsieur Plus » de Jean-Pierre Raffarin ? La tâche, de toute façon, ne sera pas facile. Personne jusqu'à présent n'est parvenu à ralentir le rythme de multiplication des lois ni à en améliorer la qualité. Car si les électeurs réclament des lois, leurs élus adorent leur en donner et ils ne boudent pas leur plaisir.

Grâce à la loi, les élus et les ministres font d'une pierre deux coups : satisfaire leurs électeurs et flatter leur ego. Ils s'empressent de céder à la pression populaire. Méline a donné son nom à des tarifs, Maginot à une ligne, Poincaré au franc de 1928. Le libre-échange, la paix en Europe, l'arrivée de l'euro ont considérablement réduit le nombre de voies menant à la postérité. Il reste la loi. Ah ! Pouvoir dire à ses électeurs : Je l'ai faite en pensant à vous. Ah ! Donner son nom à une loi, l'inscrire à la suite des lois Debré, Defferre, Quillot, Jospin, Savary, Aubry, Perben, Méhaignerie, etc. La quête de la loi éponyme est un des ingrédients majeurs de l'inflation législative. « On intervient par la loi alors qu'un décret ou un arrêté aurait suffi », explique Roger Chinaud, ancien président du groupe UDF, qui précise : « Dès qu'il a poussé la porte de son ministère, le nouveau ministre entreprend de changer la donne instituée par son prédécesseur et s'ingénie à proposer un autre texte qui, s'il porte son nom, lui assurera la notoriété auprès de ses électeurs et de la presse. » Quand un hebdomadaire étudie le travail des députés, il examine le nombre de lois déposées par les différents élus, explique Renaud Denoix de Saint-Marc. « Un candidat à la députation m'a demandé de préparer une proposition de loi en précisant : Qu'importe le texte pourvu qu'il porte mon nom », raconte un professeur de droit. « Un ministre sans loi qui porte son nom, c'est comme un animateur de télé privé de son émission dans la grille de rentrée », s'amuse, de son côté, Charles de Courson, député UDF de la Marne.

Le nouveau ministre, lui, peut piocher dans les projets que son administration tient en réserve. « Il passe un pacte avec ses conseillers », affirme Bernard Zimmern, il les laisse faire les textes et lui abandonne le crédit médiatique. Il est de notoriété que le texte sur la recherche appelé loi Goulard porte le nom du ministre mais a été entièrement rédigé par son administration. « Dans les projets de loi que nous présente le gouvernement, 90 % des mesures sont inspirées par l'administration, affirme Jean-Michel Fourgous, député des Yvelines. À force de rechercher la notoriété en faisant de nouveaux textes ou en triturant les anciens, on modifie le fonctionnement initial du système prévu et on le rend abscons et injuste. C'est le cas de la fiscalité des investissements immobiliers bénéficiant de la loi Robien qui varie selon l'année de leur achat : pour un bien identique le contribuable n'est pas taxé de la même manière. La loi chargée de protéger le citoyen devient ainsi de plus en plus opaque et injuste et les politiques économiques, sociales et fiscales sont soumises à des textes souvent contradictoires.

Le Conseil d'État (rapport 2006) pointe du doigt cette personnalisation excessive de la loi et suggère avec fermeté de revenir à l'esprit de la Constitution de 1958. La loi est l'œuvre de tout le gouvernement qui érige et conduit la politique de la nation. Elle devrait être rédigée « sur la base de concertations, consultations, dont les résultats sont connus, et c'est aux ministres et à eux seuls de présenter un projet de loi », précise Josseline de Clausade. Mais au lieu de s'investir dans la bonne marche des services dont ils sont responsables, trop de ministres préfèrent préparer des projets de loi ou d'ordonnance qui, comme l'a écrit dans *Les Échos* du 13 novembre 2007 l'économiste Jacques Bichot, « génèrent une inflation normative contre-productive ».

Il faudrait une révolution dans la mentalité politique pour retrouver le bon sens de la Constitution, il faudra une volonté de fer pour rendre à la loi son autorité. L'alternance a favorisé la satisfaction de l'ego ministériel.

Depuis trente ans jamais une majorité ne s'est succédé à elle-même sauf dans la période récente, et encore la rupture a-t-elle été proclamée plutôt que la continuité. Depuis 1978 la France a connu 27 gouvernements contre 9 en Allemagne et 8 en Espagne et autant en Grande-Bretagne. On peut estimer qu'environ un millier de ministres ont ainsi défilé sous les ors de la République dans une valse qui a accéléré dans le même temps celle des lois. Avec l'alternance, la suppression, le remplacement ou le « bidouillage » des textes sont devenus monnaie courante.

« L'alternance politique est un puissant facteur d'inflation législative. La succession automatique de majorités différentes donne lieu à des tricotages et à des détricotages puis à des retricotages législatifs. On veut défaire ce que son prédécesseur avait fait. Amusez-vous à compter depuis 1978 le nombre de textes et de modifications en matière de justice, nationalité, sécurité, chasse, immigration... il faudrait codifier l'alternance pour éviter de changer ou modifier toutes les lois », explique Philippe Seguin.

La raison politique remplace la réflexion économique. La loi Quillot de juin 1982 proclamait le « droit à l'habitat pour tous » et remplaçait la loi Barre sur le logement, considérée par tout le monde comme efficace. Résultat : en 1980 on construisait 400 000 logements et en 1984, 300 000. Entre-temps, 200 000 emplois avaient disparu dans l'industrie du bâtiment et il a fallu attendre 2005 pour repasser le cap des 400 000 logements.

Le logement fournit un excellent exemple de ces lois sorties toutes armées de l'émotion populaire amplifiée par les médias et bricolées à la va-vite par un gouvernement épouvanté par les tentes de SDF plantées le long du canal Saint-Martin à Paris. Et vues à la télé. Depuis des années les associations se battent pour que les gouvernements successifs s'occupent des SDF. Mais alors que la France ne construit chaque année que de quoi satisfaire la moitié de ses besoins en logements, qu'on a depuis longtemps oublié l'aide à la personne définie par la loi Barre, que les prix du terrain explosent et que des millions de Français cherchent un toit, le gouvernement Villepin invente au creux de l'hiver 2006 le droit au logement. Après le droit au travail, à la santé, aux loisirs, les droits des femmes, des enfants, des handicapés, des pêcheurs de crevettes et des ramasseurs d'escargots, voici le droit au logement. Le juge remplace le maçon, à défaut de trouver un toit on s'adresse au tribunal.

Une étude d'impact ? Vous voulez rire. Alors que les

activités du bâtiment croulent sous un monceau de règlements, a-t-on songé à les simplifier, a-t-on songé à trouver des terrains ? A-t-on pensé à un permis de construire d'urgence ? A-t-on seulement songé à améliorer l'aide au logement ? Il ne s'agit pas d'une aumône budgétaire. En 2006 l'aide au logement a concerné 6 millions de ménages pour un total de 14 milliards d'euros financés principalement par l'État et la Sécurité sociale.

Dès la naissance de cette aide, en 1948, les bonnes lois se sont penchées sur son berceau et y ont fait pleuvoir organismes divers et mécanismes compliqués. En 1977, l'APL (Aide personnalisée au logement) devait unifier les deux dispositifs concernant l'aide à la personne (ALF et ALS). Trente ans plus tard, les deux existent toujours.

En février 2007, la Cour des comptes a dressé un bilan de santé de la cinquantenaire. Elle souffre de troubles graves : difficultés de lisibilité et de compréhension (pour ceux qui peuvent en bénéficier), inégalité dans les conditions d'attribution et enfin arthrose carabinée due à une gestion aussi compliquée qu'un casse-tête chinois. L'aide au logement comprend trois branches : l'ALF (allocation logement à caractère familial), l'ALS (allocation logement à caractère social) et l'APL (allocation personnalisée au logement). Leurs sources de financement sont différentes et gérées par deux ministères et la Sécurité sociale qui s'entendent comme chien et chat.

Cette superposition des intervenants est dénoncée par la Cour des comptes qui estime que leur coût de gestion est beaucoup trop élevé. Si l'on suit les conclusions de la Cour, en supprimant les trois organismes qui auraient dû disparaître en 1977, on pourrait économiser 230 millions par an. Il y a là de quoi loger bien des SDF et remplacer les tentes du canal Saint-Martin par des logements plus appropriés. Mais on a préféré se donner bonne conscience dans l'urgence et accoucher d'un nouveau texte au lieu de réfléchir à une meilleure utilisation de ces 14 milliards et à une meilleure application des lois existantes. D'une façon générale, qui se soucie de la bonne application des lois ? Les parlementaires se montrent plus soucieux de déposer des amendements, affirme le Conseil d'État. Les amendements transforment en orage tropical la pluie législative. Au cours de la précédente législature (2002-2007), tous les records de la Ve République ont été battus : 241 261 amendements ont été déposés – dont 137 645 pour le seul projet de loi privatisant GDF en octobre 2006 –, soit quatre fois plus que pendant la précédente législature. En 1970, il n'y avait eu que 2 260 amendements déposés devant l'Assemblée nationale !

Avec les amendements, les projets de loi peuvent doubler ou tripler et certains même décupler en cours de discussion. En 2005, par exemple, la loi sur le développement des territoires ruraux comptait 76 articles au départ et 240 à l'arrivée. Faute de voter leurs propres lois, les députés usent et abusent des amendements pour faire obstruction (exemple : la privatisation de GDF), pour faire pression sur le gouvernement (l'amendement devient objet de négociation), pour satisfaire à la pression des lobbies ou faire plaisir à leurs électeurs. Le gouvernement s'occupe des intérêts de la nation, le député se préoccupe de ceux de ses électeurs. Les amendements et les questions écrites (118 000 au cours de la dernière législature) traduisent ce souci. « Sur les bancs de la majorité comme sur ceux de l'opposition le principal n'est plus distingué de l'accessoire », note le rapport Balladur. Pour Jean-Louis Bourlanges, « à partir du moment où le Parlement est frustré, il charge la barque et la loi devient un dépotoir ».

Le gouvernement inspire lui-même bon nombre de ces amendements qu'il fait déposer par des députés amis. Cela lui permet notamment d'éviter, ce qui n'est pas le cas avec le projet de loi, l'examen et les foudres éventuelles du Conseil d'État. Bel et récent exemple de ce tour de passe-passe politique, l'amendement sur les tests ADN présenté en octobre 2007 par le député du Vaucluse Thierry Mariani. Le ministre de l'Immigration et de l'Identité nationale a affirmé ne pas être au courant de cet amendement qu'il a, dans le même temps, et tout en le critiquant, défendu bec et ongles. Pour les initiés du Palais-Bourbon, le texte sortait bien des services du ministère, sinon le ministre n'aurait pas déployé tant d'ardeur pour le faire adopter.

Les lobbies font preuve également d'une efficacité redoutable en ce qui concerne la production de textes à travers les amendements.

« Dès que la FNSEA est en possession d'un projet de loi, elle fait décortiquer ce texte par ses experts juridiques et ce décorticage minutieux va se transformer en pluie d'amendements », explique Pierre-Henri de Grégori, ancien de la FNSEA et actuellement médiateur de la MSA (Mutuelle sociale agricole), qui poursuit : « Le texte mis à nu, la FNSEA entre en relation avec les attachés parlementaires de ses élus, c'est-à-dire des députés venant des régions agricoles à qui sont confiés les textes qu'ils seront chargés de faire voter. Il va de soi que l'élu d'une contrée rurale qui se déroberait à une telle demande verrait ses chances de réélection fortement compromises. » Ainsi à coups d'amendements, on fait un texte simple d'un texte compliqué, les trois articles initiaux concernant les régimes de TVA dans l'agriculture se sont transformés en plusieurs pages du Code des impôts. Le ministre veut sa loi, les parlementaires également, les professionnels réclament des amendements. « Voilà pourquoi la loi ne ressemble plus à rien, ajoute Pierre-Henri de Grégori. Les agriculteurs qui ne cessent de tempêter contre les règlements, souvent à juste titre, sont les premiers à contribuer à la naissance de monstres juridiques. »

La chasse à l'amendement est en effet ouverte dès qu'un texte de loi vient à la connaissance de ceux qui sont concernés. En octobre 2007, l'affaire des fonds secrets de l'UIMM a fait couler beaucoup d'encre. On a découvert que l'ancien président de l'UIMM, Denis Gauthier-Sauvagnac, avait retiré en liquide une vingtaine de millions d'euros sans qu'il en ait jamais indiqué à personne la destination. *Le Figaro* du 23 octobre 2007 explique comment des valises d'euros se seraient muées en amendements parlementaires. En 1995, l'UIMM mécontente d'un texte concernant la formation professionnelle a fait rédiger, comme cela se fait souvent quand on a de bons juristes, un amendement vidant l'accord professionnel (objet du litige) de sa substance. Cet amendement, défendu avec succès par des parlementaires de la majorité RPR de l'époque, a été adopté et ces parlementaires auraient reçu de l'UIMM une jolie obole en signe de remerciement. Les partis politiques n'ont pas été les seuls bénéficiaires des fonds secrets de l'UIMM dont une partie est passée de ses coffres dans ceux des syndicats. Denis Gauthier-Sauvagnac a laissé entendre que son silence « contribue à la paix sociale ». Pour l'instant on en est là. Dans le vingtième rapport du Conseil national des impôts, on peut lire ceci : « L'activité de lobbying exercée autour des parlementaires et de l'administration au moment de la discussion des projets de loi de finance peut susciter des articles additionnels en grand nombre. »

Les lobbies jouent leur rôle dans tous les domaines. Les envolées « lyrico-pinardières » des élus des régions où pousse la vigne valent le coup, c'est le cas de le dire. Vincent Nouzille et Hélène Constanty, dans leur livre *Des députés sous influence*[1], décrivent la mécanique du lobbying mené par le groupe Suez au cours des débats concernant sa fusion avec GDF. Ils dressent l'inventaire des attentes des groupes industriels, des associations, des luttes entre lobbies du tabac et ceux des non-fumeurs, des buveurs de bière contre les buveurs de vin. Ils évoquent les voyages offerts à des députés et les salaires des assistants parlementaires assurés par ces mêmes lobbies. Perrette Rey, présidente du tribunal de commerce de Paris insiste pour sa part sur « les textes de circonstance qui sont pris sous la pression des lobbies des grandes entreprises. Ainsi le Code du commerce est mieux adapté aux grandes entreprises qu'aux petites alors que justement son objectif est de s'adapter à toutes les entreprises, y compris les plus petites ».

Le comité Balladur propose de rééquilibrer et de moderniser le rôle du Parlement. Faut-il encore que les parlementaires considèrent qu'être élu est un métier à plein temps et non un emploi d'intermittent. Le cumul des mandats et l'absentéisme figurent en bonne place dans la panoplie des exceptions françaises. « Aucun autre grand pays, nous disons bien aucun, n'a à déplorer un tel fléau qui aboutit à une aggravation du déséquilibre entre pouvoirs au détriment du législatif et nourrit la désaffection du citoyen pour la chose politique. L'absentéisme décime les bancs de l'Assemblée et du Sénat en dehors de la petite période qui va du mardi matin au mercredi soir. La désertion du Palais-

1. Paris, Fayard, 2006.

Bourbon fait autant pour la dévalorisation du Parlement que la Constitution de 1958 ou le fait majoritaire. » À la tête de cette charge violente, l'Institut Montaigne dans une étude parue en décembre 2006 dont les chiffres concernent donc la législature précédente.

Cette étude pointe du doigt les cumulards qui additionnent mandats nationaux et locaux. Dans cette législature, seuls 54 députés sur 577 n'avaient pas de mandat local. Plus de 80 % des députés et des sénateurs cumulent en expliquant qu'il faut « garder le contact avec les réalités locales ». C'est également l'explication que nous a donnée Yves Jego. Mais alors, pourquoi le taux de cumuls n'est-il que de 10 % en Allemagne, 13 % en Grande-Bretagne, 15 % en Italie et en Espagne ? Pourquoi était-il en France de 30 % sous la IIIe, et de 40 % sous la IVe ? Les citoyens sont en droit d'exiger que leurs élus se consacrent à cent pour cent à leur mandat plutôt que de se donner bonne conscience en faisant pleuvoir une pluie d'amendements.

La plupart des parlementaires expliquent que s'il y a cumul et absentéisme, c'est parce qu'ils sont traités comme des godillots par le gouvernement et d'analphabètes par l'administration, notamment en ce qui concerne les questions budgétaires. « Nous avons la sensation désagréable parfois de n'être qu'une chambre d'enregistrement », explique Bernard Delpierre, ancien député UMP du Pas-de-Calais. Chaque année, trente à quarante projets de loi émanent du gouvernement contre cinq à six propositions venant des parlementaires. Une proposition de loi visant à instaurer le service minimal dans les transports en commun soutenue par 315 députés, soit plus de la moitié de l'Hémicycle, une première sous la Ve République, n'a pas été discutée en commission et encore moins en assemblée générale. « Il faut constater que lorsque les parlementaires qui représentent le peuple français prennent l'initiative d'une réforme, ils sont moins pris en considération que les bataillons de manifestants dans les rues. C'est inquiétant pour l'avenir de notre démocratie élective », explique Jacques Glossowski, député des Hauts-de-Seine. De nombreux parlementaires de la majorité se sont retrouvés à la fin de la XIIe législature à partager un sentiment profond d'amertume. 365 députés, une majorité de fer, rêvaient de faire passer des réformes auxquelles ils tenaient : moderniser l'État, réduire le nombre des fonctionnaires, instaurer précisément un service minimal dans les transports, supprimer les 35 heures, dégonfler l'ISF. Ils n'ont rien obtenu. « Nous sommes entrés dans un système où la majorité parlementaire est condamnée à n'être quasiment plus qu'à la botte du gouvernement, alors que, justement, pour bien jouer notre rôle, cela devrait être différent. Avec le quinquennat, le Premier ministre est devenu clairement le représentant du président de la République, et les députés les bons soldats de la majorité présidentielle », commente Jean-Jacques Descamps, ancien ministre et député d'Indre-et-Loire, dans *Le Parlement bâillonné nos députés parlent*[1], publié par l'Institut français de recherche sur les administrations publiques (Ifrap) en 2007.

La XIIIe législature se démarquera-t-elle de la XIIe ? Quel usage le gouvernement, et surtout l'Élysée, vont-ils faire des propositions Balladur qui prônent de moderniser le rôle et renforcer les attributions du Parlement, en soulignant que seule ou presque dans l'ensemble des grandes démocraties la France a ôté à son Parlement la maîtrise de son ordre du jour ? L'activisme bling bling du président

1. Mis à part les députés que nous avons rencontrés, la majeure partie des propos rapportés ici par des élus est tirée de cet ouvrage.

peut-il s'accommoder de l'autorité renforcée du Parlement et faire mentir la suite de l'analyse de Jean-Jacques Descamps ? Nous sommes tombés avec le quinquennat dans un système monarchique électif, avec un Parlement quasiment esclave du président. Il est donc temps de réformer l'État avec pour objectif que le président de la République oriente, certes, la politique du gouvernement mais que le gouvernement puisse exercer sa volonté et que le Parlement ait un pouvoir de contrôle fort sur le gouvernement et l'administration.

En même temps qu'ils se plaignent d'être les godillots du gouvernement, de nombreux députés déplorent d'être pris pour des paillassons par l'administration. Alors que plus de la moitié d'entre eux sont issus du fonctionnariat, les députés dénoncent le comportement des grandes administrations à leur égard. « Nous avons une administration centrale extrêmement puissante qui propose les mêmes solutions à tous les gouvernements successifs depuis trente ans. Aujourd'hui les directeurs d'administration sont tous formés à l'ENA sous le règne de la pensée unique », déclare Jean-Jacques Roubaud, député du Gard. Ce n'est pas un hasard si depuis une trentaine d'années pas un gouvernement n'a été reconduit à l'exception de l'actuelle majorité. Les parlementaires accusent l'administration non seulement de hold-up mais de détournement de pouvoirs. « Je m'aperçois que l'administration, à travers ses décrets et circulaires, peut modifier l'esprit des lois votées, précise Alain Gest, député de la Somme. C'est un énorme problème, car cela donne aux parlementaires un sentiment d'impuissance et d'inutilité qui n'est pas pour rien dans l'absentéisme alors qu'on l'attribue généralement au cumul des mandats... La crise institutionnelle française est arrivée à un point qui nécessite une réforme en profondeur. »

Mais pour qu'elle soit profonde, il faudra accepter que cette réforme soit douloureuse et radicale. Elle implique un changement de comportement du gouvernement, du Parlement, de l'administration. Tous sont responsables de la situation dans laquelle la France se trouve. Elle contraint à une mutation dans les mentalités qui ne se fera probablement pas sur le temps d'une seule législature. Une des causes de cette situation est que l'administration a effectivement pris la place que le politique lui abandonnait. Sommes-nous encore gouvernés par les hommes et les femmes qui se présentent au suffrage universel ou par des hauts fonctionnaires dont les talents sont reconnus, l'intelligence admirée et le sens de l'État loué, mais qui sont de plus en plus coupés des réalités extérieures que se flattent de connaître les élus ? « La logorrhée législative qui submerge les citoyens est la compensation de la perte du pouvoir que le Parlement n'exerce plus, explique Roger Chinaud, ancien secrétaire général des Républicains indépendants et proche de Giscard. Cette mutation s'amorce sous Pompidou, s'accélère sous Giscard et se poursuit sous Mitterrand. Depuis une trentaine d'années nous ne sommes plus vraiment gouvernés par des politiques mais par des fonctionnaires. » Le médiateur de la République, Jean-Paul Delevoye, confirme cette analyse : « L'affaiblissement politique et l'alternance ont laissé le champ libre aux fonctionnaires, la continuité de l'État c'est eux, la modernisation de ce même État, c'est toujours eux, et elle ne se fera pas sans leur consentement. »

Plus il y a de lois plus il faut de spécialistes et de techniciens pour les interpréter et les faire appliquer, et plus ces derniers sont nombreux et moins le législateur hésite à faire tourner la planche à billets législative. C'est un véritable mouvement parkinsonien. Mais est-ce le fonctionnaire qui fait la loi ou la loi qui fait le fonctionnaire ? Qui fait l'œuf ? Qui fait la poule ?

Qui a fait l'œuf, qui a fait la poule

« Postez-vous un matin rue de Varenne devant le ministère de l'Agriculture. Vous verrez une marée de fonctionnaires monter à l'assaut du numéro 78. L'adresse du ministère de l'Agriculture. Que vont-ils faire là alors que la politique agricole se fait à Bruxelles ? Il faut faire fonctionner cette machine aberrante et opaque qu'est devenue l'administration française. Quand on fait autant de lois, on garde les fonctionnaires. L'État, englué dans ses lois, est devenu incapable de se moderniser. La modernisation de l'État passe par la simplification administrative et la discipline normative. » C'est Renaud Denoix de Saint-Marc qui nous a suggéré cette visite rue de Varenne.

En 1950, on se posait la question de savoir si l'agriculture ne manquait pas de bras. En 2008 on peut se demander si le ministère de l'Agriculture n'a pas trop de bras. Alors que plus de 80 % de la politique agricole se décide à Bruxelles, le ministère de l'Agriculture compte toujours près de 40 000 fonctionnaires. Entre 1982 et 2002, les deux tiers des paysans français ont disparu tandis que les effectifs du ministère augmentaient de 8 %. Selon l'Ifrap, on est passé de 1 à 36 fonctionnaires pour

1 000 habitants. En Nouvelle-Zélande, le Département des forêts (l'équivalent du ministère de l'Agriculture français) est passé en l'espace de dix ans de 17 000 fonctionnaires à... 17. En France, on imagine la révolution que créerait un tel coup de hache. Mais est-ce possible dans l'état actuel des structures ?

Prenons l'exemple des prêts et des bonifications de prêt, au total 7 milliards versés aux agriculteurs en 2004. Ces prêts ne sont pas versés directement par les banques aux agriculteurs. Trop simple. Un organisme public, le CNASEA, se charge de l'opération. N'oublions pas qu'il s'agit du Centre national pour l'aménagement des structures des exploitations agricoles. Un nom qui tient à peine sur une carte de visite. La Cour des comptes, infatigable observateur, estime qu'« il n'est pas étonnant qu'une organisation segmentant ainsi les tâches ait suscité des dysfonctionnements ». Il en résulte des conflits entre le CNASEA et les banques, des erreurs de vérification malgré les 71 contrôleurs du Centre national, poste qui n'aurait pas été nécessaire si les services compétents de l'État avaient assuré leur mission de contrôle de la dépense publique. Avec les aides communautaires, le système et son dysfonctionnement touchent au génie. L'Office national interprofessionnel de l'élevage et de ses productions – issu de la fusion en 2006 de deux organismes – distribue les 3,1 milliards (chiffre 2005) d'aides communautaires et les 334 millions d'aides nationales. Ces aides donnent lieu à cinquante dispositifs différents auxquels il faut ajouter les aides d'urgence. Celles-ci ne sont pas non plus versées directement aux agriculteurs mais par l'intermédiaire de « maîtres d'œuvre ». Dans son rapport 2007, la Cour des comptes explique que ces maîtres d'œuvre versent ces aides avec des délais particulièrement longs et que les frais de fonctionnement d'un tel système qui conjugue « complexité du dispositif, multiplicité des intervenants et faiblesse du contrôle » représentent environ 350 millions d'euros. La Cour des comptes demande que le principe même de l'intervention de ces offices soit réexaminé. De multiples coups de téléphone à la FNSEA pour en savoir plus n'ont jamais permis d'avoir une réponse et le seul rendez-vous accordé pour répondre à nos questions a été limité à dix minutes.

Se poster et observer le flot de fonctionnaires entrant au 78 rue de Varenne ouvre une réflexion sur l'ensemble de la fonction publique : des effectifs qui ne diminuent jamais, des avancées technologiques, comme l'informatique, insuffisamment prises en compte, des organismes qui se superposent, des financements éparpillés, des contrôles pratiquement inexistants et une volonté diluée. La France croule sous les lois, la dette et les impôts. L'État est le plus cher du monde et un des moins efficaces. Le nombre de fonctionnaires augmente alors que le nombre d'agriculteurs diminue. Au ministère de l'Industrie, le nombre de fonctionnaires a doublé pendant que la France perdait un million d'emplois industriels.

Aujourd'hui, rapporté à la population active, le nombre de fonctionnaires est de 22 % contre moins de 11 % en Allemagne et un peu plus de 14 % aux États-Unis. Dans une période récente, de la Nouvelle-Zélande à la Suisse, de l'Allemagne à l'Italie ou à la Grande-Bretagne, tous les pays ont fait maigrir leurs effectifs de fonctionnaires, simplifié les règlements et modernisé l'État sans que la qualité de l'enseignement, de la santé, de la sécurité, de la diplomatie en soit affectée. En France, l'illettrisme progresse en même temps que les impôts et les effectifs de la fonction publique. Ni l'évolution démographique, ni les progrès techniques, ni le fax, Internet ou le TGV, ni l'ouverture des frontières, ni la construction européenne ne semblent avoir de prise sur la fonction publique et ce que l'on constate au ministère de l'Agriculture se vérifie partout ailleurs.

Alors que les frontières s'effacent, les effectifs de douaniers demeurent constants (20 368 en 1980, 19 567 en 2005). Il y a toujours une trentaine (il y en avait 44 il n'y a pas si longtemps) de trésoreries dans le département de la Creuse dont la population a diminué de moitié en un siècle. La gestion du RMI a été confiée en 2004 aux régions, ce qui n'a pas empêché les effectifs nationaux de l'Action sociale d'augmenter de 20 %.

La décentralisation et la régionalisation n'ont en rien freiné la progression des effectifs de l'État tandis qu'elles ont entraîné une explosion du nombre des agents territoriaux, multiplié les doublons entre le pouvoir central et le pouvoir régional, accru la complexité des mécanismes administratifs et accentué l'opacité de leur fonctionnement.

« Jamais le citoyen, sur le plan de la citoyenneté, ne s'est senti aussi perdu qu'aujourd'hui, essentiellement parce qu'il ne sait pas qui est qui et qui fait quoi », explique Martin Malvy, président de l'APVF (Association des petites villes de France). La France compte autant de communes que tous les autres pays de l'Union européenne réunis et par la même occasion autant de ronds-points routiers que dans le reste de l'Europe. Nous empilons les structures administratives comme les lois et les impôts qu'elles sécrètent. Petite rafale de chiffres pour amuser Zazie et le Père Ubu : 36 782 communes, 18 504 syndicats de communes, 271 pays de communes, 102 départements, 26 régions. À quoi s'ajoute, par exemple, la RUL – Région urbaine lyonnaise, qui regroupe Lyon, les départements de la Loire, de l'Ain et de l'Isère – afin de transcender les périmètres administratifs. Toutes ces entités administratives, transcendées ou non, revendiquent de l'autorité, affichent un appétit textuel insatiable, font preuve d'une même boulimie et connaissent un taux de natalité de fonctionnaires impressionnant. En vingt ans, le nombre de fonctionnaires territoriaux a augmenté de 45 %, ce qui représente environ 500 000 agents nouveaux. Au total, les effectifs de la fonction publique territoriale représentent 1,8 million de personnes et augmentent d'environ 30 000 fonctionnaires supplémentaires chaque année.

« Il est pourtant clair que la décentralisation et donc le développement des administrations régionales auraient dû s'accompagner d'une réduction des effectifs dans les administrations centrales. Or ce n'est pas le cas. Il y a au contraire une superposition invraisemblable qui fabrique des gaspillages monstres... L'augmentation de 45 % en vingt ans du nombre de fonctionnaires municipaux explique en grande partie l'inflation des impôts locaux... » L'homme qui tient ces propos au mensuel *Capital* en juin 2007 est orfèvre en la matière. Lui-même a essayé de rendre plus simple l'État. Il s'agit de l'ancien ministre Francis Mer. Résultat de cette prolifération : alors que l'Allemagne supprimait 250 000 postes de fonctionnaires entre 1991 et 1995, la France en créait 200 000. Tandis que les collectivités locales créaient 450 000 postes de fonctionnaires, l'État en ajoutait 310 000 à ses effectifs.

« Les contribuables paient le millefeuille (...) la fiscalité locale explose, la fiscalité nationale ne baisse pas », écrivent Les Contribuables associés dans une étude de janvier 2008 qui affirme que les recettes fiscales nettes de l'État s'élèveront cette année (2008) à plus de 272 milliards d'euros contre moins de 268 milliards en 2007. Les concours de l'État aux collectivités locales vont se monter en 2008 à 72,5 milliards d'euros. En 2006, les contribuables ont acquitté 80,5 milliards d'euros. Les impôts locaux directs ont augmenté de 27,4 % en huit ans.

« L'enchevêtrement des compétences aboutit à une confusion des responsabilités et à une une multiplication des financements ayant le même objet », peut-on lire dans *C'est possible, voici comment*[1]. L'inflation législative se conjugue ainsi avec celle des impôts locaux et des fonctionnaires. « La prolifération des textes est devenue un remède à l'oisiveté de certaines administrations dont la charge de travail a diminué avec la régionalisation, nous a expliqué Alain Lambert. Le ministère de l'Équipement construisait des routes et des ponts, maintenant il fait des lois. L'administration a trouvé une autre façon de s'occuper : appliquer, interdire, contrôler. Des milliers de fonctionnaires chargés de la gestion des corps de la fonction publique passent leur temps à rédiger des décrets, modifier des barèmes, pondre des circulaires. »

Dans ces conditions, comment pourrait-on réussir à réformer – le terme est mal vu, on préfère utiliser « débureaucratiser » – l'administration ? On peut prendre le problème par un mot ou par un autre, toutes les tentatives de simplification échouent les unes après les autres. On commence en 1950 avec le Cerfa (Centre pour l'enregistrement des formulaires administratifs), on poursuit avec la Cosiforme (Commission pour la simplification), la Cosa (Commission pour la simplification administrative), une loi crée en 2003 le Conseil d'orientation administrative. Il existe à Bercy une mission pour la réforme de l'État avec, à sa tête, Frédéric Mordacq, dont tout le monde dit le plus grand bien tout en se demandant pourquoi ses services sont

1. Michel Pébereau et Bernard Spitz, *C'est possible, voici comment*, Paris, Éditions R. Laffont, 2007.

à Bercy, et non pas à l'Élysée, si l'Élysée veut vraiment moderniser l'État.

Des améliorations ont été obtenues, c'est vrai, dans de nombreux domaines. Mais, dans le même temps que les diverses ordonnances de simplification étaient promulguées, la complexité s'est accrue. Le Conseil constitutionnel établit le même constat qu'Alain Lambert et cite un rapport d'étape établi par le Comité d'enquête sur le coût et le rendement des services publics. La lecture ne vaut pas le détour mais le voyage, comme dirait le guide Michelin : « Les administrations centrales privées par la déconcentration de l'essentiel de leurs compétences opérationnelles ne voient d'autre façon d'intervenir sur les événements que par la production de lois et règlements. » Il faudrait qu'un jour on puisse faire le compte exact du nombre de commissions, comités, groupes de travail, missions, rapports, colloques, rencontres, réflexions, etc. etc. qui, dans tous les ministères, se sont tenus, se tiennent et se tiendront sur la réforme de l'État ou tout simplement sur sa simplification.

Laissons la parole au Père Ubu : « Dépêchez-vous, plus vite, je veux faire des lois maintenant. »

Des magistrats : « Nous nous opposons à tout changement » (on croirait entendre nos syndicats).

Père Ubu : « Merdre. D'abord les magistrats ne seront plus payés. »

Du temps de Courteline, les fonctionnaires faisaient des cocottes en papier, aujourd'hui ils pondent des règlements.

Dans ce contexte, la question se pose de savoir ce qu'il faut faire pour que soit respecté par les citoyens un droit qui est devenu parfois difficilement compréhensible. Comment faire comprendre et respecter les circulaires et instructions de l'administration qui constitue la référence essentielle pour le citoyen lambda ? Où et comment se procurer cette référence essentielle ? Ces circulaires et instructions, selon le Conseil constitutionnel, « ne sont ni publiées ni opposables. Il en résulte qu'elles échappent à l'information du législateur comme du citoyen et au contrôle du juge de l'excès de pouvoir. Se développe ainsi un droit souterrain, clandestin, inaccessible, asymétrique (...) isolé (...) perdu dans un maquis de procédures contraignantes et souvent incomprises. Le citoyen ressent avec amertume la distance qui le sépare des centres de décision ». En des termes choisis, le Conseil constitutionnel nous explique qu'entre la France des fonctionnaires et la France des citoyens, entre le pouvoir des élus et celui de l'administration, il existe désormais un troisième pouvoir, celui des fonctionnaires, qui s'exerce sans aucun contrôle que celui du bon vouloir de ceux qui décident d'interpréter ou de faire la loi. Le Père Ubu s'en frotte les yeux. Lui-même n'y croit pas. Alors deux exemples.

L'ordonnance 2003 850 (4 septembre 2003) prévoit de simplifier la procédure d'autorisation pour la création d'établissements ou de services sociaux ou médico-sociaux. Bravo ! Enfin on respire ! On simplifie. Pas d'excitation. Depuis qu'elle a été signée, cette ordonnance a connu six modifications inscrites dans trois lois, six ordonnances, son application a nécessité trente-huit mesures réglementaires, huit décrets en Conseil d'État, dix-huit décrets simples et trois arrêtés du ministre. Selon le Conseil d'État, la plupart des ordonnances de simplification ont connu un sort identique et les ministères chargés de les promulguer se chamaillent entre eux, tandis que les décrets d'application restent au fond des tiroirs.

Autre exemple : la gestion de l'eau en Bretagne. Du côté des textes c'est du sérieux, comme dirait Nicolas Sarkozy :

six lois, une dizaine de décrets, seize directives européennes (souvent non respectées) et une montagne de circulaires et d'arrêtés préfectoraux. Du côté des acteurs, un casting d'enfer : une soixantaine d'organismes divers et six administrations différentes sont chargés de veiller à ce que les Bretons puissent bénéficier – pas forcément boire – d'une eau pure et fraîche. Tout ce joli monde barbote dans les règlements et, à défaut de marcher sur l'eau, se marche sur les pieds. Le maire de Vitré, Pierre Méhaignerie, ayant requis un conseil auprès de ces organismes pour l'entretien des sources de sa commune en 2003, lors de la canicule, a reçu une réponse après que celles-ci se furent asséchées. L'administration déborde, la source se tarit : La Fontaine en aurait fait une belle fable.

Avez-vous identifié un organisme qui ne représente plus d'intérêts stratégiques et qu'on pourrait supprimer ? avait demandé à ses ministres Jean-Pierre Raffarin en s'installant à Matignon. Silence respectueusement rigolard dans les rangs des cabinets ministériels. Le secrétaire d'État à la Réforme qu'était à l'époque Henri Plagnol évoque à ce moment-là (dans la revue *Capital* de novembre 2003) les 350 commissions préfectorales (personne n'est sûr du chiffre) qui se penchent sur la pêche, l'élevage des porcs, le tourisme ou la chasse. Des heures de discussion pour déterminer l'indemnisation des dégâts causés par les sangliers et autres suidés, les cerfs et autres cervidés. Il y a les commissions d'autorisation de transfert de débits de boissons, de conciliation des baux commerciaux, de réglementations relatives à la salubrité des coquillages.

Les préfets, les sous-préfets ne vont plus au champ, ils rejoignent les commissions. À celles-ci s'ajoutent des observatoires multiples et variés, tant régionaux que nationaux (environ 80), les 27 conseils économiques régionaux qui publient des rapports que personne ne lit à part les auteurs et leur famille et pour lesquels le tourisme constitue d'un bout à l'autre de la France, en longueur comme en largeur, un sujet d'étude récurrent.

Quel beau fromage administratif que le tourisme ! Il y a bien évidemment un ministère du Tourisme doté d'une administration solide. Juste après l'agroalimentaire, le tourisme est un des fleurons de l'économie française. Se pencher sur son avenir est un devoir national. Et l'avenir du tourisme est scruté scrupuleusement par le Conseil national du tourisme. Et pour être sûr qu'il scrute bien on a créé un second organisme : l'Odit (Observatoire de développement et d'ingénierie touristique). De son côté la Maison de France, chargée de promouvoir l'image tricolore à l'étranger (bureaux dans trente pays), est représentée dans chaque région par un délégué régional du tourisme dont l'activité doublonne parfaitement celle du directeur du tourisme nommé par le conseil général. Il paraît qu'ils se téléphonent.

Nous sommes parvenus à un tel enchevêtrement d'organismes, de comités, de commissions, de corps et de statuts de fonctionnaires, à une telle confusion des tâches en France comme à l'étranger que l'État ne sait pas vraiment combien il emploie de fonctionnaires, combien ceux-ci travaillent et quel est le montant exact de leurs salaires et primes. Pour certains, c'est un véritable secret d'État.

« Avez-vous lu le Tolini » ? interrogeait *Le Nouvel Observateur* en novembre 2007. Cet ouvrage est, semble-t-il, impossible à trouver et tous nos coups de téléphone à Bercy ont reçu comme réponse : « On ne connaît pas. » C'est, paraît-il, selon *Le Nouvel Observateur*, un document hallucinant qui recense, ministère par ministère, la totalité des « corps et emplois de la fonction publique de l'État ».

Son auteur est Louis-Francis Tolini et son éditeur le ministère du Budget. Au total, sur 460 pages, il répertorie la vie et la carrière de tous les fonctionnaires d'État, quels que soient les effectifs concernés. Au total on compte 450 corps. À côté du corps des professeurs de sport, il y a celui de l'enseignement agricole, du Muséum d'histoire naturelle, des professeurs techniques, des jeunes sourds et aveugles. Le corps des inspecteurs du permis de conduire voisine avec celui des ingénieurs des Travaux publics, respectivement 4 132 et 4 921 membres. Mais les agents administratifs de Mayotte, qui forment un corps à part entière, ne sont que quatre et l'effectif du corps de l'Inspection générale des bibliothèques se réduit à deux tandis que le directeur du Quai d'Orsay est un corps à lui tout seul.

En novembre 2000, le rapport du député radical de gauche Alain Touret épinglait l'État, aussi mauvais patron selon lui que piètre gestionnaire. La connaissance des personnels en place demeure « approximative et lacunaire »... À 100 000 près on ne connaît pas le nombre des agents relevant de la fonction publique territoriale. Non seulement l'État n'a qu'une « connaissance imparfaite » des postes effectivement pourvus mais il ne dispose pas d'éléments suffisamment fins sur la carrière et la compétence des fonctionnaires... Si l'on comprend bien le député, non seulement l'État ignore le nombre exact de ses fonctionnaires mais il ne connaît pas le niveau exact de leur qualification. Dix ans plus tôt, le ministre socialiste André Chandernagor avait pourtant déclaré : « L'État fait trop de choses au détriment de ses tâches essentielles : défense, diplomatie, police, justice, prélèvement de l'impôt. »

À la vérité, à force de vouloir trop faire de choses, la République française, qui est un des tout premiers employeurs du monde, est devenue un des pires patrons qui soient. À la confusion dans les chiffres elle ajoute l'injustice dans les rémunérations, le mépris dans les carrières et la carence totale en matière de gestion sociale. Du coup, depuis plusieurs années, on assiste à un double détournement législatif et administratif. L'État ne maîtrise plus sa production de lois qui sont trop nombreuses, pas assez précises et trop souvent déviées de leur objet à des fins électorales ou médiatiques. Il ne maîtrise pas davantage les effectifs de sa fonction publique, incapable qu'il est d'assurer le rééquilibrage entre les pénuries et les excédents et impuissant à contrôler la gestion de la carrière de celles et ceux qui le servent. « Les syndicats ont pris la main. Ils gèrent la carrière des fonctionnaires et pas l'avenir de la fonction publique », observe le médiateur de la République qui fut également ministre de cette fonction publique.

Cela explique que les appels lancés pour réduire l'inflation législative comme l'inflation administrative se multiplient sans que dans les deux cas, ils soient suivis du moindre effet tangible. Il faut dire que la force politique des syndicats est inversement proportionnelle au nombre de leurs effectifs. La fonction publique compte environ 5,1 millions de fonctionnaires auxquels il faut ajouter les salariés des entreprises publiques (Poste et SNCF, notamment), des organismes publics (Sécurité sociale), ou sous contrat avec l'État (enseignement privé, notamment), soit un total de 6,8 millions de personnes – un salarié sur trois.

C'est une situation unique dans l'ensemble des pays modernes du monde. Aux actifs rémunérés par l'État, il faut encore ajouter 4 millions de retraités dont la pension faite de deniers publics est financée, comme les salaires, par le recours à la dette. Près de la moitié du budget de l'État est consacrée à ces salaires et à ces retraites. Un poids démographique et financier énorme auquel s'additionne le poids social et politique des familles de ces fonctionnaires. « Un mot de trop et on fâche 15 millions de personnes », confie à *L'Express* un grand commis de l'État. Depuis vingt ans cette population a fait reculer tous les Premiers ministres : Fabius, Rocard, Chirac, Jospin, Raffarin, Villepin.

En octobre 1997 un rapport de l'IGF (Inspection générale des finances) atterrit sur le bureau de Lionel Jospin, Premier ministre depuis moins de six mois. Le diagnostic est clair, la thérapeutique précise : il y a 500 000 agents de trop dans les trois fonctions publiques (État, collectivités locales, services de santé) qui coûtent 150 milliards – la France compte encore en francs – par an au budget de l'État et les durées de travail sont dans la fonction publique largement inférieures à la durée légale. Les 35 heures ayant été mises en chantier, l'IGF précise qu'il convient d'écarter toute diminution générale du temps de travail, de contrôler ces temps de travail, d'accélérer le processus de modernisation de l'administration. S'il doit y avoir une diminution du temps de travail, elle doit se faire au coup par coup et, en toute hypothèse, sans aucune création d'emploi.

Jospin va faire exactement le contraire de toutes ces préconisations. Non seulement il ne profitera pas des 35 heures pour moderniser et adapter la fonction publique, comme l'ont fait les grandes entreprises, mais son gouvernement diminuera le temps de travail tout en augmentant le nombre des fonctionnaires. Il faut dire que ces derniers constituent le vivier électoral des socialistes : 66 % voteront en faveur de Ségolène Royal en 2007, une proportion supérieure à celle des jeunes et des ouvriers.

Quand Michel Rocard, alors Premier ministre, présenta à François Mitterrand un plan qui proposait pour l'Éducation nationale une diminution des effectifs et une modernisation du ministère en échange d'une amélioration des rémunérations et des plans de carrière, Laurent Fabius se précipita à l'Élysée pour expliquer que Rocard allait « massacrer nos électeurs ». Et puis les syndicats veillent, ils ont la main, comme le dit Jean-Paul Delevoye, mais sans le gant de velours.

Sitôt connue l'enquête de l'IGF d'octobre 97, les syndicats dénoncent « les propos tendancieux tenus par les inspecteurs des finances ». En octobre 1996, avant la dissolution de l'Assemblée, ils avaient brandi la même menace vis-à-vis du prédécesseur de Lionel Jospin à Matignon, Alain Juppé. À cette époque, le Parlement publie à quelques jours d'intervalle deux rapports sur le coût et les pensions des agents de l'État. Un des documents affirme que les salariés publics sont favorisés par rapport au privé (une conclusion que reprendra ensuite l'Insee), l'autre dénonce la dérive des pensions de retraite, laquelle affecte le budget de l'État. L'UNSA (Union des syndicats autonomes) adresse un sévère avertissement : « Le gouvernement ferait mieux de calmer les excités de sa majorité s'il ne veut pas se trouver face à un mouvement comparable à celui de l'hiver dernier, mouvement soutenu par l'opinion publique. » Ce coup de semonce est brutal mais habile. L'opinion publique défend en effet l'extrémisme de la fonction publique qui interdit qu'on touche à ses effectifs, son système de salaire ou de retraite.

Quelques semaines avant cette passe d'armes, Alain Madelin, ministre de l'Économie et des Finances, avait mis les pieds dans le plat et dénoncé à propos des retraites des fonctionnaires l'« injustice entre les Français du secteur protégé et ceux du secteur exposé ». Il avait réveillé un nid de frelons et tous les syndicats suivis du PC et du PS hurlèrent au scandale et à la trahison. Au gouvernement, on adopta l'attitude de la queue basse : « La question n'est pas d'actualité », murmura piteusement le ministre de la Fonction publique. Le lendemain, Madelin quittait le gouvernement. Deux ans plus tard Jospin est aux manettes matignonesques quand son ministre de l'Éducation nationale lance son cri de guerre fameux : « Je veux dégraisser le mammouth. » Claude Allègre annonce des réformes dans la gestion des carrières et un remaniement de son ministère où les syndicats font la loi. Les frelons se réveillent aussitôt. Ils piquent mais Allègre tient bon parce qu'il se croit soutenu par Jospin qui a décidé de moderniser l'État. Lui aussi sera abandonné et mourra des piqûres de frelons, tout comme Christian Sautter qui prétendait réformer les services fiscaux du ministère des Finances. On en reparlera au chapitre « Bercy ou le coup d'État permanent ».

Le cas de Météo France est particulièrement intéressant pour comprendre la façon dont une petite administration peut s'autogérer et comment les syndicats savent et peuvent imposer la loi. Météo France se targue d'être un des premiers services de météo au monde et justifie ses effectifs copieux (3 700 agents) par les contraintes d'une tâche qui consiste notamment à établir une prévision toutes les heures. Pour faire le même métier, ils sont 2 500 en Allemagne, 2 000 en Grande-Bretagne et 500 en Suède. Dans ces pays, on a rationalisé le travail tout en accroissant la qualité, tandis qu'en France les effectifs de Météo France ne diminuent pas et même ont tendance à s'étoffer – ils ont augmenté de soixante-quinze agents après l'instauration des 35 heures. Un joli tour de passe-passe. Si l'on en croit la Cour des comptes, Météo France navigue en plein brouillard et aucun outil ne permet de comparer l'efficience de ses services déconcentrés, ce qui aboutit à une méconnaissance totale des projets et cours et à l'ignorance des enjeux commerciaux comme des besoins de la clientèle. Météo France a entrepris de sensibiliser ses agents à ces enjeux mais c'est une décision très récente. La nappe de brouillard s'étend au nombre d'employés dont ni la quantité ni la qualité ne sont véritablement gérées. Jusqu'au mois de décembre 2006, la gestion des ressources humaines n'avait connu aucune évolution depuis la création de la société et les primes restaient toujours délivrées à l'ancienneté. Le talent, le mérite, l'efficience ne sont pas davantage pris en compte. Le passage aux 35 heures a permis aux syndicats de Météo France de démontrer leur savoir-faire. Le temps de travail annuel a été réduit à 1 413 heures (moins 12 % par rapport au régime commun). Tout dépassement donne lieu à des compensations (indemnités ou repos supplémentaire). Les salaires absorbent une part croissante du budget au détriment des investissements, de l'innovation, de la technologie. Une lourdeur qui rend difficile la coopération avec les autres services européens.

Alors que le changement climatique, l'explosion des systèmes de transport, la gestion des risques imposent un système fort, celui de Météo France multiplie les couacs : alertes tardives, défauts d'alerte, vigilance insuffisante ou placement au contraire d'un département en vigilance orange inopportune. Pour pallier ces insuffisances, une nouvelle réforme structurelle est prévue. Elle devait être effective à la fin de 2007.

Avec le Centre de la fonction publique territoriale, on tombe sur l'armée mexicaine : le taux d'encadrement est très élevé (36 %) et même les services ne comptant que trois ou quatre personnes sont dotés d'un responsable. Créé en 1984 pour former les agents des collectivités territoriales, le centre n'a cessé de voir ses effectifs augmenter :

2 077 agents en 2005, soit 7 % de plus par rapport à 2000. Là aussi, pas de gestion prévisionnelle des effectifs, ignorance de la sincérité budgétaire, aucun traitement informatique, frais de mission peu ou pas du tout contrôlés. La gestion des locaux est aussi désordonnée que celle des hommes. Les acquisitions immobilières ont triplé entre 2000 et 2006 et les frais de location doublé pour répondre à de nouvelles implantations du personnel. Ainsi, lorsque la délégation de la Grande Couronne a déménagé de Versailles à Saint-Quentin-en-Yvelines, personne, avant la Cour des comptes, ne s'est étonné de ce que le coût de ce déménagement soit supérieur d'1 million d'euros aux prévisions. Personne ne s'est ému, semble-t-il, qu'en pleine flambée immobilière l'immeuble de Versailles soit cédé, en 2004, 1 million d'euros de moins que son prix d'achat en 1989. Personnel mal évalué, gestion approximative, comptabilité élastique, masse salariale importante, opérations immobilières opaques, logements de fonction injustifiés, on trouve au centre chargé de former la fonction territoriale bien des défauts qu'on reproche à la fonction publique nationale. Le centre ne semble pas plus que les autres administrations faire confiance à l'informatique : il a fallu attendre plus de vingt ans après sa création pour que soit informatisée la gestion des biens et opérations.

Difficile dans ces conditions de connaître le nombre de fonctionnaires, difficile de connaître leur temps de travail, le montant de leurs salaires, de leurs primes et de s'y retrouver dans le maquis des organismes qui se sont multipliés. En février 1999 le rapport Roché, au moment où se mettaient en place les 35 heures, a dénoncé le « bric-à-brac » des horaires dans la fonction publique qui varient en moyenne de 35 à 37 heures. « Mais, nous dit ce rapport, à partir de la réglementation de base s'ajoutent parfois de façon anarchique des suppléments de congés permanents qui côtoient des autorisations d'absence tout aussi permanentes. » Ainsi, à la Direction générale des impôts, on ne travaille pas le 2 janvier, le 15 juillet, jours où le versement des impôts ne peut être exigé. Au ministère de la Culture, une « semaine Malraux » s'ajoute aux semaines légales de congés. À l'Assemblée nationale, les fonctionnaires ont droit à un repos de sept semaines, mais les adeptes de la pêche à la ligne doivent lorgner vers l'hôtel de ville de Paris où la « semaine Malraux » se nomme « semaine Chirac » et s'ajoute à huit semaines et demie de vacances et, cumulée avec les RTT, permet de bénéficier de quatorze semaines de congés annuels. Ces calculs ont été publiés par *Capital* dans son numéro de juin 2007.

Est-ce la recherche française qui lève... le camp, ou les chercheurs eux-mêmes ? Les professeurs d'université et maîtres de conférences doivent assurer 128 heures de cours magistraux par an et consacrer 20 heures par semaine à la recherche. Il n'y a bien évidemment aucun contrôle de ces horaires et personne n'ose demander à ces éminents professeurs où ils en sont exactement de leurs recherches.

Faute de rémunérer convenablement certains métiers difficiles, celui de policier, par exemple, l'État accorde des avantages en nature sous forme de congés notamment. Toujours selon la même enquête de *Capital*, cinq minutes de travail supplémentaire dans une journée de policier donnent droit à une journée de congé. « Un gardien de la paix bien organisé peut ne travailler que 140 jours par an », confie le représentant d'un syndicat de policiers.

Avec les salaires, les primes et les avantages divers on découvre une autre face de la fonction publique. L'État verse chaque année 110 milliards d'euros en salaires et pensions. À l'intérieur de cette masse énorme, des différences tout aussi énormes, mais aussi une omerta soigneusement entretenue sur certains salaires et primes. Le salaire d'un ambassadeur ou d'un trésorier-payeur général (TPG) relève pratiquement du secret d'État. On raconte qu'un ministre des Finances ayant exigé de connaître les primes versées, on les lui a communiquées sur papier non photocopiable. La progression des salaires se fait à l'ancienneté selon une grille mise en place en 1947. La fonction publique a compté jusqu'à 923 corps. Christian Jacob, ministre de la Fonction publique sous Raffarin, en a supprimé 234, il en reste aujourd'hui 500 dont 40 au ministère de la Culture et 24 dans les hôpitaux. À l'intérieur du grand statut de la fonction publique cohabitent 2 000 statuts particuliers dont un grand nombre sont en voie de disparition, mais ces statuts ont la vie dure : celui des employés de l'octroi ne fut supprimé que dans les années 1950 alors que l'octroi avait disparu en 1921. À chaque corps correspond une grille de salaires, des primes, un itinéraire de carrière prévu dans le statut de 1946. À grade égal salaire égal et la même perspective de carrière pour tous. Nous sommes au royaume de l'égalité et non de la liberté, et tant pis si cette égalité sert de paravent à des injustices.

Selon l'Insee, les fonctionnaires français sont les seuls à toucher davantage que les salariés du privé, une différence qui représenterait un mois de salaire supplémentaire. Le montant des primes est tout aussi variable et secret, de même que l'utilisation des voitures de fonction ou des logements du même nom. Yvan Stefanovitch, dans son livre *Aux frais de la princesse. Enquête sur les privilégiés de la République*[1], passe en revue quelques-uns des privi-

1. Paris, Éditions JC Lattès, 2007.

lèges qui, comme ceux de l'architecte en chef des Monuments historiques, n'existent dans aucun autre pays de l'Union européenne. Dans les Dom-Tom, les salaires sont supérieurs de 40 à 108 % à ceux de la métropole. Les retraites sont du même tonneau. Coût de ce traitement, royal et exotique : 2,4 milliards d'euros en 2002, soit 5 % de l'impôt sur le revenu. En principe ces avantages doivent disparaître, mais comme tous ses prédécesseurs François Fillon a refusé d'y toucher lors des discussions au Parlement en novembre 2007.

Lorsque l'État offre une goutte d'eau d'augmentation à ses fonctionnaires, cela finit par coûter un océan aux contribuables. Alors il est donc réduit à finasser avec les primes pour calmer les mécontents et les plus actifs. Des primes provisoires qui le plus souvent deviennent définitives.

Il paraît que la prime d'égout des conseillers d'État n'existe plus, mais il est rare qu'une telle suppression intervienne et partout les syndicats ont été à la manœuvre. Exemple, la Banque de France où la prime dite « d'empilage d'or » vient bel et bien s'empiler sur les primes de casse-croûte, du Bicentenaire, du passage à l'euro, de la restauration de l'État républicain, les indemnités de sous-sol de l'usine, de chauffe, etc. Ces primes augmentent le salaire des employés de la Banque de France de 40 %. La Cour des comptes, dans son rapport de 2005, a essayé de faire le total des primes et indemnités diverses. Mais elles sont si nombreuses que la Banque de France a été incapable d'en fournir la liste exacte. Alors au pif, comme dirait l'oncle de Zazie, la Cour a estimé leur nombre à 96. La Banque de France fournit un excellent exemple non seulement de la quantité et de la variété des primes mais de la difficulté de réduire les effectifs lorsque l'activité diminue.

Alors que la France ne bat plus monnaie depuis huit ans, ni ne s'occupe de politique monétaire, la Banque de France emploie toujours 13 000 agents. Les magistrats de la Cour des comptes ont constaté que le coût du travail à force d'avantages n'est en rapport ni avec celui de l'administration ni avec celui des services comparables dans le privé : une différence de 40 %. À chaque visite de la Cour des comptes, la Banque promet de se réorganiser, ce qu'elle fait mais, comme on dit en Suisse, il n'y a pas le feu au lac. Elle compte toujours deux cents succursales, contre 125 en Allemagne, 98 en Italie et 5 au Royaume-Uni où la Banque d'Angleterre qui gère la livre emploie six fois moins de personnes que la Banque de France. Au début de l'année 2008, l'Association « Sauvegarde Retraite » s'est inquiétée des « nouvelles bonifications indiciaires » ou NBI, qui permettent l'octroi de primes pouvant dépasser 800 euros à Bercy. Cette NBI est accordée à des fonctionnaires dont le poste « comporte une responsabilité ou une technicité particulière ». C'est à ce titre que le « responsable de la buvette du Conseil d'État » a reçu une prime de 45 euros ; la prime est de 67,5 euros pour le « responsable des frais de missions à l'ENA » et de 76,5 euros pour les « agents d'accueil Météo France ».

Qui veut vraiment rationaliser et moderniser ? À Remiremont (Vosges ; 8 000 habitants), la Banque maintient un centre de traitement du surendettement qui aurait dû depuis longtemps être déplacé et regroupé avec d'autres. Mais le maire de Remiremont n'est autre que le président du Sénat, Christian Poncelet. Le cumul des mandats aboutit ainsi à ce que les cumulards ne tiennent pas le même langage à Paris et dans leur circonscription. À Paris, on plaide pour la réforme de l'État, la diminution des effectifs de fonctionnaires mais, dans sa mairie, on se bat griffes et ongles pour garder un bureau de poste, un hôpital, une succursale de la Banque de France.

La bataille menée par Rachida Dati pour la réforme judiciaire est révélatrice. En 1900, 80 % de la population française était agricole contre moins de 5 % aujourd'hui. En 1950 la moitié des Français vivaient en zone rurale, aujourd'hui 85 % habitent une ville. Jamais la carte des juridictions n'a été modifiée. Au moment où cette réforme était lancée, on comptait 35 cours d'appel, 181 tribunaux de grande instance, 475 tribunaux d'instance, 185 tribunaux de commerce, 275 conseils de prud'hommes. À chaque fois qu'un garde des Sceaux a voulu entreprendre une réforme, il en a été empêché. « Repousser l'échéance relèverait de la non-assistance à justice en danger », écrivait dans *Le Figaro* du 3 octobre 2007 l'avocat Paul Lombard.

On pourrait tenir le même langage pour les hôpitaux que pour les tribunaux. Ainsi les États-Unis comptent six fois plus d'habitants que la France, mais le nombre d'hôpitaux américains n'est que de trois fois supérieur à celui des hôpitaux français, et pourtant on continue.

Faute de créer suffisamment d'emplois dans le secteur que l'on appelle marchand, les Français se cramponnent à la fonction publique. L'entrée dans le monde du travail étant difficile, plus de 70 % des jeunes rêvent de devenir fonctionnaires. Les maires ayant laissé disparaître les commerces, plus de la moitié des communes françaises n'en ont plus aucun, les maires défendent alors les emplois publics. Évoquant les fermetures de magasins, Martin Malvy déclare : « Il y en a assez, on prend coup sur coup. C'est un autre visage du pays qui se dessine. » « Comme pour l'inflation législative, les causes principales de l'inflation administrative viennent du fait qu'aux yeux de la plupart des Français le bon fonctionnement de la société exige que la vie des citoyens soit réglée par l'État, alors qu'à l'étranger la société civile joue un rôle majeur », explique, de son côté, Alain Lambert. L'opinion ne s'insurge ni contre les déficits budgétaires ni contre les emplois publics. Et un tiers des Français seulement sont favorables à une diminution des effectifs publics. Cela permet à la fonction publique et à l'administration de résister, aux organismes supprimés de renaître sous un autre nom, de se dédoubler ou de changer de vocation. Aux exemples fournis par le ministère de l'Agriculture ou bien par la Banque de France, on doit en ajouter beaucoup d'autres.

Le nombre des anciens combattants diminue, avec le temps, de plus de 5 % par an, beaucoup plus rapidement que celui des fonctionnaires (0,8 %). Il y a, par la force des choses, moins de commémorations. Mais la MPCIH (Mission permanente aux commémorations et à l'information historique), chargée initialement des manifestations commémoratives et de l'entretien des lieux de mémoire, organise des expositions, édite des ouvrages et effectue la tournée des lycées. Et personne ne s'étonne que l'Onac (Office national des anciens combattants) doublonne carrément avec les services du ministère du même nom, lequel contrôle les cartes d'invalidité que l'Onac délivre. En Allemagne et en Grande-Bretagne, il n'y a pas d'équivalent au ministère des Anciens Combattants.

Au ministère de la Culture, le CNL (Centre national des lettres), chargé de l'aide à l'édition, côtoie la Direction du livre et de la lecture. Le premier se préoccupe de soutenir toute action pour la promotion et la lecture du livre, tandis que la seconde est en charge du développement de la seule lecture. Subtil, non ?

Dans un rapport de 2007, la Cour des comptes s'est intéressée aux organismes relevant du Premier ministre. À l'évidence, le coup de balai réclamé par Raffarin n'a été qu'un petit coup de balayette. Il y aurait 600 organismes rattachés plus ou moins directement à Matignon. La Cour des comptes a contrôlé 40 commissions et constaté que leurs missions, leurs organisations, comme leurs moyens, restent flous, leurs travaux confidentiels et la fréquence de leurs réunions mystérieuse. La Cour avoue avoir été saisie d'une « impression de confusion et d'incohérence ».

Ce sentiment est partagé par le député Georges Tron, rapporteur d'une mission chargée d'évaluer et de contrôler les organismes d'évaluation et de prospective économique et sociale. « Quand un problème dérange, on crée un comité », disait Clemenceau. Le nombre d'organismes chargés de la prospective économique apparaît comme l'aveu des multiples problèmes dont nous souffrons. Les organismes se bousculent au portillon et, d'entrée de jeu, Georges Tron laisse entendre qu'il est aussi aléatoire de les répertorier que de compter des lentilles. Encore un petit coup de chapeau au ministère de l'Agriculture qui abrite 80 organismes divers chargés d'éclairer les réflexions ministérielles. Au ministère des Anciens Combattants ils ne sont pas moins d'une quarantaine à répondre aux mêmes angoisses. Mais ce n'est là qu'une mise en bouche, étant donné que ces organismes n'ont pas pour vocation la prospective économique, mais leur nombre impressionnant donne une idée du problème.

Tout comme la Cour des comptes, Georges Tron a passé en revue une quarantaine d'organismes rattachés au

Premier ministre. À priori, rien que de très normal : il faut préparer des décisions, rendre des arbitrages sur des dossiers qui ont souvent mobilisé les services de plusieurs ministères. C'est ce qu'on appelle l'interministérialité. Ces organismes sont si nombreux et leur architecture d'ensemble si peu lisible qu'ils paraissent être source de gaspillage. Si nombreux qu'on ne peut dire exactement qui est qui et exactement savoir qui fait quoi et encore moins combien ça coûte. Enfin, cerise sur le gâteau, ces organismes piétinent les mêmes plates-bandes et se marchent sur les pieds avec une telle ardeur que la recherche d'un « consensus utopique » entre leurs diverses études retarde voire rend impossible la décision politique.

Dans le genre embouteillage de l'information, on ne fait pas mieux. Il ne s'agit pas de critiquer ces organismes dont la qualité des études est souvent reconnue unanimement mais de déplorer leur si grand nombre et de tenter de comprendre pourquoi ils entravent, comme le dit Georges Tron, la tâche des politiques.

Il y a notamment le Credoc (Centre de recherches pour l'étude et l'information des conditions de vie), le Cepii (Centre d'études prospectives et d'informations internationales), le Cerc (Conseil de l'emploi, des revenus et de la cohésion sociale). Ce sont des poids lourds. Il y a aussi des rescapés, comme le Haut Conseil du secteur public, créé à l'époque où la France regardait davantage vers l'Oural que vers l'Atlantique, à qui il arrive de commettre, un rapport. Il y a les dinosaures comme la Datar (Délégation à l'aménagement du territoire et à l'action régionale) et le Commissariat au Plan qui ont été supprimés mais qui ont immédiatement ressuscités sous un autre nom : Diact (Délégation interministerielle à l'aménagement et à la compétitivité des territoires) pour la Datar et Centre d'analyses stratégiques pour le Plan pour le Commissariat au Plan. À la Datar, le budget de fonctionnement représentait trois fois celui des études et, comme dans tous les rapports sur la fonction publique, Georges Tron souligne l'opacité dans l'utilisation des crédits budgétaires. La Datar a résisté à la décentralisation comme le Plan à la fin de la planification. Les effectifs, au moment de l'enquête de Georges Tron, avaient à peine bougé.

Alors, que fait le Commissariat au Plan quand il n'y a plus le Plan ? Eh bien, il fait des études sur le taux d'épargne des ménages américains ou bien encore sur la régionalisation monétaire en Asie. Il n'y a pas si longtemps, la Datar se préoccupait dans un rapport de « La santé et le territoire » tandis que le Commissariat au Plan se penchait sur « L'organisation territoriale de la santé ».

Il faut dire qu'au chapitre des doublons dans le domaine des études il y a, si l'on ose dire, du monde au balcon. La recherche des statistiques prend des allures de ruée vers l'or. En tête du peloton, l'Insee (6 500 personnes) suivi de la Direction des études et des relations internationales de la Banque de France (700 personnes). Puis viennent la Direction des études de l'évaluation et des statistiques, ainsi que la Direction de l'animation, de la recherche et des statistiques. La première abrite 173 emplois budgétaires et la seconde 174. Lorsqu'on parle de doublons, la réaction est aussi vive que celle provoquée par le mot « faillite » lancé par François Fillon. Tous répondent : approche différente et saine émulation sont gages de qualité. Il faut l'espérer. Ainsi Jean-Pierre Raffarin a vu apparaître un matin sur son bureau une étude très fournie du Conseil d'analyses économiques – encore un organisme qui lui était rattaché – sur Kyoto et l'effet de serre. Un effort d'autant plus méritoire qu'il existe un Observatoire national sur les effets du réchauffement climatique et que, pour permettre au Premier ministre de suivre de très près le réchauffement de la planète, on a aussi créé une « mission interministérielle de l'effet de serre ». On peut se demander si tous ceux qui travaillent dans ces organismes ont seulement lu le rapport que le Commissariat au Plan avait publié en 2002 intitulé... « L'effet de serre, la modélisation économique et la décision politique ».

Mais, qui dès lors se préoccupe vraiment d'éclairer la décision politique ? Le même flou artistique règne sur les missions comme sur la qualité du résultat de ces études. « Certaines d'entre elles, très techniques ou théoriques, n'offrent pas de résumés abordables », écrit pudiquement Georges Tron. Mais tant pis si les députés ont de la peine à comprendre ces travaux : « ces organismes ignorent largement l'existence de l'institution parlementaire ». La plupart d'entre eux sont dirigés par des fonctionnaires ou d'anciens fonctionnaires qui ne se préoccupent pas plus d'être compris des élus que des citoyens. Ainsi, le Conseil des impôts, chargé d'évaluer les dispositifs fiscaux, ne compte dans ses rangs aucun représentant des entreprises ni des contribuables.

Toutes ces études, qui ont pris des semaines ou des mois, dorment tranquillement au fond d'un tiroir où elles ont été enfouies sitôt terminées, notamment à l'occasion d'un changement de ministre dont le successeur réclamera la même étude sur le même sujet. C'est ainsi que Luc Chatel, le secrétaire d'État chargé de la Consommation et du Tourisme, explique, dans *Les Échos* du 21 janvier 2008, qu'il attend pour le début du mois de février un rapport sur la réforme de la négociabilité des tarifs (la concurrence) et qu'il poursuit lui-même les consultations. Cela ne fait jamais que dix ans que les gouvernements de gauche comme de droite consultent à chaque changement de ministre sur le même sujet. Sans remonter trop loin, Marylise Lebranchu, dans le gouvernement Jospin, puis Renaud Dutreil et Christian Jacob, dans les gouvernements Raffarin puis Villepin, se sont penchés sur cette fameuse loi Galland. Le ministre de l'Économie et des Finances s'y attelle lui-même en 2004. Le 18 octobre de cette même année, le ministre en question présente le rapport Canivet auquel s'ajoutera un avis du Conseil national de la concurrence. Sur le sujet tout est mis noir sur blanc. Et Michel-Édouard Leclerc ira jusqu'à déclarer que le rapport Canivet établit un diagnostic définitif... qui pourrait constituer l'acte fondamental d'une nouvelle politique de la concurrence. Ce qui n'empêche pas Luc Chatel d'exulter. Dans *Les Échos,* il affirme : « La concurrence n'est plus un sujet tabou. » Il aurait gagné en prenant soin de demander son avis en matière de concurrence au prescripteur du célèbre rapport Canivet : un certain Nicolas Sarkozy.

Qui évalue quoi, et à quoi servent les évaluations et rapports, c'est la question que s'est posée en 1998 le gouvernement Jospin. Il a donc chargé un nouvel organisme, le Conseil national d'évaluation, d'évaluer ceux qui évaluent et de fournir au Premier ministre une évaluation sur la qualité des travaux d'évaluation. Le Père Ubu a laissé sa place aux Shadocks. Enfin ça va barder. Les travaux d'évaluation sur les évaluations ne donnent cependant pas mal à la tête. Trois rapports en 2001, un seul en 2002, et le dernier en 2003, publié un an avant la fin du mandat des auteurs du rapport. Quand les bornes sont franchies, il n'y a plus de limite, disait le Sapeur Camembert.

« Les syndicats n'ont aucun intérêt à ce que les choses bougent, cela remettrait en question leur pouvoir », avouait avec une franchise teintée d'un certain cynisme un représentant syndical à *L'Express* en 2003. Les syndicats ne sont forts que parce que l'État est faible. « Ils se sont réfugiés là où l'État est le plus faible, c'est-à-dire chez lui, chez les fonctionnaires qui sont censés assurer sa défense, mettre en pratique sa politique », observe Bernard Zimmern. Exagération ? Force est de constater, une fois de plus, que la force politique des syndicats est inversement proportionnelle à leur représentativité, alors même que leur pouvoir de mobilisation dans la fonction publique concerne l'ensemble de la vie française.

À qui la faute ? L'État s'est lui-même englué dans ses contradictions et si, d'un côté, il annonce constamment sa mise au régime en supprimant des organismes, de l'autre il se bourre de sucreries en en créant des nouveaux. Ainsi, alors qu'il y a pléthore d'organismes s'occupant de la lutte contre les discriminations, dont notamment la Halde (Haute Autorité de lutte contre la discrimination et l'égalité), un nouveau a vu le jour, le CAS (Conseil d'analyse de la société), parce qu'il s'agissait de trouver un fauteuil à Luc Ferry après son éviction du gouvernement Villepin. L'année suivante, en 2006, le Parlement estime que cet organisme, comme d'ailleurs la Halde, coûte cher, ne sert pas à grand-chose, et fait double emploi avec le CNLE (Conseil national des politiques de lutte contre la pauvreté et les exclusions) créé en 1988 et qui compte quand même trente membres. En 2005, les députés emportés par leur élan purificateur décident, en commission des finances puis en séance publique, le 17 novembre, de supprimer à la fois les crédits de la Halde et ceux du CAS. Les députés sont soutenus dans leur démarche par Nelly Ollin qui occupe le poste de ministre déléguée à l'Intégration, à l'Égalité des chances et à la Lutte contre l'exclusion. Pourtant le gouvernement, furieux, demande une délibération avec vote bloqué. Il présentera le texte rétablissant les crédits de ces organismes en pleine nuit, obligeant les députés à les voter et supprimant au passage, pour marquer son mécontentement, des amendements qui auront été déposés dans la foulée.

« Nous connaissons aujourd'hui un dysfonctionnement de l'État et nous sommes dans l'incapacité de faire passer les réformes qui s'imposent, affirme Michel Bouvard, député de Savoie. L'État ne maîtrise plus son inflation législative ni son déficit budgétaire et ne contrôle pas les effectifs de ses fonctionnaires mais il refuse les efforts que lui proposent les parlementaires. »

Certes il y a, à peu près dans tous les domaines, des progrès accomplis concernant la simplification administrative. Certes la vie des administrés s'améliore, mais les améliorations ne peuvent dissimuler le vrai problème : celui de l'allègement et de la refonte de l'ensemble de nos structures administratives. Les gouvernements successifs font des lois pour supprimer des lois qui pourtant continuent de s'empiler « à l'insu de leur plein gré ».

Les audits lancés par Jean-François Copé, le 17 janvier 2006, montrent qu'avec de la volonté on peut améliorer l'utilisation de l'argent public. Parmi ce qu'on appelle « les perles de Copé », il y a celles de la Sécurité civile renouvelant sa flotte sans études économiques préalables et maintenant tout au long de l'hiver, lorsque toute menace d'incendie a pratiquement disparu, une dizaine d'avions prêts à décoller. Il y a aussi le coût de l'hébergement des personnes en situation précaire, multiplié par douze en cinq ans (10 millions en 2000, 120 millions en 2005), sans qu'il y ait la moindre mise en concurrence des hôteliers assurant cet hébergement. À Bercy, la taxe locale d'équipement apporte 600 millions à l'État mais nécessite 600 fonctionnaires pour la gérer. Il paraît qu'ils ont des loisirs.

Mais à l'inverse, les effectifs manquent pour inspecter les carrières et déchetteries et autres installations soumises à déclaration. Ils sont si peu nombreux qu'une inspection à plein temps ne pourrait se faire que tous les cent ans. En 2000, les services informatiques de l'Énim (Établissement national des invalides de la Marine), qui est la sécurité de la Marine marchande, sont délocalisés à Lorient. Les fonctionnaires concernés refusent de s'y rendre. Sanctions, blâmes, amendes ? Non, l'Énim a créé un service avec des CDD alors qu'en principe l'administration n'a pas le droit d'utiliser de tels contrats au-delà de six ans. La Grande Muette est une bavarde qui s'ignore. L'audit Copé a révélé en outre que 1 200 personnes travaillent dans les services de communication de l'armée française. Entre les gendarmeries et les casernes, l'armée de terre ou celle de mer, les doublons sont fréquents. Même constat récurrent pour la recherche océanographique dont les fonctionnaires sont nombreux à plonger dans les océans : CNRS, Ifremer, Insu... se partagent cette recherche, au moyen de quinze bateaux. La France doit donc savoir tout ce qui se passe à la surface comme dans les profondeurs des mers. Erreur, puisque, figurez-vous, il n'y a pas de réel programme océanographique français. Les programmes de recherche sont établis en fonction des moyens disponibles.

Les « Colombo » de Copé auraient pu aller jusqu'à s'intéresser aux services de communication de Bercy et d'ailleurs : soixante-cinq personnes au service de communication du ministère de l'Éducation nationale, cinquante à l'Agriculture, cent cinquante au ministère de l'Économie et des Finances. La pêche est bonne mais son utilisation est mince : une simplification des démarches concernant la taxe d'apprentissage... la possibilité de télé-déclarer les subventions agricoles. Copé ne manque pas d'humour en annonçant une révolution, puisque Villepin, mis au courant de ces audits, lui a recommandé, à cet égard, la plus grande prudence, comme le raconte Bruno Le Maire dans son livre *Des hommes d'État*[1].

En juillet 2007, François Fillon a repris le flambeau de Copé et annoncé la révision générale des politiques publiques en lâchant dix-huit corps d'audit dans les couloirs des administrations. Leur mission : proposer des réformes sur les 1 000 milliards d'euros de dépense publique. Les premières étaient annoncées pour le printemps 2008. Fillon réussira-t-il à rompre avec l'habitude de ses prédécesseurs qui adoraient le flonflon médiatique des réformes mais redoutaient celui des tambours de guerre syndicaux ? Du coup, là où il faudrait se servir d'une hache, on utilise la petite cuillère.

Autre exemple, la France est championne du monde non seulement des lois et règlements, mais également des autorisations administratives. On compte 4 129 régimes différents relatifs à ces autorisations dont on annonce toujours la suppression prochaine. Un peu plus d'une centaine seraient concernées. Là aussi la réforme est en route. Les autorisations administratives pour l'élevage des grenouilles rousses, l'organisation de courses de lièvres et le transport de ruches d'abeilles d'un département à un autre ont été rayées des codes. La réforme de l'État est en marche. Vous êtes libres ! Mais choisissez bien vos animaux. Valéry Eliassef, qui dirige la SAF (Société des agriculteurs de France), raconte que l'idée est venue à un agriculteur de l'Aude d'élever deux autruches. Non pas un troupeau mais deux de ces volatiles. Il a découvert qu'un tel élevage requiert un dossier d'installation classée comportant une étude d'impact sur l'environnement, sur les risques de pollu-

1. Paris, Grasset, 2008.

tion, les éventuelles fuites de nitrate, etc. L'agriculteur a mis deux ans à obtenir l'autorisation d'accueillir ses autruches.

Nicolas Sarkozy a donné un sacré coup de pied dans la fourmilière, à Nantes le 19 septembre 2007, lorsqu'il a appelé à la « refondation de la fonction publique », fustigé le système qui a conduit à un « État désorganisé », dénoncé l'« absence totale de réformes de l'État et de la fonction publique », vitupéré contre les « inerties, routines, enchevêtrements inextricables des règles et des procédures », affirmé qu'il faut tenir compte des résultats, des mérites et de l'implication. Il a dit vouloir que les fonctionnaires soient heureux, utiles et respectés et a laissé entendre que la suppression d'une partie d'entre eux est moins un objectif qu'une conséquence des réformes. Dans son discours nantais, Nicolas Sarkozy a voulu rompre les ponts avec tous ses prédécesseurs responsables, à ses yeux, des « contradictions qui se sont accumulées, exacerbées par le rationnement budgétaire qui était le substitut au manque de courage politique ».

Avec le rationnement budgétaire, nous arrivons au cœur du problème, celui des finances, et surtout de la façon dont on les collecte et les redistribue. « L'argent, il faut le prendre là où il est », disait Georges Marchais. Depuis des années, nous le prenons « ousquilépa », comme dirait Zazie. Ou plutôt nous le prenons là où nous ne l'avons pas. Il ne sert à rien de souffler dans les trompettes du changement et de battre les tambours de la rupture si l'on ne s'attaque pas à une administration toute-puissante où des syndicats, également tout-puissants, nourrissent financièrement le gaspillage et la pagaille de cette obèse incontrôlable qu'est devenue la République française.

« Pourquoi la modernisation intervenue dans les pays voisins ne passe-t-elle pas les frontières ? À qui la faute ?

Au conservatisme syndical, à l'arrogance technocratique, à l'électoralisme des élus ? » s'interrogent Jean-Pierre Séréni et Claude Villeneuve dans l'introduction à leur livre *Le Suicide de Bercy*[1]. Leur conclusion, après une longue, minutieuse et passionnante enquête dans les couloirs de ce monstre en béton qu'est le ministère de l'Économie et des Finances, est la suivante : on ne réformera pas la France sans réformer Bercy. En 1998, Dominique Strauss-Kahn, ministre de l'Économie et des Finances, lança à un aréopage de hauts fonctionnaires : « L'État est en danger (...). C'est le service public du XXIe siècle qu'il faut que nous inventions. Pourquoi nous ? Parce que cette administration [celle des Finances] est au cœur de l'État. Ce que nous arriverons ou n'arriverons pas à faire laissera des traces dans ce que peuvent faire les autres administrations de l'État. Si nous échouons dans la réforme de ce ministère, on peut craindre qu'il ne se passe strictement rien. »

Il ne s'est rien passé. Dix ans après ces paroles qui annonçaient une grande réforme de Bercy, Nicolas Sarkozy, François Fillon et Éric Woerth, ministre du Budget, des Comptes publics et de la Fonction publique, remettent la réforme sur le métier. Ils sont prévenus : le terrain est miné, les snipers entraînés et les chausse-trappes nombreuses. Pourtant, à la fin du mois d'août 2007 et avant son discours de Nantes, Nicolas Sarkozy a dégainé et est parti à l'assaut de la forteresse des Finances en dénonçant avec force ce qu'on pourrait appeler un « coup d'État permanent ».

1. Paris, Plon, 2002.

Bercy : le coup d'État permanent

« Je veux en finir avec cette situation ubuesque, où les mesures prises pour aider les entreprises deviennent pour elles des sources de difficultés et de risques supplémentaires du fait des pratiques de l'administration fiscale. Comme si cette administration cherchait à reprendre d'une main ce que le législateur a donné de l'autre. »

Le soleil brille ce jeudi 30 août à Jouy-en-Josas. La présidente du Medef, Laurence Parisot, porte une tenue blanche qui sent encore le sable chaud des plages et qui met en relief sa peau hâlée. Elle savoure ce moment, Laurence Parisot. Jamais un président de la République n'a assisté à l'université d'été du Medef et non seulement Nicolas Sarkozy est là, mais c'est lui qui prononce ces paroles contre l'administration fiscale et qui, dans le même élan, lance que « la pénalisation de notre droit des affaires est une grave erreur ». Que du bonheur !

C'est la première fois qu'un président de la République s'en prend aussi directement et violemment à l'administration des Finances. Depuis des années, les députés se plaignent de ne pouvoir exercer leur mission de légiférer et de contrôler les dépenses publiques. Ils se disent mal traités par le gouvernement et tenus à l'écart par l'administration. Ils votent des lois proposées par le pouvoir mais rédigées ou pour le moins inspirées par cette même administration. Quant au budget, ils ont le droit de le voter, mais pas d'y toucher. Or l'inflation législative va de pair avec l'inflation des dépenses publiques et explique en partie l'incapacité des gouvernements successifs à maîtriser les effectifs de la fonction publique. Dans *Le Parlement bâillonné, nos députés parlent*, déjà cité, Bernard Zimmern et Agnès Verdier-Molinié de l'Ifrap ont recueilli les confidences de treize députés, les déceptions qu'ils affichent et les désillusions qu'ils ressentent. Elles ne viennent pas d'élus de l'opposition, mais de députés de la majorité qui ont soutenu les gouvernements Raffarin et Villepin. Leurs témoignages [1] n'en ont que plus de force. Pour tous une même question : comment une majorité aussi forte – une des plus fortes de la Ve République – a-t-elle pu réussir à ne faire passer aucune des réformes sociales ou fiscales auxquelles elle était attachée ? « Le Parlement n'a plus de pouvoir, la haute fonction publique l'a confisqué. Dans les projets de loi présentés par le gouvernement, 98 % des mesures ont été inspirées par l'administration », affirment-ils en chœur. Plusieurs témoignages appuient les propos cinglants de Nicolas Sarkozy : « Les décrets d'application publiés vont parfois dans le sens contraire à celui de la loi votée. L'administration reprend le pouvoir », explique Roger Chinaud. « L'administration n'hésite pas à réécrire selon ses propres souhaits les dispositifs d'un texte adopté par le Parlement », confirme l'ancien ministre délégué au Budget Alain Lambert.

Nous sommes en pleine contradiction, explique encore

1. *Le Parlement bâillonné, nos députés parlent*, Ifrap, *op. cit.*

l'avocat fiscaliste Alain Theimer, « l'administration fiscale nourrit la ferme volonté de percevoir de plus en plus d'impôts alors que le politique manifeste, de son côté, la sienne qui est de diminuer les impôts afin de nous rapprocher des pays où la pression fiscale est moindre qu'en France ». Un propos qui illustre celui de Clemenceau : « La France est un pays fertile, on y plante des fonctionnaires, il y pousse des impôts. »

Et les exemples sont nombreux. La commission des finances adopte un texte permettant de déduire de l'ISF une partie de l'investissement effectué dans une PME. L'administration fiscale, appuyée, il est vrai, par Jacques Chirac à qui tout aménagement de l'ISF donnait des sueurs froides, va transformer une disposition simple en textes incompréhensibles dans lesquels il est dit que pour bénéficier d'un abattement de 2 000 euros (contre 50 000 dans le texte initial), il faut l'avis de plusieurs comités et apporter les preuves des recherches accomplies par l'entreprise. Un texte si compliqué qu'une commission paritaire Sénat-Assemblée a préféré le supprimer.

« L'administration fiscale a fait des efforts en ce qui concerne la médiation et la conciliation, affirme Jean-Paul Delevoye, mais en revanche elle prend ses aises avec les textes en vigueur et approuvés par les élus. Ainsi le versement des allocations logement s'accompagne d'une franchise prévue par la loi de 15 euros. En 2005, brutalement, par simple décret et sous la pression de Bercy, on passe à 24 euros. Comment accepter que la volonté politique contenue dans une loi puisse être modifiée par un simple décret inspiré par l'administration ? Il y avait manifestement détournement de pouvoir et on est revenu à 15 euros. ».

Peut-on parler de complot et de pouvoir confisqué à un

Parlement utilisé à d'autres fins ? Oui, affirme Jean-Michel Fourgous, député des Yvelines : « Les experts de Bercy élaborent les dépenses par rapport à leurs besoins et parviennent à présenter cela de telle façon que les députés ne s'en aperçoivent pas. » Les agents de Bercy sont en charge du financement de l'État le plus cher du monde : la République française, qui taille dans ses dépenses d'investissement, entretient mal ses monuments historiques et finance aussi mal certaines activités, mais dépense près de la moitié de son budget en salaires et retraites des fonctionnaires. « Bercy fait passer des mesures avec toujours le même objectif : augmenter les prélèvements afin que l'État n'ait pas à remettre en cause son mode de fonctionnement », poursuit Jean-Michel Fourgous.

« La fonctionnarisation est la plaie majeure de notre État, la France en crèvera », disait André Tardieu. C'était en 1926. Aujourd'hui cette fonctionnarisation s'est propagée à l'Assemblée où 54,6 % des députés élus en 2007 appartiennent à la sphère publique. Un pourcentage supérieur à celui de 2002. Le gouvernement s'est fonctionnarisé à son tour. Ce sont les cabinets ministériels qui forgent les décisions politiques en accord avec l'administration centrale dont les conseillers sont la plupart du temps issus. Combien sont-ils, ces conseillers ministériels ? Depuis 1958 leur nombre a explosé. Selon un rapport du Conseil d'État et de l'Inspection des finances, il y en avait 650 sous le gouvernement Villepin et 750 en comptant les « officieux ». Piqué au vif par ce rapport de juillet 2007, Matignon a immédiatement fait savoir que Nicolas Sarkozy et François Fillon avaient donné des instructions pour contenir dans des « limites raisonnables » la taille des cabinets ministériels : 20 conseillers par ministère (il y a 15 ministères) et 4 par secrétariat d'État (il y en a 16) ; en appliquant ce principe, on parvient à 364 conseillers, 429 en ajoutant ceux de Matignon. Au total on arrive à 537, un chiffre auquel il faut ajouter les « officieux ».

Personne ne nie les qualités et l'esprit de travail de ces hommes et de ces femmes, la plupart du temps passés par l'ENA, et qui composent ces cabinets ministériels. « Ce sont des types intelligents et si on les trouve trop nombreux dans les cabinets, c'est aux ministres de faire respecter leur autorité. C'est faute d'autorité politique que la France est gouvernée depuis plus de trente ans par l'administration », affirme Roger Chinaud. À Bercy, cette prise de pouvoir est plus visible peut-être que partout ailleurs.

Bernard Zimmern estime lui aussi que l'État a commencé à se fonctionnariser sous Giscard. « Dans le débat qui l'a opposé à François Mitterrand en 1981, Giscard d'Estaing évoquait le goût de la gauche pour les emplois publics et Mitterrand lui a rétorqué qu'il en portait la responsabilité. » Selon Bernard Zimmern, à la fin de la présidence Giscard tous les grands postes de l'administration étaient occupés par des énarques formés après la guerre, qui pensaient que l'État doit apporter la solution à tous les problèmes des Français et que le service de l'État est ce qu'il y a de plus important dans une carrière. Ils étaient parfois, eux-mêmes, des fils de fonctionnaires de la IVe République qui avaient pallié les faiblesses de leurs homologues après la guerre. Ils allaient tous découvrir sous la Ve, ajoute Bernard Zimmern, que l'exécutif ne se préoccupe pas des parlementaires et qu'il ne peut pas fonctionner sans l'administration. « Au sens où l'entendait Édgar Faure, ce n'est pas la girouette qui tourne mais c'est le vent. » L'administration prend le vent et s'empare du pouvoir exécutif comme du pouvoir législatif.

Ainsi, depuis une trentaine d'années, le rôle des politiques s'est totalement modifié. Face à l'importance quantitative et à la complexité qualitative des problèmes auxquels on leur demande d'apporter des solutions, la nécessité d'entrer rapidement dans les dossiers et la contrainte tout aussi rapide d'obtenir des résultats visibles, de nombreux ministres se sont persuadés ou laissé convaincre qu'il leur fallait des cabinets qui les aident, non pas à promouvoir leur projet politique, mais à maîtriser le processus administratif.

Renaud Denoix de Saint-Marc commente avec vigueur ce dérapage : « Les ministres ne dirigent plus rien. Du vendredi au lundi ils sont dans leur circonscription, mardi à Bruxelles, mercredi en Conseil des ministres et le jeudi ils repartent. L'administration et les cabinets sont laissés à leur libre arbitre et leur volonté s'est substituée à celle des politiques. » Le changement perpétuel des titulaires de portefeuille amplifie le phénomène. Les gouvernements ont été transformés en valseurs (27 gouvernements depuis 1970), et les ministres des Finances en derviches tourneurs. La France qui réclame à cor et à cri un gouvernement économique en Europe installe à Bercy des intermittents de la politique économique et financière. Ne sont pas en cause les qualités ministérielles mais leur vitesse de rotation. « Un intérimaire à Bercy », écrivait joliment, dans *Les Échos*, Jean-Marc Vittori à l'arrivée d'Hervé Gaymard. Il ne savait pas si bien dire en lui souhaitant bonne chance et... long séjour. Quelques semaines plus tard, Gaymard quittait ce poste dont il était le onzième titulaire en douze ans, alors que son collègue anglais occupait son fauteuil depuis sept ans et son collègue allemand depuis cinq ans. On n'est plus dans l'alternance mais dans le rodéo ministériel. Son remplaçant Thierry Breton a tenu en selle pendant trois ans... un record (la moyenne de durée étant d'un an et demi). Son remplaçant, l'ébouriffant Jean-Louis Borloo, traversa Bercy dans un galop qui laisse encore ébouriffés bien des inspecteurs des finances. Son steeple-chase s'étant achevé, le départ à peine donné, les quatre fers en l'air, Nicolas Sarkozy a mis le pied à l'étrier à une *executive woman*. Celle-ci, taillée mince et coupée long, vêtue de gris et coiffée de fer, nous présente ses prévisions avec le sourire d'une prédicatrice mormone voulant persuader des pygmées d'utiliser des hormones de croissance.

Le comité Balladur a vertement condamné le cumul des mandats pour les ministres. Un sondage publié dans *Le Figaro* en janvier 2008 révélait que 69 % des Français sont opposés à ce que les ministres se présentent aux élections municipales. Message reçu cinq sur cinq. Les deux tiers des membres du gouvernement se sont présentés aux municipales de 2008, dont Mme Lagarde. Dans ces conditions on comprend mieux comment l'administration a pris le pouvoir.

Les conseillers ministériels et les fonctionnaires des administrations centrales – et c'est encore plus vrai à Bercy que partout ailleurs – sortent du même moule et appartiennent au même sérail. Le conseiller technique, dont le rôle est, en principe, de guider les choix politiques du ministre, regagne, lors d'une dissolution ou d'un changement de titulaire de portefeuille, la carrière administrative. Peut-il aujourd'hui se mettre mal avec ceux qu'il est censé faire marcher au pas politiquement alors que demain il regagnera leur rang et sera peut-être même sous leurs ordres ? Pour l'ancien ministre et député Jean-Jacques Descamps : « Le pouvoir de Bercy est devenu extrêmement important, alors que le pouvoir des ministres et des politiques en général sur l'administration s'est réduit depuis la guerre. Notamment parce que nombre de nos ministres sont issus de l'ENA puis formés dans les cabinets ministériels et n'osent pas mettre en place des réformes susceptibles de déplaire à leurs anciens collègues. Les conseillers techniques ont très souvent plus de pouvoir que les ministres. Pour éviter cela, il faudrait à partir de 2007 moins de ministres et plus de collaborateurs issus de la société civile. Sinon il ne pourrait y avoir au plus haut niveau de l'État de réelles volontés de réforme. »

C'est le monde à l'envers : le conseiller ne défend pas la volonté du ministre contre son administration, mais souvent il défend la position de l'administration vis-à-vis des ministres. Et, comme l'appel à des représentants des professions concernées par l'activité du ministère ou à des porte-parole de la société civile devient de plus en plus rare, cabinets et administrations vivent en vase clos. « L'exécutif renforce ainsi la déviation de la vie politique par la composition du cabinet, explique Roger Chinaud, et la caricature de ce système mis en place il y a plus de trente ans a été réalisée sous Jospin avec Florence Parly. Titulaire d'un poste de sous-directeur au Budget, celle-ci a été nommée secrétaire d'État au Budget à un poste ministériel qui plaçait directement sous ses ordres le directeur du Budget, sous l'autorité duquel elle devait revenir après avoir quitté son portefeuille. Comment voulez-vous, dans ces conditions, qu'un ministre chargé de faire appliquer la volonté du peuple puisse exiger l'obéissance d'un haut fonctionnaire plus gradé que lui dans la hiérarchie administrative ? »

Une anecdote explique l'ambiguïté de ces rapports. Un ministre des Finances ayant expliqué son intention de déposer devant le Parlement un projet de réforme auquel s'opposait Matignon, c'est-à-dire les conseillers du Premier ministre, a vu son directeur de cabinet lui ôter son dossier des mains et s'enfuir à toutes jambes. Le ministre, privé de notes, ne pouvait se présenter devant les parlementaires, il fallut interrompre la séance. Alain Lambert raconte qu'un jour, alors qu'il était ministre délégué au Budget, il demanda à un fonctionnaire d'examiner un sujet qui lui paraissait important et qui concernait la fiscalité immobilière. Refus du service contacté. « Je réitère ma demande, nouveau refus. Un des membres de ce service a expliqué que le projet fiscal n'était pas en conformité avec les règlements européens. Voilà un exemple de la résistance passive de l'administration confrontée à l'autorité politique. La proposition normative n'est jugée intelligente que si elle émane de l'administration. » Michel Guy, énarque qui a appartenu à plusieurs cabinets ministériels, confirme cette analyse : « L'administration considère la fiscalité comme sienne. Un petit groupe de gens s'est emparé de la politique fiscale nationale. Il peut y avoir deux politiques fiscales différentes au même étage à Bercy, voire dans le même bureau. Il y a affermage des impôts comme sous l'Ancien Régime. Où sont donc les directeurs qui doivent exercer leur responsabilité ? » Un ancien directeur à Bercy décrit les agents du fisc comme des vestales qui veillent attentivement au bon fonctionnement du fisc et soupçonnent de trahison le ministre qui ouvre la perspective d'une baisse des impôts. Ils sont pénétrés de leur mission, assurés de leur légitimité, persuadés d'incarner un idéal de service public. En défendant l'impôt, ils défendent l'État. « Cet état d'esprit a toujours existé. De 1988 à 1993, Pierre Bérégovoy était parvenu à changer en profondeur l'administration fiscale, explique Michel Taly qui a dirigé le service de la législation fiscale. On a pu penser le contribuable et l'agent du fisc réconciliés, la mentalité avait évolué en même temps que les

Finances qui avaient déménagé de la rue de Rivoli à Bercy. La chape de plomb est retombée en 1977 avec l'arrivée de Jospin. »

L'administration s'estime fondée à exercer un pouvoir qui échappe à la surveillance des élus. Elle estime que les Français, entreprises comme particuliers, sont par nature des fraudeurs et que les fonctionnaires de Bercy doivent faire respecter les lois même si elles sont opaques et changeantes. Leur mission est de faire entrer l'argent dans les caisses de l'État. « Les gouvernements et les mesures destinées à alléger la pression fiscale, et donc à restreindre cette entrée d'argent, sont considérés comme illégitimes, affirme Me Alain Theimer, d'où un comportement brutal, qui consiste à ne pas expliquer, et encore moins promouvoir, les avantages accordés aux contribuables. Nous sommes dans un système de politisation fiscale, dans un rapport de lutte des classes. »

De nombreux efforts ont été récemment entrepris avec la loi TEPA ou la loi de finances 2008 pour alléger la pression fiscale, notamment sur l'ISF, et pour clarifier les procédures. « Dans les faits l'administration fiscale risque de complexifier les mesures adoptées par le Parlement. Des textes relativement limpides au départ peuvent se voir affubler de longues instructions fiscales où chaque mot suscite des difficultés d'interprétation... D'un côté les contribuables se voient encouragés à alléger leurs impôts, de l'autre l'attitude de l'administration leur commande de rester prudents », commente Alain Theimer.

L'attitude de l'administration devient telle que certains experts réputés (notaires, avocats, conseillers patrimoniaux, experts-comptables et professeurs à la Sorbonne) ont décidé de créer le « Cercle des fiscalistes » afin d'établir un lien entre le contribuable et l'administration. Cette création a été décidée après que l'administration eut annoncé son intention de soumettre à déclaration préalable toute modification du statut fiscal pouvant conduire à un allègement (changement de régime matrimonial ou création d'une SCI, par exemple). C'est au beau milieu des vacances de 2006, en plein mois d'août, que l'administration a révélé cette intention. Les futurs membres du cercle ont abandonné plages, campagne et montagnes pour la rue de Bercy. Philippe Bruneau, le président du Cercle des fiscalistes, parle en effet de porte ouverte à tous les abus de droit.

En effet, si vous décidez de mettre de l'ordre dans votre patrimoine ou de modifier vos placements, ce qui relève d'une gestion de bon père de famille peut être considéré comme une faute en puissance par l'administration. Selon Philippe Bruneau, celle-ci a inventé le « voile inhibiteur » qui vise à dissuader le contribuable d'entreprendre une opération qui pourrait le mener au pénal pour « abus de droit », c'est-à-dire pour avoir décidé une opération dont le but est d'échapper à l'impôt. Mais où commence cet abus et où finit-il ? Où passe la frontière entre l'optimisation fiscale autorisée et la soustraction à l'impôt organisée par une opération jugée fictive ? L'administration, à coups de textes nombreux et compliqués, entretient le suspens. Beaucoup de contribuables préfèrent renoncer à une telle opération ou bien prendre le chemin de Londres ou de Bruxelles. C'est ainsi que le bouclier fiscal, mis en place pour que l'imposition ne dépasse pas 50 % des revenus, est d'un maniement ardu et dangereux. Il en va de même pour d'autres placements comme l'assurance-vie ou bien encore les deux formules fiscales offertes par la loi de finances 2008 aux détenteurs d'actions. La trop grande complexité des textes d'application les étouffe. Si l'on demande à Michel Taly, qui a une sensibilité de gauche et qui a quitté l'administration pour devenir avocat fiscaliste et aider les contribuables à s'y retrouver, ce que ses collègues pensent de lui, il répond qu'il s'agit pour eux d'une trahison : « Je suis Dark Wador passé au-delà de la Force. »

En matière de force, l'administration exerce la sienne à l'égard du Parlement chargé en principe d'évaluer et de sanctionner l'efficacité budgétaire. C'est un rôle qui lui est contesté et les parlementaires se retrouvent coincés à la fois entre l'administration et ses syndicats et le gouvernement et son administration. Pour renverser cette situation, il faudra une volonté d'airain et probablement du temps. A priori, si l'on en croit la jeune députée de la Sarthe et protégée de François Fillon Fabienne Labrette-Ménager, la remontrance présidentielle citée au départ de ce chapitre est tombée à plat comme une plaisanterie de corps de garde dans un dîner de gala à l'Élysée. Dans *Le Cri du contribuable* du 17 janvier 2008, elle déclare : « Quand on vote une loi, le décret d'application ne sort que six mois plus tard et souvent ne respecte pas l'esprit de la loi. C'est le cas de la loi sur le pouvoir d'achat, la TEPA (votée en juillet 2007) : on a voulu faire simple, et ça se révèle finalement un vrai casse-tête que les entreprises ne pourront jamais appliquer ! Il y a un vrai décalage entre ce que nous avons l'intention de faire et ce qui est pondu par l'administration fiscale. »

La préparation du budget est un grand moment pendant lequel l'administration de Bercy ne se prive pas de faire sentir aux députés qu'ils ne connaissent pas grand-chose à la mécanique budgétaire. Peuvent-ils au moins se renseigner ? « Le seul fait de demander un renseignement à une administration est perçu comme une menace par ladite administration, quand ce n'est pas le point de départ d'une grève préventive », confiait Patrick Devedjian, alors ministre délégué aux Libertés locales, à *L'Express* en 2003. La préparation du budget confirme les dysfonctionnements qui affectent le fonctionnement de notre démocratie. Les élus ne modifient que 0,2 à 0,3 % de la masse monétaire – une goutte d'euro dans un océan de milliards – et le député qui veut exercer son droit de contrôle se heurte à un mur.

Jean-Jacques Descamps établit le même diagnostic que Patrick Devedjian : « Nous interrogeons souvent l'administration pour savoir quels sont les impacts des mesures proposées. Mais il nous est impossible, en temps et en moyens, de vérifier ce qu'elle nous dit. » Non seulement les textes prolifèrent mais ils deviennent de plus en plus techniques et sont hermétiques aux non-techniciens. Alain Lambert explique qu'il a découvert dans le projet de loi de finances 2006 un dispositif qui « s'apparentait à une équation à trois inconnues alors que la loi est réputée comme devant être connue de tous les Français. Les politiques ont peur d'exercer leur autorité face à des fonctionnaires hyper-spécialisés ». Il raconte avoir assisté un jour à une réunion avec douze fonctionnaires du Trésor dont la discussion était tellement incompréhensible qu'il leur a annoncé qu'il regagnait son bureau. « Peut-on venir vous y chercher, monsieur le ministre ? » demanda l'un d'entre eux. « Oui, lui répondit Alain Lambert, mais à la seule condition que vous traduisiez en français votre charabia technique. » Ce qui fut fait.

La production opulente de textes compliqués n'est pas l'apanage du seul ministère des Finances mais le fait de tous les grands ministères, notamment celui de l'Éducation nationale. Un inspecteur général, ancien directeur au ministère de l'Éducation nationale, a écrit dans *Le Monde* : « Il y a une alliance objective entre les syndicats et l'administration centrale pour conserver le pouvoir commun de produire des textes. » Que la loi soit conçue et rédigée par les administrations, il n'y a là rien de choquant, au contraire. Dans la plupart des pays du monde, les techniciens rédigent les textes législatifs et réglementaires inspirés par les élus. C'est leur métier. Ils connaissent les règles de fonctionnement de l'économie et du social. Le problème en France est qu'on attend tout de la loi et que l'administration veut tout régler par la loi au point de finir par opacifier les règles qui régissent les activités personnelles comme professionnelles des citoyens. À cela il faut ajouter le fait que l'administration vit repliée sur elle-même. « C'est un drame, elle ne connaît rien d'autre que l'administration et une frontière quasiment infranchissable a été dressée entre les secteurs public et privé. » Un ancien directeur de Bercy affirme : « En Allemagne, le futur inspecteur des impôts passe plusieurs mois dans une entreprise, en France guère plus d'une semaine. Le jeune inspecteur, après son concours à l'École nationale des impôts, ne rencontre que de futurs inspecteurs des impôts à qui des inspecteurs divisionnaires des impôts inculquent la technique fiscale. Le futur inspecteur n'a pratiquement aucun rapport avec les futurs contribuables. On enseigne et on endoctrine en même temps. C'est une véritable école coranique. »

Insatisfaite des nombreux textes d'application, l'administration joue sur leur opacité et fait feu de tout bois pour que les contribuables ne se servent pas des possibilités offertes par la loi pour améliorer leur situation fiscale.

« La menace de l'insécurité fiscale », titrait le quotidien *Les Échos* du 1er février 2008. Avec un texte qui multiplie les exceptions, les fonctionnaires peuvent vider une loi de son efficacité, l'instruction fiscale préparée dans leur bureau prend le pas sur le texte voté par les députés. C'est ce qui se passe, par exemple, avec les 650 niches qui affectent l'impôt sur le revenu. Philippe Marini, dans *Le Cri du contribuable* du 6 décembre 2007, écrit que c'est un système qui « entretient la complexité, l'insécurité, voire l'inquisition fiscale ».

Connaissez-vous Saint-Martin ? Eh bien, c'est une île des Petites Antilles, située à l'est des îles Vierges et que se partagent la France et les Pays-Bas depuis 1648. Les lois de défiscalisation concernant les investissements dans les Dom-Tom se bousculent depuis trente ans, la plus célèbre d'entre elles étant la loi Pons. Un ressortissant français de Saint-Martin crée un jour une entreprise de location de voitures, création qui peut profiter de ces lois de défiscalisation. Qui dit voitures de location, dit parking, lequel est situé à proximité de l'aéroport, là où précisément les touristes viennent les louer. Cet aéroport est commun à la France et aux Pays-Bas. Mais le parking lui-même est situé en zone hollandaise et les voitures doivent être immatriculées selon la réglementation du pays. L'administration a tiré profit de cette particularité locale et décidé de refuser la défiscalisation française légale au motif que ces véhicules portent une immatriculation étrangère. Cette décision n'est pas conforme à l'esprit de la loi, mais elle illustre la volonté de résistance de Bercy à une défiscalisation qui ne lui plaît pas.

« Le bouclier fiscal n'a pas pleinement trouvé son public », titrait *Le Monde* le 5 février 2008. Il y aurait 100 000 contribuables susceptibles de bénéficier du bouclier fiscal, mesure consistant à rembourser ceux dont les impôts ont excédé 50 % de leur revenu. Ils n'étaient qu'une poignée de milliers en septembre et ils ne seraient que 20 000 pour l'ensemble de l'année 2007. Une fois n'est pas coutume, l'administration fait « de la retape » pour convaincre les récalcitrants qu'ils ont droit à un remboursement. Un avocat explique la méfiance du contribuable. Réclamer l'usage du bouclier provoquerait un contrôle fiscal. Un de ses confrères ajoute : « Mais ne pas réclamer cette protection met la puce à l'oreille du fisc et le danger reste le même. »

Il y a une cellule de contrôle fiscal à la DGI (Direction générale des impôts) qui traite des dossiers sensibles. Mais lorsqu'il y a eu erreur, l'administration refuse de le reconnaître afin de ne pas se désavouer. À la DGI, ce sont les syndicats qui ont pris le pouvoir. Les fonctionnaires de cette cellule conseillent donc de s'adresser au ministre dont le cabinet traitera le dossier. Ainsi, affirme un ancien haut fonctionnaire de cette administration, la juste réparation d'une erreur administrative passera pour une décision de clémence politique.

À la complexité des textes il faut ajouter leur changement perpétuel, comme dans l'ensemble de la réglementation française. En 2006 le Code des impôts a enregistré plus de 1 800 modifications, rajouts ou corrections. En ôtant les week-ends et sans compter les jours fériés, on parvient à l'effarant total de six modifications par jour. Ce sont celles enregistrées par le Dalloz. Un ancien fonctionnaire des Finances affirme que si les agents du fisc devaient se mettre au courant de toutes les modifications qui surviennent, ils n'auraient pas le temps de calculer vos impôts. Cela fait rêver, non ? Ce qui fait moins rêver, c'est que même l'informatique ne parvient pas à suivre ce tourbillon textuel et qu'il arrive que les impôts, cela se serait produit en 1995, sont calculés à partir de données erronées ! Ceux qui ne rêvent pas, ce sont les parlementaires qui doivent se battre avec une matière budgétaire et fiscale si ardue qu'il n'y aurait qu'une poignée d'entre eux, affirme-t-on à l'Assemblée, capables de véritablement explorer le budget de l'État.

Il semble aussi facile à des spécialistes de « bidouiller » un budget pour respecter (en partie) les critères de Maastricht qu'à un garagiste de maquiller un vieux clou en belle américaine. « Dans le projet de loi de finances 2006, l'augmentation des dépenses a été complètement maquillée, déclare Nicolas Perruchot, député de Loir-et-Cher. Nous avons le sentiment que ce sont les administrations des ministères qui contrôlent le ministre. Il va falloir faire évoluer nos institutions qui sont au bout de leur logique. J'espère que 2007 donnera l'occasion d'en débattre. » Le débat évoqué par ce député est lancé par le comité Balladur à travers les propositions touchant au rééquilibrage et au renforcement du rôle du Parlement, particulièrement en ce qui concerne le contrôle et l'utilisation de l'argent public. En effet, et c'est un paradoxe, le gouvernement réclame sans cesse une diminution des dépenses mais refuse au Parlement les moyens de l'initier. Nicolas Sarkozy, à plusieurs reprises, a affirmé sa volonté de redonner au Parlement de l'autorité. La préparation des budgets 2008 et 2009 va servir de test aux propos présidentiels.

Les députés sont, en effet, de plus en plus nombreux à estimer que non seulement le temps, mais aussi les moyens leur manquent pour effectuer leur mission de vérification. « Il faut des chiffres sincères... Au moment où l'on votait le budget 2006, on savait qu'il y avait 6 milliards d'euros gelés par le gouvernement. Les prévisions budgétaires ne correspondent pas à la réalité », explique Anne-Marie Comparini, ancienne députée du Rhône. « Nous sommes obligés de nous en tenir aux notes rédigées par Bercy et par chaque ministère dans son domaine », constate Jean-Marc Roubaud, député du Gard. De son côté, Louis Giscard d'Estaing – qui a été rapporteur spécial pour le budget de la Datar, avant que celle-ci ne se transforme en Diact (Délégation interministérielle à l'aménagement et à la compétitivité des territoires) – explique que vingt organismes différents dépendant de la Datar il aurait fallu des mois d'enquête pour vérifier si l'argent public qui lui était confié était bien dépensé. Or il y a des centaines d'organismes qui justifieraient un tel examen. Pierre Joxe, en devenant premier président de la Cour des comptes, avait déclaré : « Faire le contrôle soi-même sans pouvoir se faire assister est inconciliable avec les obligations d'un parlementaire. » Certes, le Parlement peut utiliser les compétences de la Cour des comptes mais celle-ci a de nombreux travaux à exécuter. Après le baron mitterrandien, c'est le député Jean-Michel Fourgous qui, partant de la même analyse, propose que les membres de la commission des finances puissent être aidés sur place par des experts extérieurs au Parlement. Il y a les administrateurs de l'Assemblée qui peuvent prêter main-forte aux quarante-trois rapporteurs des différentes commissions, mais ils ne peuvent être partout.

Plusieurs pays, et notamment la Grande-Bretagne, se sont dotés d'organismes d'enquête indépendants qui assistent les parlementaires dans leurs investigations. Le NAO (National Audit Office) britannique dispose de pas moins de trois cents limiers, d'un budget (chiffres de 2005) de 30 millions d'euros contre 600 000 euros pour la commission des finances française. Le président du NAO vient souvent d'un cabinet d'audit et retourne dans le privé une fois son mandat achevé.

Au moment où Jean-Michel Fourgous s'apprêtait à déposer un amendement pour instituer un NAO à la française, un député, ancien du célèbre cabinet Arthur Andersen, se déclarait ahuri de la façon dont la quatrième puissance économique mondiale surveille son budget : « À l'Assemblée nous n'avons aucune méthodologie pour contrôler la dépense. Alors que dans le privé nous passons des semaines à auditer à plusieurs une PME, nous pouvons à peine consacrer deux semaines à notre rapport spécial. » Le député qui tenait ces propos se trouve maintenant à Bercy, et il est ministre du Budget, des Comptes publics et de la Fonction publique. Que fera Éric Woerth si ses anciens collègues lui demandent de mieux contrôler le budget qu'il va concocter dans les semaines qui viennent ? Il y a quatre ans la proposition Fourgous de faire appel, comme les Anglais, les Canadiens ou les Suédois, à des experts extérieurs a déclenché un tir de barrage d'une violence inouïe. Le refrain est partout le même : la mission de député ne se délègue pas. « L'idée de confier ce droit quasi sacré à un tiers privé ne peut relever que d'un malentendu », nous confie un ancien ministre. « Notre fonction ne se délègue pas », assène le président de la commission des finances. Jean-Michel Fourgous a beau plaider que « sur les dix dernières années notre pays détient le triste record d'augmentation de la dépense publique... Ce qui est aujourd'hui un frein direct à la croissance. C'est un problème structurel puisque le monopole de la culture budgétaire est détenu par les services publics », son amendement sera repoussé. Commentaire du député Georges Menu : « L'échec de l'amendement Fourgous est le résultat d'un veto de l'administration qui ne veut pas laisser ne serait-ce qu'une petite partie de son pouvoir. » Cet essai n'était pas le premier. En 1999 le président de l'Assemblée nationale, Laurent Fabius, organisa avec le député de l'Isère, Didier Migaut, aujourd'hui président de la commission des finances, des auditions de parlementaires sur l'efficacité de la dépense publique. Première conclusion : il faut procéder à un audit de cette dépense. Seconde conclusion : il faut abandonner l'idée, car on va marcher sur les plates-bandes des fonctionnaires qui forment les bataillons d'électeurs du PS. Ce recul a cependant donné lieu à une avancée sous forme d'une modification de la présentation budgétaire, la LOF, dont nous parlerons au dernier chapitre.

Et pourtant l'esprit de l'amendement Fourgous respectait celui de la Constitution de 1789 : « Tous les citoyens ont le droit de constater par eux-mêmes ou de faire constater par leurs représentants la nécessité de la contribution publique, de la consentir librement, d'en suivre l'emploi et d'en déterminer la qualité, l'assiette, le recouvrement et la durée. » En 1789 la France était en faillite et, selon le Premier ministre, elle l'est de nouveau aujourd'hui. Mais peut-on réformer Bercy et, en même temps, modifier les mentalités politiques et administratives ? Si la réponse est négative, on assistera à un « suicide collectif ». C'est ce qu'écrivent très joliment Claude Villeneuve et Jean-Pierre Seréni dans leur livre *Le Suicide de Bercy*[1].

Ils citent également dans cet ouvrage la fière et guerrière réponse d'un syndicaliste à la Constitution de 1789 : « Nous refusons l'approche de l'usager. Nous avons devant nous des redevables, des assujettis, auxquels nous appliquons la loi en vertu des prérogatives de la puissance publique. » Ah ! ça ira..., ça ira..., ça ira... les contribuables à la lanterne..., ça ira... ça ira... les contribuables, on les pendra. Avant de pendre les contribuables, les syndicats guillotinent les ministres.

1. Paris, Plon, 2002.

Rapide retour en arrière : nous sommes en 1997, Lionel Jospin a succédé à Matignon à Alain Juppé, Claude Allègre est à la barre du ministère de l'Éducation nationale et « DSK » à celle de Bercy. Sans enfiler les bottes d'Alain Juppé, Jospin déclare en arrivant à Matignon qu'il va stabiliser les effectifs de la fonction publique. Pour un Premier ministre socialiste et compte tenu de son électorat, cela signifie faire parler la poudre et celle-ci parle d'entrée de jeu. Claude Allègre prétend s'attaquer au « dégraissage du mammouth » tandis que DSK veut faire subir une cure d'amaigrissement à Bercy. Deux mastodontes qui ont de la graisse mais aussi du muscle.

Dans le temps il y avait Rivoli, aujourd'hui il y a Bercy. À Rivoli la politique économique et financière s'élaborait sous les fastes de la royauté et du Second Empire. En grimpant le vaste escalier qui menait au cabinet du ministre, on pouvait imaginer un instant d'Artagnan rapportant les ferrets à la reine. Dans un appartement, une commode, commande de la reine Marie-Antoinette, était ornée de faisceaux de licteurs révolutionnaires rajoutés après 1789. « C'est la commode de l'ingratitude », avait un jour commenté Giscard d'Estaing.

Bercy, planté en bord de Seine, s'étire jusqu'à la rue du même nom. C'est du massif architectural, du brutal « bétonnier », qui tient de la casemate de la ligne Maginot et du cuirassier de ligne. On pourrait penser que Ceausescu, l'ancien dictateur roumain, qui a bétonné Bucarest, avait cédé ses plans à Pierre Bérégovoy qui a fait construire le bâtiment. Le Louvre était une maison de famille de l'histoire de France, Bercy est une caserne de pompiers démesurée où les ordinateurs ont remplacé les dorures des gouvernements antérieurs. De plus, ces ordinateurs sont souvent incompatibles entre eux, c'est une des joyeusetés de l'administration en général et de celle des Finances en particulier.

Déménagement ne signifie pas changement. En dépit de l'informatique et des améliorations importantes, il faut le dire, dans la gestion et les rapports avec le public – qu'on rappelle à satiété sitôt qu'on met en doute son fonctionnement –, la plus ancienne administration civile française croule sous une pléthore d'agents et prélève l'impôt avec un archaïsme tel qu'il en devient touchant. Au cadastre et aux hypothèques, la plume sergent-major a cédé du terrain à la pointe Bic, mais les fiches cartonnées résistent à l'ordinateur. Le contribuable doit faire face à cinq contrôleurs fiscaux, une entreprise à quatre. Le contribuable navigue entre l'inspecteur, le percepteur si cher à Marcel Pagnol, mais qui n'existe plus depuis 1957, le contrôleur, le receveur. Raison de ce dédale fiscal : la France est le seul pays développé où l'administration qui calcule l'impôt n'est pas celle qui le prélève. Le guichet du renseignement n'est pas celui du paiement et l'adresse de la déclaration n'est pas celle du versement. La TVA peut être perçue par la DGI ou par les Douanes. Les cotisations sociales relèvent de l'URSSAF, celles du chômage de l'Assedic, et au total cinq administrations sont en charge des recouvrements divers. Les Français ont quitté la campagne pour les villes, leurs champs pour des usines et les usines pour des bureaux, les frontières disparaissent et l'Europe se construit, la compétition internationale s'accroît, mais depuis soixante ans rien n'a changé dans la tour de Babel fiscale.

Dès son installation à Bercy, DSK charge Jean-Pascal Beauffret de moderniser l'immense paquebot et surtout son équipage. Les deux hommes se connaissent bien, ils appartiennent à la même promotion d'HEC. Avant de donner le départ à la réforme, deux fonctionnaires qui comptent parmi les plus respectés de la haute fonction publique, Thierry Bert, qui dirige l'Inspection générale des finances, et Michel Champsaurt, qui est à la tête de l'Insee, réalisent une étude dont la conclusion va mettre le feu aux poudres : « Les résultats de la comparaison [entre les services fiscaux français et étrangers] n'ont pas été à la gloire de l'organisation du système français, déclarent-ils. Il est en effet apparu que les autres pays avaient réussi à organiser leur système d'une manière plus efficace, plus respectueuse des citoyens et tout cela pour moins cher. » Il suffirait donc de les copier, direz-vous. Encore faut-il rappeler que le coût de la collecte des impôts en France représente 1,6 % de ladite collecte, soit deux fois plus qu'aux États-Unis et 40 à 50 % plus que dans la plupart des pays européens. À Bercy, les dépenses de personnel occupent 56 % du budget de fonctionnement contre 44 % pour le budget national. C'est ce qu'affirme un ancien directeur des impôts qui préfère garder l'anonymat. Ce n'est pas étonnant : un inspecteur des finances faisait remarquer en 1998 que les mouvements de personnel tiennent davantage compte de l'intérêt des agents que de celui du service auxquels ils appartiennent. Selon un audit du ministère des Finances, on pourrait supprimer la moitié des 21 000 postes de comptable public sans qu'on s'en aperçoive et sans accroître la charge de travail des autres, certains comptables n'effectuant que quatre factures par jour. Rien d'étonnant non plus à ce que l'efficacité soit inversement proportionnelle au nombre d'agents, que le nombre des erreurs et des fraudes soit plus important que dans d'autres pays, tandis que le contribuable ne se sent pas toujours respecté.

Dans un rapport intitulé « Mission 2003 », remis à

Dominique Strauss-Kahn en 1999, 2003 étant l'horizon de la réforme, Thierry Bert et Michel Champsaur suggéraient notamment la nomination d'un interlocuteur fiscal unique pour les particuliers comme pour les entreprises. Ils souhaitaient l'instauration de la retenue à la source de l'impôt, ce qui existe en Allemagne depuis 1924 et qui permettrait de rationaliser le système du prélèvement. Ils préconisaient également une réforme informatique afin de faire communiquer les différents réseaux d'ordinateurs entre la DGI qui calcule et le Trésor qui prélève. Et pour eux le socle de cette réforme doit être constitué, précisément, par la fusion de la DGI et de la Direction générale de la comptabilité publique, c'est-à-dire le Trésor. La DGI calcule les impôts d'État et les impôts locaux, recouvre la TVA et l'impôt sur les sociétés. La Direction générale de la comptabilité publique recouvre la moitié des impôts (sur le revenu, sur les sociétés et les impôts locaux). Ces deux directions se jalousent, salaires et primes n'étant pas les mêmes ici et là, avec la minutie qui caractérise les conflits familiaux et s'épient avec la fièvre de deux soupirants convoitant la même belle. Deux syndicats différents règnent sur ces deux administrations.

À Bercy, comme au Louvre auparavant, pas moins de sept organisations syndicales se sont partagé le gâteau : FO, CGT, CFDT, CFTC, CGC, deux fédérations autonomes FSFU (Fédération des syndicats unitaires) et FSAFI (Fédération des syndicats autonomes des Finances et de l'Industrie). La FDSU regroupe les syndicats de la Concurrence, de la Douane, du Trésor, de l'Industrie et de l'Administration centrale. Le porte-voix de cet ensemble s'appelle le SNUI (Syndicat national unifié des impôts). Créé en 1990, il est un des membres fondateurs d'Attac ; il tempête avec ardeur contre des impôts qu'il estime trop peu élevés et vitupère encore plus les mesures d'allègement fiscal. Le SNUI a notamment fait capoter la réforme de l'impôt sur le revenu proposé par Raymond Barre. Chaque année, le SNUI et les autres syndicats commentent et critiquent le budget de l'État, ce qui ne se fait dans aucun autre pays du monde. « Imaginez-vous un employé de chez Renault critiquant un modèle sorti des ateliers de la marque au losange ? » nous dit un haut fonctionnaire de Bercy.

Les syndicats se sont donc réparti leurs territoires : à FO, le Trésor ; à la CGT, les Douanes ; au SNUI, la DGI. Et la bataille est rude pour s'attirer les suffrages des agents lors des élections syndicales ; il s'agit d'être le plus lourd, le plus fort et le plus redouté aux yeux des ministres successifs afin que ceux-ci sentent bien qu'ils règnent mais ne gouvernent pas. Et ce qui va suivre montre combien les syndicats savent appliquer ce principe.

Au cri de « Tous pour un et un pour tous », la mêlée syndicale cède immédiatement la place à l'union lorsqu'il s'agit d'emploi, de restructuration, de nationalisation, d'efficacité, etc. Au nom d'un seul mot d'ordre : on ne diminue pas les emplois et tout système modernisant le fonctionnement du ministère des Finances et conduisant à diminuer les effectifs doit être combattu sur-le-champ. À peine Strauss-Kahn a-t-il donné ses consignes à Beauffret et avant même d'en connaître le contenu exact, la CGT monte au créneau pour dénoncer une « avalanche de projets, de restructurations et de rationalisations qui présagent des tensions sociales ». Cela explique pourquoi tous les rapports sur la réforme de l'administration fiscale qui se sont succédé depuis dix ans ont atterri dans le même tiroir, celui de l'oubli administratif. Les événements qui se sont déroulés entre juin 1999 et le 23 mars 2000 (démission de Christian Sautter) montrent que l'État n'est plus chez lui dans ses administrations. Les syndicats exercent le pouvoir réel et possèdent la force nécessaire pour faire plier un gouvernement. En effet, le projet de réforme Bert-Champsaur n'impliquait pas seulement une modification des frontières administratives, mais aussi une modification des territoires syndicaux.

FO, qui règne en maître au Trésor, a toujours, pour cette raison, refusé qu'on révise les missions de celui-ci. Le tout se faisant dans l'opacité la plus totale. L'avancement se décide à l'ancienneté et rien, ni la gestion des colonies de vacances ni celle des mutations professionnelles, n'échappe au contrôle syndical. On se bat pour des primes dont l'administration ne connaît ou ne veut pas communiquer la liste exacte : prime de rendement (un mot qui n'existe pas dans l'administration), prime de fidélité pour les plus anciens, prime provisoire pour les derniers arrivants. Même opacité du côté des salaires. Jean Arthuis, ministre de l'Économie, des Finances et du Plan d'août 1995 à juin 1997, raconte qu'il lui a fallu attendre plus de six mois la liste des cinquante plus forts salaires de son ministère. L'affrontement syndicats-gouvernement va durer des mois, ponctué de coups de force et de menaces. À La Seyne-sur-Mer, dans le Var, les fiches du contrôle fiscal ont fini dans un brasier. Les syndicats maniaient le bâton en menaçant de ne pas payer les pensions et le gouvernement la carotte : il proposait aux fonctionnaires du Trésor qui passeraient à la DGI de continuer à exercer leur vote syndical au Trésor afin de respecter les effectifs de FO. Les TPG traînant les pieds pour soutenir la réforme, on leur remontait le moral en offrant à chacun de devenir le représentant général du ministère auprès des collectivités locales.

À ce moment-là de nombreux hauts fonctionnaires – y compris dans l'entourage du ministre – se demandaient qui régnait à Bercy, FO ou DSK. Celui-ci quitte son poste en 1999 et le dossier échoit à Christian Sautter qui poursuit dans la même direction. Le 26 janvier 2000, les syndicats vont faire une démonstration éclatante de leur puissance. Christian Sautter et la secrétaire d'État au Budget, Florence Parly, ont convoqué les cadres supérieurs du ministère pour faire le point sur l'évolution du projet de réforme. Les leaders syndicaux vont imposer leur présence. Ils vont également imposer leur volonté de parler aux cadres avant le ministre. Deuxième coup de force. Non seulement Christian Sautter va rencontrer les représentants syndicaux avant les cadres mais, qui plus est, en laissant le soin, après cette rencontre, aux syndicats d'expliquer à ces mêmes cadres le contenu de la réforme et de le critiquer. Cette amabilité imposée ne servira pas Christian Sautter, lui si dévoué au service de l'État, puisqu'il sera quelques semaines plus tard lâché par Jospin. Le Premier ministre lui demande de retirer sa réforme sous la pression des députés socialistes inquiets de la révolte de leur électorat. Le 22 mars 2000, par une simple dépêche de l'AFP, Christian Sautter annonce sa démission. Le lendemain, Jospin ajoute une pantalonnade à cette farce. Il se félicite de l'attitude des syndicats de la Direction des impôts et de la comptabilité publique. On attendait du Premier ministre qu'il fasse parler la poudre. C'est fait. Mais c'était la poudre d'escampette.

C'est sur la réforme de Bercy cependant que Nicolas Sarkozy compte forger sa légitimité pour réformer le secteur public. DSK, comme Christian Sautter, l'avait bien compris : on ne réformera pas la France si l'on ne commence pas par le faire à Bercy. Sept ans après, Éric Woerth reprend le flambeau abandonné par Strauss-Kahn et Sautter et déclare : « C'est un choix historique pour la DGI, le Trésor et pour la réforme de l'État dans son ensemble. » Le flambeau est un cactus. Même s'ils ont commis des erreurs, tous ceux qui ont travaillé sur ce dossier ont entendu des milliers de fonctionnaires, écouté avis et conseils, et tenté de ménager la chèvre syndicale et le chou administratif. La solution simple, radicale, efficace aurait été d'intégrer à la DGI les missions fiscales du Trésor. Mais le souvenir du mois de novembre 1995 et du mois de mars 2000 freine les ardeurs réformatrices : on ne peut pas renforcer l'une des directions par rapport à l'autre sans mettre le feu aux trésoreries et autres perceptions. Éric Woerth marche sur des œufs et ce n'est qu'à la fin du quinquennat que les contribuables pourront disposer d'un guichet unique, comme les entreprises. Éric Woerth a bien retenu la leçon et le 4 octobre 2007 il a rencontré les syndicats avant de recevoir les cadres l'après-midi. On dit qu'à Bercy il n'y a que les ascenseurs qui parlent (ils vous donnent le numéro de l'étage avec la solennité de l'huissier annonçant le ministre) et que moins on en dit, mieux ça vaut. Pas un mot des économies budgétaires attendues, les économies d'échelles sont évoquées du bout des lèvres, et parler de la retenue à la source demeure un tabou. Ils laissent entendre que des marges de manœuvre budgétaires sont prévues pour compenser les différences salariales. En revanche, sur l'évolution des salaires, le statut ou la formation... chut... On se croirait en montagne quand le guide réclame le silence pour ne pas risquer un déclenchement d'avalanche. La tâche, c'est vrai, est rude et la Berezina d'hier n'annonce pas vraiment l'Austerlitz de demain.

Le futur nom de l'administration des impôts fait déjà grincer des dents : la « Direction générale des finances publiques » aurait, paraît-il, tendance à étouffer les autres directions. En tout cas, sans la réforme du Code des impôts, il serait illusoire de vouloir réformer le Code du travail, un monument tout aussi massif et parfois archaïque.

La formation professionnelle ou la caverne d'Ali Baba

La bataille de Bercy évoque celle de Crécy : les chevaliers, engoncés dans l'armure de leur statut et protégés du bouclier de l'État, ont plié devant les archers syndicaux. La démission de Christian Sautter en rase campagne permit de mesurer les dangers qui guettent tout gouvernement lorsqu'il envisage de moderniser Bercy. La réforme du Code du travail est tout aussi périlleuse que celle du Code des impôts. La bataille du CPE (contrat première embauche) allait, six ans presque jour pour jour après celle de Bercy, illustrer ce péril et dévoiler la gravité du dysfonctionnement d'une société où la fabrication des lois s'est substituée au dialogue social et à la concertation parlementaire. Les affrontements autour du CPE ont révélé l'autisme de Matignon, la confusion de l'Élysée, la démagogie responsable des partis de gauche, le refus syndical de toute expérimentation d'une mesure sociale, sa politisation par tous les partis et l'instrumentalisation d'une jeunesse perdue par des professionnels de l'agitation.

Alain Juppé en 1995, et Dominique de Villepin en 2006 ont tous les deux pensé qu'avoir raison sur le fond les dispensait d'avoir raison sur la forme. Dans les deux cas, les manifestations de rue ont infligé un échec cuisant à deux Premiers ministres dans l'exercice de leurs fonctions. Bruno Le Maire, conseiller puis directeur de cabinet de Dominique de Villepin, décrit dans son livre *Des hommes d'État*, déjà cité plus haut, un Chirac qui paraît épuisé par la routine de quarante ans de pouvoir, un Villepin qu'épuise l'exercice quotidien de ce même pouvoir et un Sarkozy épuisant à force de vouloir persuader tout le monde de son « désir nommé pouvoir ».

Le CPE aurait dû, aurait pu rassembler le président, le Premier ministre et le président de l'UMP. Au contraire, il a amplifié les fractures. Trop de lois tue la loi. « Trop de protection sociale tue l'emploi », a déclaré un jour Laurent Fabius. Un gouvernement de droite a raté l'occasion de donner raison à un ancien Premier ministre de gauche en montrant justement comment on pouvait réformer la protection sociale.

Depuis plus de trente ans, le législateur n'a eu en effet qu'un seul objectif : ralentir les licenciements en rendant le processus plus complexe au lieu de chercher à augmenter les embauches en les simplifiant. Accueilli avec des réserves mais aussi par de nombreux applaudissements, le CPE a démarré en fanfare pour terminer sous les huées des syndicats et des politiques de tous bords. Il s'est révélé aussi difficile à tuer qu'à enterrer. On a assisté à l'abracadabrantesque spectacle d'un gouvernement souhaitant la censure du Conseil constitutionnel d'une loi qu'il avait votée la trique à la main (avec l'article 49.3), puis d'un président venant expliquer à la télévision que le texte était bien maintenu mais que deux lois en préparation allaient en interdire l'application. Du grand spectacle ! « Cela en dit long sur le mode de fabrication des lois et de notre système social (...). C'est la traduction de la crise de responsabilité du politique. C'est à la fois fascinant et très décevant », déclare à ce moment-là Frédéric Rolin, professeur de droit public.

La fabrication des lois est étroitement imbriquée dans l'élaboration de notre système social dont les mécanismes sont à 80 % d'origine législative. Les lois votées, par manque de lisibilité et de clarté, accroissent le champ d'interprétation et d'intervention de la justice. Les conflits sociaux sont la première cause de mécontentement et d'agitation en France. Depuis que le chômage a commencé à grimper après l'explosion des prix du pétrole à la fin des années 1970, la France a abandonné toute véritable et ambitieuse politique de l'emploi. Ou, plutôt, au lieu d'accepter les réformes nécessaires comme tous ses voisins l'ont fait, la France depuis des années pratique l'assistanat. Dans le secteur social comme dans tous les autres, elle aligne les uns après les autres les politiques, les plans, les subventions. Elle conjugue le mauvais fonctionnement du marché du travail avec un mauvais traitement de celui du chômage qui est géré par des organismes séparés (ANPE et Unedic) et elle pratique un éparpillement des aides qui en dilue les effets. Aides et subventions pour tenter de pallier le dysfonctionnement du marché du travail enserré dans un réseau de lois et de règlements qui n'ont cours dans aucun autre pays au monde.

« De nouveaux contrats de travail spéciaux ou de nouvelles règles de dérogation sont constamment créés », rappelle le Conseil d'État. Faute de remise à plat, on multiplie là aussi les lois sur la modernisation de l'économie. Le terme « modernisation » semble plaire aux gouvernements successifs puisque, après celle de Jospin en 2000, il y a eu celle de Villepin en juillet 2005 relative à la confiance et à la modernisation de l'économie, suivie, dès la rentrée 2005, d'une loi sur le retour et le développement de l'emploi. Aujourd'hui, Christine Lagarde en prépare une nouvelle qui est annoncée pour le printemps 2008.

À force de « moderniser » son économie par la loi, la France a fait atteindre en 2007 un record historique à son déficit commercial (39,17 milliards d'euros). Cela fait quatre ans que le commerce de la France est dans le rouge. Pendant ce temps, l'Allemagne affichait en novembre 2007 un excédent de 215 milliards d'euros sur les douze mois précédents, et pourtant les Allemands mettent la même essence dans leur Mercedes que les Français dans leur Peugeot et ils la paient avec le même euro. La vérité est que les Français travaillent moins que les autres mais consomment plus et qu'ils achètent du *made in China* parce que le *made in France* devient de moins en moins compétitif. Compétitivité en recul et marché du travail figé, la droite subventionne les entreprises pour les inciter à offrir des emplois tandis que la gauche subventionne leurs employés pour les inciter à en chercher.

Le combat textuel contre la précarité et pour l'emploi ne s'arrête jamais. Aux contrats « Initiative emploi » s'ajoutent les contrats « Emploi solidarité », « Local d'orientation », « Vendanges », « Retour à l'emploi », « Accès à l'emploi », « Emploi consolidé », « Conversion », « Professionnalisation », « Insertion », « Revenu minimal d'activité » auxquels se sont additionnés en août 2005 les contrats « Accompagnement dans l'emploi », « Avenir », « Insertion dans la vie sociale », « Mission à l'exportation » et « Volontariat de solidarité internationale ». On imagine Coluche commentant ces textes : C'est l'histoire d'un mec qui cherche un emploi... En août 2005 c'est au tour du CNE de se ranger dans la file.

Le 5 janvier 2006, un projet de loi sur l'égalité des chances propose le fameux CPE ainsi que la création de l'Agence nationale pour la cohésion sociale et l'égalité des chances. Le texte devait s'ajouter à tous ses prédécesseurs qui tous visaient le même but : loi d'orientation relative à la lutte contre les expulsions 1998, loi de modernisation sociale 2002, loi visant à relancer la négociation collective lors des licenciements économiques en 2003 ou bien encore, en 2004, loi précisant les données du dialogue social et la formation professionnelle tout au long de la vie. C'est cette dernière qu'avait fait voter François Fillon, loi ignorée superbement par Dominique de Villepin. Il faut dire que la liste des lois concernant l'emploi est pratiquement sans fin et qu'elles sont quasiment toutes destinées à être oubliées.

A-t-on à un moment donné stoppé la production de textes, examiné leurs résultats, cherché le moyen de redonner aux entreprises une compétitivité qui les fuit ? Non. L'imagination est dans la subvention. On lance une giclée de statistiques et une poignée de vœux pieux aux journalistes – rien ne change.

Le mélange « de corporatisme et d'étatisme est au cœur du cercle vicieux de la défiance actuelle et des dysfonctionnements du modèle social », déclarent les économistes Pierre Cahuc et André Zylberberg. Pour s'en convaincre, allons voir ce qui se passe du côté de la formation professionnelle en compagnie du sénateur de la Haute-Savoie Jean-Claude Carle qui, après une mission, a remis un rapport à ce sujet en juillet 2007. La formation professionnelle a été créée en 1971 pour donner une nouvelle chance à ceux qui n'ont pas bénéficié d'une forte qualification. Dès le départ, le sénateur prévient que la visite est déconseillée aux âmes sensibles : « Cette idée simple et généreuse a été peu à peu dévoyée, explique-t-il, par une multitude de contrats spécifiques et de dispositifs à l'emploi multipliés jusqu'à pléthore. » En effet, le nombre de contrats aidés n'a cessé de croître, on vient de le voir, et celui des aides aux entreprises également. On en dénombre aujourd'hui environ 2 500, on ne connaît pas le chiffre exact car il est aussi difficile de compter les aides offertes aux entreprises que les primes distribuées dans la fonction publique. Explication du sénateur aux Savoyards, plus habitués aux sommets qu'aux abîmes chiffrés : « La complexité s'inscrit dans un mouvement qui dépasse la formation professionnelle. »

Sur le soubassement initial, on a multiplié les colonnes de dispositifs différents selon les publics, selon l'âge, selon le statut ou encore les perspectives d'avenir. Résultat : un cloisonnement soigneusement organisé depuis plus de trente ans. Voilà pour l'étatisme. Les organismes distributeurs de ce budget ont transformé le pouvoir des partenaires sociaux qui sont impliqués dans la gestion du système – patronat comme syndicats – en véritable féodalité installée dans des châteaux forts dont le pont-levis est relevé dès que s'approche le moindre curieux. Voilà pour le corporatisme. Dans une étude réalisée pour la chambre d'industrie et de commerce de Paris, Pierre Cahuc et André Zilberberg expliquent que c'est « un système opaque, éclaté, trop peu transparent pour assurer efficacement l'adaptation de la main-d'œuvre et la promotion sociale ».

Ajoutons qu'il ne s'agit pas d'une petite somme ! La formation professionnelle, c'est la caverne d'Ali Baba aux 24 milliards d'euros. La France est un des pays qui dépensent le plus à ce sujet, avec les résultats qui sont les plus mauvais. L'Allemagne dépense en effet 35 milliards pour la formation professionnelle, mais personne n'en conteste les résultats ni ne met en doute la transparence et l'efficacité de son système. On annonce qu'au début de l'été 2008 la Cour des comptes mettra ses pas dans ceux du sénateur Carle et examinera à la loupe l'utilisation qui est faite desdits 24 milliards (aujourd'hui on frôle les 26 milliards). On attend par ailleurs les résultats d'études commandées par Bercy sur les organismes collecteurs : les OPCA (organismes paritaires collecteurs agréés). Il a fallu plus de trente ans pour qu'on commence à se préoccuper de l'utilisation d'un tel budget. Nous avons la culture de la dépense, pas celle de son efficacité, la culture du recours à la loi, pas celle du suivi de ses résultats.

Comme tous les autres systèmes d'aide (logement, agriculture, industrie, culture, reconversions diverses, etc.), celui de la formation professionnelle multiplie les organismes. Au total 45 000 organismes de formation sont déclarés mais, précise le sénateur Carle, seuls quelques-uns sont actifs. Il y a quand même 98 organismes collecteurs agréés auprès de l'OPLA, 31 OPCA, 25 OPAREG (organismes paritaires collecteurs agréés interprofessionnels et régionaux), 2 organismes nationaux interprofessionnels et interbranches gèrent l'OPCIB, l'IPCO, 2 organismes qui coiffent 2 OPCAREG, l'AGEFOS-PME, REG et Fongecif. Au passage, le sénateur se demande pourquoi ces organismes n'ont pas été regroupés au niveau régional. En effet, 7 ministères certificateurs délivrent 1 200 diplômes au titre de la formation professionnelle (à noter au passage que dans tous les domaines l'Éducation nationale propose 700 enseignements différents), dont 600 pour l'Éducation nationale, 198 CAP, 35 BTP, 73 baccalauréats professionnels, 109 BTS, tandis que 1 450 licences professionnelles ont été créées pour seulement 20 000 étudiants. En 2005, on comptait 10 % de candidats en moins entrés en formation professionnelle (soit 637 000) qu'au cours des années précédentes. Parmi ces candidats, on note un taux d'accès de 43,4 % pour les diplômés de l'enseignement supérieur, de 33,7 % pour les bacheliers et de 23,4 % de titulaires de CAP. En 1971, le législateur visait les populations peu ou pas qualifiées ; en 2008, il se retrouve avec le bachelier de Neuilly. Il ne faut pas confondre monte-charge et ascenseur social. Le sénateur Carle explique que les grands bénéficiaires de la formation professionnelle sont les moins de cinquante ans travaillant dans une grande entreprise. Les plus diplômés ont donc davantage accès à cette formation que les non-qualifiés.

Le nombre d'opérateurs est devenu un maquis si impénétrable qu'on peut s'interroger sur le volume et la qualité des formations proposées. C'est toujours Pierre Cahuc et André Zilberberg qui apportent une réponse en affirmant qu'« on propose des formations dont les conséquences ne sont ni connues ni évaluées ». Le sénateur Carle, de son côté, estime qu'il faut revenir au véritable objectif de départ et s'intéresser à celles et ceux qu'il faut former. Il propose d'organiser des partenariats, de répondre aux besoins régionaux et de regrouper l'Unedic et l'ANPE. Depuis quelques mois l'opération est effectivement en marche. Il a fallu cinquante ans pour que les syndicats l'acceptent. Le sénateur Carle souligne ici la nécessité de simplifier les outils de la formation professionnelle, de restructurer l'APFA des adultes (budget d'1 milliard d'euros). Là aussi des progrès ont été faits depuis 2004, une rationalisation du fonctionnement de l'APFA a permis une diminution de 20 % des coûts.

Mais, comme toujours, on simplifie d'un côté et on complique de l'autre. Le fonds d'aide aux jeunes (destiné à l'insertion) a été transféré aux régions en 2005 mais en 2007 l'État a créé un fonds d'insertion professionnelle des jeunes. Ce qui explique pourquoi la décentralisation n'a pas permis de supprimer des emplois au niveau national. Dans les deux cas on note des accélérations dans la progression des effectifs.

Et pourtant la France a besoin de développer la formation professionnelle et de répondre aux besoins des exclus du marché du travail. C'est là que résident la véritable insécurité sociale et la grande injustice de notre société. Plus du quart des RMIstes souffrent en effet d'illettrisme. Chez les 18-65 ans, le pourcentage d'illettrés atteint 9 % ; 15 % des élèves qui entrent au collège ne maîtrisent pas les savoirs fondamentaux que sont écrire, lire et compter. 160 000 jeunes, soit 20 % d'une génération, sortent chaque année du système scolaire sans diplôme de qualification et 90 000 quittent l'enseignement supérieur dans les mêmes conditions. Pour un pays qui consacre plus de 7 % de son PIB (118 milliards en 2005) à l'éducation nationale, ce sont des chiffres inacceptables. Il n'y a rien d'étonnant à ce que le taux de chômage chez des jeunes non qualifiés atteigne 40 % et que celui des jeunes, quelle que soit la nature des chiffres que l'on étudie, soit supérieur en France à celui de tous les autres pays européens.

Kekcekça ? Tel est le terme qu'aurait utilisé le président de la République Jacques Chirac quand le Premier ministre Dominique de Villepin lui a présenté la loi sur l'égalité des chances et le CPE que nous avons évoqué plus haut. D'après Bruno Le Maire, « Jacques Chirac a écarquillé les yeux et déclaré à son Premier ministre : “Moi, ce qui m'inquiète dans votre truc, c'est la tuyauterie. Je peux vous l'assurer : pas un Français ne comprendra. Alors, si cela crée des dizaines de milliers d'emplois dans les trois mois, très bien. Sinon, vous excitez les syndicats qui sont plutôt tranquilles et vous ne réduisez même pas le chômage. Du haut de mon incompétence, et elle est incontestable dans ce domaine, je dis : vous faites ce que vous voulez, mais vous faites une connerie" ». Nous sommes le mardi 3 janvier 2006 au soir et deux jours plus tard Jacques Chirac poursuit : « Votre plan est bon, mais avec les jeunes on ne sait pas comment cela peut partir, il suffit d'une étincelle. Consultez le plus largement possible. » Jacques Chirac se souvenait très bien de la mort de Malek Oussekine en décembre 1986 lors des manifestations de jeunes contre la loi Devaquet mais aussi des refus opposés par ces derniers à certains types de contrats d'emploi qui leur étaient offerts.

Les premiers contrats spécifiques pour les jeunes apparaissent en 1977 sous Raymond Barre ; en 1994 Édouard Balladur propose des contrats professionnels que les manifestations de jeunes le forceront à retirer. En 1996, c'est au tour d'Alain Juppé d'instaurer pour les jeunes les CEV (contrats emploi ville). L'année suivante, Martine Aubry prend le relais avec les emplois jeunes qui seront supprimés en 2002 lors du retour de la droite au pouvoir et remplacés par les Civis (contrats d'insertion dans la vie sociale) ou encore les CJE (destinés à aider les jeunes à faible qualification à entrer dans une entreprise). Il y aura également les CES, les CEC, les CAE. Il n'y a pas que Zazie qui s'y perde. Chaque gouvernement jette aux orties ce que le précédent a proposé et l'on repart pour un nouveau contrat et une nouvelle loi. Mais ces contrats ont tous un socle commun : l'assistanat et le financement par l'argent public.

En janvier 2006, pour la première fois dans l'histoire de la Ve République, un Premier ministre a le courage de rompre avec la subvention à perpétuité et de proposer une réforme du marché du travail. Il aborde les problèmes économiques et sociaux avec une liberté qui détonne. Et après s'être attaqué au Code des impôts (bouclier fiscal), il s'en prend au Code du travail (l'emploi des jeunes). Mais il s'y prend tellement mal qu'il va transformer en torche l'étincelle dont Jacques Chirac lui avait dit de se méfier. Et pourtant, qu'elle était bonne, l'idée. La situation de l'emploi en ce début d'année 2006 s'améliore, le CNE mis en place par le même Villepin produit des effets et certains commentateurs estiment même qu'il a contribué à créer 400 000 emplois. Petites et très petites entreprises sont demandeuses. Le chômage, en tout cas, a reculé de 160 000 personnes en un an. Alors, à Matignon, les lendemains de fête ont un goût de veille de fête : celle du recul du chômage. Encouragé par ces chiffres, le Premier ministre réunit les ministres chargés de l'Emploi, Jean-Louis Borloo et Gérard Larcher, auxquels se joignent ses principaux conseillers. « Je vous le dis, il y a une chance de révolutionner le marché de l'emploi en 2006. Je vous propose de le faire. L'objectif, c'est moins de 8 % de chômage. Tout est possible. Vous me foutez tout ce qui est intelligent, tout ce qui est révolutionnaire, sur la table. »

Cette analyse rejoint celle de l'OCDE (Organisation de coopération et de développement économiques) qui, dans son *Fact Book 2006* recensant 150 indicateurs économiques dans ses trente pays membres, se penche sur certaines des raisons du malaise de la jeunesse française. Le chômage et le manque de qualification viennent en tête. « Si les jeunes ne sont ni employés ni à l'école, il y a de bonnes raisons de se faire du souci pour leur bien-être et pour leurs perspectives d'avenir », commente l'organisation. En ce qui concerne l'emploi des jeunes, non seulement la France est dernière en Europe mais en queue de peloton dans l'OCDE, juste devant la Turquie et la Slovaquie. L'OCDE enfonce le clou : « Le faible taux d'emploi des jeunes s'explique en partie par la très médiocre qualification offerte par les universités françaises et par la durée du travail qui est une des plus faibles de l'OCDE. » Cette analyse servira d'oraison funèbre au CPE car elle sera publiée au moment même où l'on préparera son enterrement avant même de l'avoir tué.

Les experts consultés par Matignon formulent le même diagnostic que l'OCDE et pointent du doigt le problème majeur du marché de l'emploi en France : la difficulté rencontrée par les jeunes, notamment les non qualifiés, pour entrer dans une entreprise. « Cette situation est un scandale, on ne peut laisser les choses en l'état (...). N'hésitez pas. Il faut des décisions, il faut débloquer les choses, mettez le paquet sur les jeunes », martèle Dominique de Villepin. En fait de « paquet », ce sont les jeunes qui vont le mettre avec l'aide des syndicats, de tous les partis de gauche et d'une partie de la majorité. Villepin a raison sur le fond, raison de vouloir rompre avec les rigidités, avec l'habitude d'aligner des plans. « Débloquer les choses », il y a longtemps qu'on n'avait pas tenu un tel langage. Mais en méprisant syndicats et Parlement – celui-ci a toujours en travers de la gorge le CNC institué en 2005 par ordonnance –, Dominique de Villepin va transformer une bonne idée sociale en désastre politique. L'extension du CNE « à qui le CPE ressemble comme un frère », comme nous l'a confié un député, aurait été la solution la plus simple et la plus efficace, mais les syndicats s'y opposaient, et faute d'avoir pu faire prévaloir son autorité le gouvernement s'est heurté aux jeunes. Il faut dire aussi que dans le gouvernement les ministres chargés de l'Emploi et des Affaires sociales étaient plus ou moins tenus à l'écart par Matignon et pour le moins réservés. « Le contrat emploi, je dis : très bien ; le contrat jeunes, je dis : danger, on va trop vite », commentait Jean-Louis Borloo. Villepin rétorquait « Le temps nous manque, il faut aller vite. » On assista à une scène étonnante qui préfigurait toutes celles qui allaient suivre. Dans ses vœux à la presse le 17 janvier, le lendemain même de l'annonce du CPE, Jean-Louis Borloo ne souffla pas mot de celui-ci et ne dit rien non plus du CNE que Matignon estimait être une des origines de l'amélioration de l'emploi et de la création de 280 000 emplois depuis août 2005.

L'accueil, pourtant, était a priori favorable. « Le gouvernement va dans la bonne direction, celle de la mobilité », commenta dans *Les Échos* un économiste. De son côté, Bernard Brunhes, un homme de gauche, qui est, comme Raymond Soubie, un des experts les plus reconnus et écoutés sur le monde du travail, et qui fut à Mauroy ce que Soubie fut à Barre, ne s'étranglait pas de colère. Dans *Les Échos* du 18 janvier 2006, il écrivit même : « On entame une profonde modification du Code du travail en offrant aux entreprises, pour la première fois, de licencier sans justifier. Mais cela mérite une vraie concertation avec les partenaires sociaux (...) et d'expliquer que (...) les règles du jeu, c'est-à-dire les lois, changent sans cesse et nuisent ainsi au marché du travail. Nous empilons les effets d'aubaine, de substitution, et les freins démocratiques. La loi est illisible même par l'ANPE. Les Pays scandinaves et la Grande-Bretagne ont su relancer en s'appuyant sur des systèmes simples et durables. Il faut s'inspirer de ce système de stabilité. » Le Medef, de son côté, estimait que cette initiative devrait « encourager les chefs d'entreprise à donner une chance aux jeunes ».

À gauche le refrain ne change pas : précarité accrue, démantèlement du droit du travail. Pourtant certaines critiques étaient tout à fait fondées. François Hollande fait remarquer que l'on aide les moins de vingt-cinq ans mais qu'on ne se préoccupe pas de savoir ce qui se passe après. Cette interrogation souligne le manque de préparation de la loi. Jean-Marc Vittori écrit alors dans *Les Échos* : « Pourvu que l'action de Villepin parvienne à dépasser les panoplies de gadgets auxquelles ont trop souvent ressemblé les politiques de l'emploi menées jusqu'à présent en France. » Certes, on déplore l'absence de dialogue, on souligne l'impréparation, mais on insiste sur le pragmatisme volontariste du Premier ministre. Celui-ci semble avoir pris le bon chemin mais, comme dirait Zazie à qui son oncle a appris l'argot des bistrots, il marche « avec des chaussures à bascule ».

Alors que les experts prêchent la concertation, que François Fillon a fait voter en 2004 une loi (on vient d'en parler) prévoyant notamment que les syndicats doivent être consultés sur tous les projets de législation fiscale, Dominique de Villepin ignore superbement et le texte et les syndicats. Ceux-ci vont se dresser contre lui comme un seul homme. Et les parlementaires joindront leur voix au chœur des non-consultés. Le CPE doit répondre aux attentes des jeunes sans qualification mais ce sont les lycéens et les étudiants qui descendent dans la rue. Alors que le CNE produit des effets positifs, la gauche refuse toute expérimentation. Il faut dire que nous sommes à dix-huit mois des présidentielles et que Dominique de Villepin se sent aussi pousser des ailes. Le porte-parole de l'UMP laisse entendre que l'idée du CPE vient en réalité du président de l'UMP,

Nicolas Sarkozy. Le CPE a maintenant deux pères. Nicolas Sarkozy affecte de ne voir dans cette mécanique sociale aucun avantage pour Villepin et aucun handicap pour lui. Balladur et Jospin ont connu une baisse du nombre de demandeurs d'emploi, eux aussi, pourtant ils n'ont pas été élus... Quand le chômage baisse, d'autres revendications se font jour, comme celle de l'amélioration du pouvoir d'achat.

Cruelle ironie du sort, exactement deux ans plus tard, en février 2008, et presque jour pour jour, le boomerang est de retour, sur le chômage baisse et Nicolas Sarkozy se trouve à son tour sur le toboggan des sondages : le pouvoir d'achat est devenu la principale préoccupation des Français.

En février et mars 2006, au fur et à mesure que le CPE soulevait des critiques, Nicolas Sarkozy prit ses distances avec sa création. La préoccupation sociale se transforma en interrogation politique. Les socialistes refirent leur unité dans la surenchère et la compétition Sarkozy-Villepin s'étala au grand jour. En janvier on se demandait si une réussite du CPE pouvait ouvrir à Dominique de Villepin la porte d'entrée de l'Élysée, en mars on se demande si elle ne lui ouvrira pas brutalement celle de la sortie de Matignon. « La présidentielle dépendra du CPE », titre *Le Monde* du 9 mars. Plus rien ne peut arrêter les choses ; ni les offres de négociation avec les syndicats ni la proposition de réviser le CPE au bout de six mois. « Il fallait y songer plus tôt. » Les syndicats n'ont pas tort. Comment imaginer que l'on puisse modifier le Code du travail, ce qui apparaît à beaucoup comme une nécessité, sans concertations ? Comment croire que l'on peut effacer trente ans d'impéritie grâce à une nouvelle loi courageuse et novatrice mais bricolée dans l'urgence et comment un tel bricolage peut-il oublier la formation professionnelle et sa nécessaire réorientation vers les moins qualifiés ? Le problème est que Dominique de Villepin et ses conseillers n'ont, pour la plupart, jamais mis les pieds dans une entreprise.

Une fois de plus les syndicats ont fait plier un gouvernement et barré la route de l'Élysée à un Premier ministre, une fois de plus, malgré leurs motifs de division, ils se sont unis contre un gouvernement qui les a ignorés avec arrogance, sûr de son bon droit. Qu'est-ce qu'ils sont forts, ces syndicats ! Mais non, répond Bernard Brunhes dans *La Lettre A* du 31 mars 2006, à la question de savoir si le fait d'avoir des syndicats forts, notamment dans la fonction publique, n'est pas un handicap. Sa réponse : « Le drame de la France est d'avoir des syndicats très faibles dans la négociation, parce qu'ils sont divisés et qu'il n'y a que 8 à 9 % de salariés syndiqués. Les pays qui ont résolu le problème de l'emploi sont ceux qui ont un patronat et des syndicats assez forts pour négocier, conclure et éviter ainsi que ce soit l'État qui décide de tout. » La faiblesse de la France est donc en réalité d'avoir des syndicats faibles qui puisent leurs forces dans la revendication. L'analyse du médiateur de la République rejoint celle de Bernard Brunhes : « La France souffre d'une faiblesse politique pour décider et d'une faiblesse syndicale pour appliquer et, pour couronner le tout, il y a entre les deux un déficit de dialogue. Le politique gère l'émotion en faisant des lois et les syndicats gèrent les revendications sans vision d'avenir. » Les syndicats, soutenus par la gauche, ont préféré défendre un Code du travail obsolète, tatillon et obscur plutôt que d'accepter l'expérimentation du CPE. Ils ont préféré réclamer à cor et à cri la mort du CNE qui, lui aussi, était une entaille dans le Code du travail, plutôt que d'en examiner les résultats avant d'adopter une attitude.

La France ne se réformera pas sans un dialogue social fort et constructif (voir le dernier chapitre), elle ne réformera pas son marché du travail sans la collaboration des syndicats. Mais cela suppose que la représentativité des syndicats soit reconnue, leur budget de fonctionnement connu et leurs sources de financement transparentes. La réforme de l'État, que veulent entreprendre François Fillon et Nicolas Sarkozy, ne peut se faire sans celle de la représentativité syndicale. On pourra ensuite proposer au Parlement de légiférer. Ce sont deux étapes indispensables.

Qui représentaient-ils, les aiguilleurs du ciel qui, pendant une semaine, du 10 au 16 janvier 2008, en pleine période de vacances scolaires, ont pris en otages les passagers des aéroports parisiens en n'autorisant qu'un avion sur deux à atterrir ou décoller ? Sur mille contrôleurs aériens, une centaine sont affiliés à la CGT. Mais ce syndicat est majoritaire à Orly. La réorganisation du contrôle aérien de la région parisienne fera perdre à la CGT sa primauté syndicale orlysienne. Cette réorganisation est prévue depuis longtemps et doit s'étaler sur la période 2015-2017. Le regroupement à Athis-Mons des services de contrôle aérien doit améliorer la sécurité, diminuer les nuisances sonores et la pollution et a été concerté avec les personnels. Tous ont accepté, y compris le syndicat majoritaire dans l'ensemble de la profession, sauf la CGT. Peut-on parler de corporatisme borné ou de refus de la démocratie syndicale ? Qui plus est, ces fonctionnaires travaillent certes durement mais ils sont payés 7 000 euros par mois et partent à la retraite à 57 ans. Une minorité peut ainsi défier une majorité.

Cette représentativité syndicale a, du reste, été un des thèmes de la campagne présidentielle. C'est un thème majeur même s'il n'est pas digne d'être « peopolisé ». Ségolène

Royal avait proposé de rendre obligatoire l'inscription à un syndicat. Refus catégorique des centrales syndicales. Nicolas Sarkozy a évoqué, de son côté, la suppression du monopole de représentativité. Chez les deux candidats le message était clair : si vous voulez participer aux réformes, muscler le dialogue social, il faut que vous soyez plus nombreux et plus forts, que vous acceptiez de jouer le jeu de la démocratie sociale et fassiez la preuve de votre représentativité.

En fait, la question est à l'étude depuis très longtemps. Au début des années 2000, il y avait à l'UMP comme au PS un consensus sur la question. Les deux formations avaient déposé deux projets de loi (Dominique Paillé pour l'UMP et Henri Emmanuelli pour le PS) défendant l'idée d'un financement public des organisations syndicales à l'instar de celui des partis politiques. Mais si l'on sait qui compose les partis politiques, on ignore tout, ou presque, des effectifs des syndicats. Le 18 septembre 2007, Nicolas Sarkozy, élu président, a de nouveau déclaré sa « volonté d'engager la réforme de nos relations sociales dès 2008 » et donc celle de la représentativité.

Et cela semble être la moindre des choses. Ces syndicats qui font trembler les majorités les plus fortes et donnent des sueurs froides aux ministres sont non seulement les plus faibles d'Europe mais le taux de syndicalisation, réduit de moitié en vingt-cinq ans, place la France au dernier rang des trente pays de l'OCDE. Pourtant, d'un grognement et même parfois sans faire descendre leurs adhérents dans la rue, ils obtiennent satisfaction. Les députés de la précédente législature avaient – par amendement – voté l'institution du curriculum vitae anonyme. Sur un froncement de sourcils syndical le ministre délégué à l'Emploi, Gérard Larcher, a désavoué les élus du peuple et suspendu ce curriculum vitae. C'est le triomphe d'une minorité remuante dont on ignore les effectifs contre une majorité parlementaire aux effectifs massifs et reconnus mais réduite au silence. En France, le nombre des salariés du secteur privé syndiqués oscille entre 5 et 7 % ; la proportion se situerait entre 10 et 15 % dans le secteur public. En Scandinavie, la proportion atteint 80 %. C'est après la guerre que furent installés officiellement en France les syndicats d'après plusieurs critères dont celui de s'être bien conduits au cours de l'Occupation. Vingt ans plus tard, en 1966, un arrêté leur a accordé la « présomption irréfragable » de représentativité, ce qui donne aux syndicats le pouvoir de négocier, de signer des accords par entreprises et branches et de siéger dans les instances sociales paritaires. Il s'agit de la CGT, la CFDT, FO, la CFTC-CFE et la CGC. Les petits nouveaux, comme SUD et FNUSA, doivent se contenter de contester puisqu'ils ne peuvent pas siéger dans les instances paritaires. N'ayant plus rien à prouver grâce à cet arrêté de 1966, les syndicats ne donnent que des chiffres approximatifs de leurs effectifs. Des chiffres qui sont tous remis en cause par les experts. Ainsi Dominique Andolfatto et Dominique Labbé estiment que les chiffres réels de la CFDT et de la CGT sont respectivement de 450 000 et 525 000 adhérents alors que ces deux syndicats en annoncent 830 000 et 710 000.

Qu'est-ce qui l'emportera dans les mois qui viennent ? La nécessité absolue de redonner vie au dialogue social et de l'ampleur à une concertation aussi large que possible pour ouvrir les multiples chantiers de réformes qui nous attendent sans remplir les rues de manifestants ? Ou bien la crainte de défier les conservatismes et la contestation à répétition dès qu'il s'agit de toucher un boulon des acquis sociaux ? « En France le syndicalisme est un syndicalisme de militants et pas d'adhérents en quête de services », explique Bernard Brunhes. Ce sont les avantages accordés à leurs militants qui donnent souvent une mauvaise image des syndicats : les droits syndicaux ont contribué à tuer le syndicalisme, a expliqué un jour l'ancien leader de FO, André Bergeron, célèbre pour sa formule : « Il faut du grain à moudre. »

Le dialogue social est en effet indispensable mais pour dialoguer il faut savoir avec qui. En France il semble que les effectifs syndicaux aient suivi le chemin inverse de celui de la contestation. Plus celle-ci se radicalisait, plus le nombre d'adhérents diminuait. Les deux poids lourds, CFDT et CGT, acceptent et la réforme et le fait que la représentativité repose sur des élections professionnelles généralisées à tous les salariés, mais FO se montre honnêtement plus réticente. Le prédécesseur de Jean-Claude Mailly à la tête de FO, Marc Blondel, célèbre par la longueur de ses cigares et la largeur de ses bretelles, a lâché un jour : « La représentativité d'un syndicat se mesure uniquement à sa faculté de bloquer un pays. » Est-ce pour éviter d'avoir à se compter qu'à FO on souhaite des élections sur le modèle de celles de la Sécurité sociale, avec la participation des chômeurs et des retraités ?

Un proche de Nicolas Sarkozy estime qu'on ne réformera pas sans les syndicats. C'est effectivement impensable mais encore faut-il que les syndicats acceptent que l'on puisse mesurer leur agressivité à l'aune de leur représentativité. « Les syndicats ressemblent à des armées d'opérette : des généraux voyants et sonores, des états-majors étoffés, quelques figurants mais point de troupes », a écrit Jacques Marseille. Les syndicats français ont en effet autant d'apparatchiks que les syndicats européens qui comptent quatre à cinq fois plus d'adhérents qu'eux. Des armées d'opérette, peut-être, mais qui gagnent la plupart des affrontements qu'elles entreprennent et qui se sont constitué un trésor de guerre qu'elles sont prêtes à défendre en livrant bataille.

En effet, le véritable problème de la représentativité syndicale est indissociable de la question des syndicats. Car si les syndicats français sont ceux qui, en Europe, ont le moins d'adhérents, ils sont aussi ceux dont le budget enregistre le moins de cotisations. Là aussi les chiffres les plus divers circulent. En réalité, comment font-ils ? Eh bien, leur financement bénéficie d'une opacité garantie et protégée par la loi. L'affaire de l'UIMM au cours de l'automne 2007 a permis de soulever un petit coin du voile, mais celui-ci est vite retombé. La méconnaissance des effectifs syndicaux réels n'a d'égale que l'ignorance dans laquelle ces syndicats nous tiennent de leur financement. Raphaël Hadas-Lebel, conseiller d'État et auteur d'un rapport sur le financement des syndicats, souligne l'« insuffisance de la prise en compte de leur représentativité réelle dans le versement de subventions publiques et parapubliques » et remarque « la grande prudence des organisations syndicales en matière de transparence financière ». Dans les romans de la « Série noire », cela s'appelle la loi du silence ou l'omerta selon le lieu de l'action.

Cette absence de transparence financière est, en quelque sorte, instituée par une loi qui va fêter en 2008 son 124e anniversaire. Elle date de 1884 et fut l'œuvre de Waldeck-Rousseau qui entendait de la sorte protéger les syndicats de certaines curiosités policières. Mais ce qui était un souci, justifié peut-être à l'époque, est devenu aujourd'hui une incongruité législative. En effet, la loi de 1884 exonère les syndicats de toute certification de leur budget et de toute publicité quant à leurs sources de financement. C'est au nom de cette loi que l'UIMM, en toute tranquillité, a pu amasser un magot estimé à environ

800 millions d'euros sans qu'elle ait à en justifier la source. La même loi a permis à son ancien président, Denis Gauthier-Sauvagnac, de retirer 15 à 20 millions en espèces sans avoir à fournir le nom des destinataires. Des millions qui ont servi, paraît-il, à « fluidifier » le dialogue social. C'est au nom de cette loi que tous les partenaires sociaux – patrons comme ouvriers – qui participent à la gestion de l'assurance-chômage, de la Sécurité sociale, des régimes complémentaires de retraite et de formation professionnelle touchent ce que l'on peut appeler des royalties sur cet argent public qui alimente donc les caisses noires syndicales et patronales et permet à ces organisations de fonctionner en toute opacité.

À propos de la formation professionnelle, la Cour des comptes écrivait dans son rapport 2000 : « L'argent public destiné à la formation professionnelle est largement utilisé à d'autres fins, en particulier à financer le fonctionnement du monde syndical et patronal. » La Cour soulignait à l'époque que ces sommes représentaient quatre fois le budget de la justice. Comment se fait-il que le gouvernement Jospin et ses successeurs n'aient pas réagi davantage ? Un ancien haut fonctionnaire explique que quantités d'organismes sociaux ne servent à rien sinon à mener des discussions sans fin et à absorber de l'argent. Les contribuables financeraient les syndicats à hauteur de 400 millions d'euros et la formation professionnelle est, pour ces derniers, une des pompes à finances les plus actives. Elle brasse des sommes colossales sur lesquelles les organisations syndicales et patronales prélèvent leur dîme.

Dans cet entrelacs d'organisations que nous avons rapidement examiné, il y a des maillons faibles. Rien n'empêche, par exemple, un OPCA de choisir un centre qui organisera des stages fantômes et une partie de l'argent prévu pour la formation disparaîtra. On peut également majorer le nombre d'heures de stage. L'OPCA garde également une partie de l'argent collecté au titre de ses frais de fonctionnement, une partie allant dans les caisses syndicales et patronales. En 1999, les députés de la mission d'évaluation et de contrôle de l'Assemblée nationale auditionnèrent le chef du groupe national de contrôle de la formation professionnelle au ministère de l'Emploi. Question : comment ces sommes sont-elles affectées ? Réponse : 1,5 % des sommes collectées par OPCA est affecté à la couverture des frais de fonctionnement du paritarisme en deux parts égales entre les partenaires syndicaux et patronaux. « Mais on ne vérifie pas ces chiffres, précisent les députés, car cela revient à contrôler les organisations professionnelles et syndicales, d'où une dimension politique. » Merci à la loi de 1884.

Au moment où éclate l'affaire de l'UIMM, Dominique-Jean Chartier, ancien président de l'Unedic et ancien conseiller social de Jean-Pierre Raffarin, écrit dans *Les Échos* : « Grâce à une conjuration des conservatismes, la question du financement des organisations syndicales et patronales a été maintes fois évoquée et chaque fois éludée. On ne peut renforcer leur rôle – syndicats et patronat – sans s'attaquer au problème de leur représentativité et mode de fonctionnement, donc de financement. Il faut clarifier les choses au plus vite et ouvrir le dossier en parallèle aux négociations en cours. » Il faut maintenant une réelle volonté politique et c'est à François Fillon et à Nicolas Sarkozy de la manifester. L'auront-ils pour accomplir les réformes sociales ? Sans clarification de la représentativité syndicale, inutile de s'attaquer à la réforme du Code du travail à laquelle s'opposent farouchement les syndicats. En 2003, une proposition de loi conditionnant les financements publics des syndicats à la publication de comptes consolidés et certifiés n'a jamais été discutée.

Denis Gautier-Sauvagnac a démissionné de la présidence de l'UIMM le 24 octobre 2007, mais le 28 février 2008 l'hebdomadaire *Marianne* révèle qu'il a reçu des indemnités à hauteur d'1,5 million d'euros. La présidente du Medef, Laurence Parisot, réclame des têtes. La première à tomber est celle de Michel de Virville, qui venait de prendre la présidence de l'Unedic. Les tempêtes qui secouent le monde patronal s'abattent également sur les syndicats et le gouvernement à qui l'opinion réclame de la transparence. François Chérèque a jugé que ce nouvel épisode allait aider à « conclure la négociation sur le financement des organisations syndicales et patronales pour parvenir à la transparence la plus forte possible ».

Le Code du travail est devenu un instrument qui réglemente la vie sociale dans ses moindres détails. À force de tout attendre de la loi, des codes et de l'État, la France est incapable de réactions rapides dans un monde qui change de plus en plus vite. C'est cette incapacité à réagir aux mouvements économiques agitant la planète qui explique nos mauvais résultats en matière d'emploi.

Les plus petites entreprises souhaitent tout autant cette simplification. « Le Code du travail n'est plus adapté à ce que l'on vit aujourd'hui. Il faut mettre en place un système plus souple pour permettre à de petites entreprises comme la mienne de recruter », confie Marie Bluzet, à la tête d'une société de communication qui emploie trois salariés, dans *Le Parisien* du 10 décembre 2007.

L'épisode du CPE a réouvert la querelle du droit du travail et du Code du même nom composé de plus de 2 000 articles. En dénonçant, avec la création du CPE, le risque de précarité accru pour les jeunes, la gauche (PC, PS et extrême gauche) a accusé en même temps le gouvernement de « démanteler le droit du travail ». La droite en revanche a interprété le CPE comme « une volonté de moderniser le droit du travail ». Le député Philippe Auberger, tout en regrettant que l'accompagnement en matière de formation professionnelle ne soit pas davantage pris en compte, y voyait « une avancée essentielle ». Hervé Novelli, secrétaire d'État chargé des Entreprises et du Commerce extérieur dans le gouvernement Fillon, reproche à l'époque au CPE « de ne pas aller dans le sens d'un assouplissement du droit du travail ». Depuis des années, on ajoute au Code du travail des lois et des textes sans jamais rien retrancher à ce qui existe. On dépoussière ce code avec la précaution qu'on porterait à une porcelaine Ming. Les syndicats veillent. Le dépoussiérage effectué par Gérard Larcher, secrétaire d'État à l'Emploi dans le gouvernement Raffarin, fut si précautionneux qu'Ernest-Antoine Seillière, alors patron du Medef, lui avait fait porter un superbe plumeau dans un magnifique paquet-cadeau. Gérard Larcher avait supprimé le texte qui rendait les patrons responsables de la bonne tenue morale de leurs employés et il permettait une utilisation moins contraignante des charrettes à bras. La révision du Code du travail va être dans les mois qui viennent, et au même titre que les questions de la représentativité et du financement des syndicats, au centre des débats sur la réforme. Patronat et syndicats, gauche et droite vont participer de très près à ces débats.

Pour l'ensemble des syndicats qui font ici preuve d'une unité pratiquement sans faille, toucher au Code social est synonyme de précarisation des salariés, d'insécurité accrue, de flexibilité accordée aux entreprises au détriment de l'emploi de leurs salariés. Pour FO, comme pour la CGT, pour la CFTC comme pour la CGC, la CFDT et tous les autres, les articles du Code du travail sont aussi sacrés que les versets de la Bible pour un religieux. Or la plupart des spécialistes, de gauche comme de droite, estiment que cet empilage de textes a conduit à une organisation du travail qui met, comme dans le domaine de la fiscalité, la France en mauvaise posture par rapport à ses voisins. Flexibilité contre « fausse » sécurité, pourtant les résultats attestent l'échec de la méthode française. Seule la Grèce en Europe obtient de plus mauvais résultats en matière d'emploi que les nôtres. Le nombre des jeunes sans emploi est, on l'a vu, plus élevé que partout ailleurs, tandis que le nombre de seniors occupant un emploi est le plus faible du monde occidental. Deux Français sur trois ne travaillent pas au-delà de 55 ans.

Ces chiffres ont une signification : pendant des années la France a triché avec la démographie. Comme les juniors cherchant un travail étaient plus nombreux que les seniors partant à la retraite, on a poussé ces derniers à prendre une retraite anticipée. Une tricherie qui explique aujourd'hui les déficits de l'assurance-chômage, que les socialistes ont transformés en slogan politique : « Travailler moins », et que les syndicats ont érigés en acquis social. Le patronat y a vu un effet d'aubaine : on remplace la feuille de paie des anciens par celle des plus jeunes qui est nettement moins copieuse. Ce qui n'a pas empêché Jacques Chirac de déclarer : « Il ne faut pas brader le modèle social français parce qu'il est profondément adapté au monde d'aujourd'hui. » C'était deux mois avant son départ de l'Élysée.

Le Code du travail n'en finit pas d'enfler. De 1984 à 2004, il a augmenté de quarante pages par an et est passé de 1 800 à 2 664 pages. Le rythme a ralenti mais, en vingt ans, le Code a gonflé de 860 pages. Comme on ne retranche jamais, sinon à la marge, le Code du travail abonde en articles dont l'obsolescence laisserait le Père Ubu muet de surprise. Ainsi, « obligation est faite à toute entreprise française d'embaucher tout chômeur dès lors qu'il est père de famille avec trois enfants à charge ». On se demande vraiment, dans ces conditions, comment il peut y avoir du chômage en France. L'article L.224-3 stipule que les chefs d'établissement occupant plus de cent femmes de plus de quinze ans peuvent être mis en demeure d'installer dans leur établissement, ou à proximité, des chambres d'allaitement. Autre singularité : l'interdiction faite aux fonctionnaires de travailler en dehors de leur fonction, sauf s'ils sont malades. « Il est interdit à l'ensemble des fonctionnaires, agents et ouvriers des services publics de l'État d'exercer une autre forme de métier ou de fonction (...) sauf en cas de maladie (...) ils peuvent alors travailler dans le commerce tenu par leur conjoint pendant leur congé maladie si l'activité litigieuse pouvant être profitable au revenu du ménage ne caractérisant pas une rémunération. » Les travaux ménagers de peu d'importance effectués pour des particuliers sont également autorisés.

La précision avec laquelle le Code décrit l'attention qui doit être accordée aux portes et portails est digne d'une horloge helvétique. Leurs caractéristiques sont définies à l'article 232-1-2. Une demi-page pour déterminer dimensions et caractéristiques de la nature et de l'usage des pièces desservies en tenant compte des règles définies à la section 4. En tout six pages. Les établissements visés par la présente section (celle des dégagements) doivent satisfaire aux articles R232-12-2, R232-12-4, R232-12-5, R232-12-7. Sont ainsi précisés la largeur des marches et la longueur des escaliers ainsi que le mode de chauffage des locaux. Et s'il en est besoin, les ministres du Travail, de la Construction et de l'Agriculture peuvent prendre des arrêtés spécifiques. On peut se poser la question de savoir ce que le ministre de l'Agriculture a à voir dans la définition des marches d'escalier.

Avec les 35 heures, la précision du Code du travail tourne au délire textuel. Lorsque le port d'une tenue de travail est obligatoire, l'habillage et le déshabillage doivent être réalisés dans l'entreprise ou sur le lieu de travail. Ce qui relève du bon sens. On voit mal le scaphandrier quittant son domicile vêtu de son scaphandre ou une employée de Disneyland prenant le RER en costume de Blanche-Neige. Faut-il une loi pour apporter cette précision ? Une loi qui implique une « obligation de négocier » pour déterminer la nature et la quotité de la compensation. Une loi qui considère comme temps de travail effectif les temps des déplacements des vestiaires à la pointeuse et de la pointeuse à la salle de repos. Précision supplémentaire, le salarié peut faire ce qu'il veut de son temps de pause, y compris formuler des revendications sociales, sans en rendre compte à son employeur.

« Mais alors, que font les magistrats ? » se demande le Père Ubu. Eh bien, le juge doit notamment déterminer si le trajet entre le domicile et les différents lieux de travail où tel salarié exerce encore son activité déroge au temps normal de trajet d'un travailleur se rendant à son lieu de travail habituel. On comprend que les tribunaux souffrent d'encombrement. La France est le seul pays où la durée du travail, qui est une des plus courtes, est fixée par la loi jusque dans les plus infimes détails. Ainsi il a fallu deux pages du Code du travail pour définir le temps partiel.

Par une seule loi, le gouvernement Jospin a modifié les libertés économiques et sociales les plus élémentaires et notamment celle de pouvoir travailler autant qu'on veut si on le peut. Le gouvernement Jospin a promulgué cette loi sans la moindre étude d'impact. La seule justification de la loi des 35 heures était politique. Dans le même temps, le gouvernement Jospin se montrait incapable de coordonner les travaux des divers organismes qui s'occupent des problèmes d'emploi. La Cour des comptes, à de multiples reprises, a réclamé qu'un organisme extérieur à l'administration puisse « impulser, coordonner, évaluer les études ». C'est en avril 2005 que fut annoncée la naissance du COE (Conseil d'orientation pour l'emploi), composé de parlementaires et de partenaires sociaux, qui devait rendre compte au Parlement de l'impact des mesures prises pour l'emploi et prévoir les crédits nécessaires à cette évaluation. On croirait un sketch du regretté Raymond Devos.

La loi sur les 35 heures n'a jamais bénéficié d'une telle attention. « En dépit de l'importance des enjeux économiques, financiers et sociaux », très peu d'évaluation a été proposé sur la réduction du temps de travail, souligne la Cour des comptes dans son rapport 2007. L'Insee s'était montré d'une prudence de courtisan. L'institut avait bien mené une étude d'évaluation, mais pour conclure qu'il fallait se montrer très sceptique sur la possibilité d'effectuer une analyse complète des effets à moyen et long terme de la réduction du temps de travail. Difficile en effet pour une administration de dire au gouvernement qu'il se met le doigt dans l'œil. À l'époque, les Anglais avaient qualifié d'hérétique la loi sur les 35 heures, les Allemands proclamaient que c'était une excellente chose... pour l'Allemagne, tandis que les Italiens, qui étudiaient cette possibilité, l'ont depuis abandonnée. Pourtant, si l'Insee avait été un peu plus curieux, il aurait découvert ce qu'écrivait Patrick Artus, directeur de la recherche et des études de Natixis, dans un rapport publié en 2007 : « Des études menées depuis plus de dix ans dans plusieurs pays et fondées sur des dizaines de milliers d'observations montrent que l'idée selon laquelle la réduction du temps de travail crée des emplois n'a aucune validité empirique. À l'heure actuelle, aucune [le mot est souligné] étude sérieuse n'a démontré qu'une réduction du temps de travail se traduisait pas une création d'emplois. (...) les lois Aubry qui ont institué le passage au 35 heures ont vraisemblablement créé des emplois. Mais les études menées suggèrent aussi que ces créations sont dues aux réductions de cotisation sociale sur les bas salaires. (...) la réduction de la durée légale hebdomadaire n'a joué, au mieux, qu'un rôle marginal. »

Lionel Jospin et Martine Aubry ont installé les 35 heures, non seulement sans étude d'impact sérieuse, mais sans non plus de consultation préalable des élus ni de concertation avec les principaux intéressés que sont les chefs d'entreprise et leurs salariés. Ces derniers, du reste, n'étaient nullement demandeurs d'une diminution du temps de travail, à l'exception de la CFDT. L'idée avait été lancée pendant la campagne des législatives de 1995 par Dominique Strauss-Kahn. Aujourd'hui il dirige un organisme, le FMI, qui vient de condamner fermement la diminution du temps de travail. Le projet des 35 heures ne répondait alors qu'à un seul souci : satisfaire l'électorat de gauche. Le prédécesseur d'Ernest-Antoine Seillière au CNPF (avant qu'il devienne Medef) est reçu en septembre 1997 par Lionel Jospin à Matignon. Il a compris qu'il est difficile d'échapper aux 35 heures en dépit de tout le mal qu'il en pense. Mais il demande au Premier ministre de ne pas prendre une décision touchant tous les secteurs d'activité, de décider des 35 heures mais de laisser le soin d'en définir l'application aux différentes branches professionnelles. La réponse de Jospin est significative : « Vous m'avez ébranlé, il est possible que vous ayez raison et que, finalement, les 35 heures soient plus néfastes qu'utiles. Mais je suis Premier ministre et vous admettrez que pour moi les considérations politiques sont primordiales. C'est pourquoi je veux réfléchir. Mettez-vous à ma place, j'ai une majorité plurielle et un programme rédigé à la hâte, ce n'est pas moi qui ai dissous l'Assemblée ! Je viens de refuser, provoquant une réaction très violente d'une partie de ma majorité, d'abroger les lois Pasqua sur l'émigration. Et je suis bien obligé, pour des raisons que vous comprenez mieux que moi, de privatiser en partie France Télécom. Or nous avions promis de ne pas privatiser. De plus, je suis contraint de poursuivre la privatisation des AGF et du GAN. Ces décisions qui dépendent des engagements européens de la France nous font déroger à nos propres engagements politiques. Et vous voudriez que sur le projet des 35 heures, qui a une résonance idéologique considérable au PS, chez les Verts et, à un moindre degré, au Parti communiste, j'annonce qu'il n'y aura pas de loi ? Vous vous rendez compte dans quelle situation politique je me trouverais si je prenais une telle décision [1] ? »

Le plus piquant de l'affaire est que Martine Aubry était – comme Dominique Strauss-Kahn (qui avait cependant proposé cette mesure tout en sachant qu'elle était mauvaise) – un adversaire résolu d'une diminution du temps de travail. En septembre 1991, Martine Aubry, au Zénith de Paris plein à craquer de militants CFDT qui la sifflaient à tout rompre, déclara : « Je ne crois pas qu'une mesure généralisée de réduction du temps de travail créerait des emplois. Alors que les syndicalistes européens abandon-

1. Propos rapportés dans Jean Bothorel et Philippe Sassier, *Ernest-Antoine Seillière : le baron de la République*, Paris, Éditions Robert Laffont, 2001.

nent, les uns après les autres, ce vieux miroir aux alouettes, le PS s'y accroche. » Martine Aubry tint bon. « Il n'est pas responsable de parler des 35 heures », déclara-t-elle en Conseil des ministres en février 1993.

Quatre ans plus tard, changement de cap, virage à 180°, elle va défendre ce projet avec une hargne idéologique qui lui vaudra le surnom de « mère emptoire ». Elle va accoucher d'un monstre législatif de 44 pages au *Journal officiel*, 37 articles, 12 décrets suivis de 2 circulaires comptant respectivement 165 et 25 pages. Avaient-ils le moindre respect pour les citoyens, ceux qui ont rédigé ces textes ? Habituellement le législateur fixe les principes fondamentaux et laisse les détails aux décrets. Ils ont fait l'inverse.

En février 2000, une blague courait chez les juristes : « Si la circulaire de la loi Aubry n'est pas encore publiée, c'est que le texte est si compliqué que même les conseillers de la ministre ne s'y retrouvent pas. » Un avocat déclarait que, lui, ses confrères et les juristes spécialisés avaient du travail pour dix ans. Bien vu. Depuis, toutes les entreprises sont constamment à la limite de la légalité. En janvier 2008, onze facteurs du Tarn ont entamé une procédure contre La Poste pour que soit reconnue leur demande de comptabiliser dans le temps de travail leur temps d'habillage et de déshabillage, soit six minutes par jour de préparation vestimentaire. Le conseil des prud'hommes d'Albi leur a donné raison. Si cette décision fait jurisprudence et est étendue aux cent mille facteurs français, il en coûtera, affirme la CGT, 300 millions d'euros à La Poste.

Le rôle des juges dans la vie sociale est majeur. Les lois sont nombreuses, imprécises et changeantes et leur interprétation judiciaire importante. Environ deux cents pages du Code du travail sont modifiées chaque année. Personne ne s'y reconnaît et les syndicats eux-mêmes, lorsqu'ils sont employeurs, s'égarent dans des textes qu'ils ne savent pas interpréter. Depuis une vingtaine d'années, l'interprétation de la loi permet aux juges d'être les arbitres au quotidien de la vie des entreprises. « 30 % des litiges sociaux proviennent de l'interprétation des lois », affirme Jean-Paul Delevoye. Selon le ministère de la Justice, un licenciement sur quatre se termine devant les prud'hommes qui, pratiquement dans deux cas sur trois, donnent raison au salarié. C'était pour inciter les employeurs à embaucher sans crainte de contentieux au moment de la rupture du contrat que le CNE avait instauré un contrat excluant tout contentieux au cours des deux premières années d'embauche.

Les exemples abondent en ce qui concerne les décisions de justice. En décembre 2007, la direction de GDF saisit le tribunal de grande instance de Paris au motif que les syndicats bloquent la fusion de l'entreprise avec Suez, décidée deux ans plus tôt. L'Élysée a donné son feu vert en juillet 2007 mais le feu rouge syndical bloque tout, malgré plusieurs dizaines de réunions, deux mille pages de documentation, et alors même que l'avis des centrales syndicales n'est que consultatif. La bataille de l'énergie prend de l'ampleur en Europe, il faut une taille critique pour discuter avec des mastodontes comme Gazprom. Les syndicats de Suez ont donné leur accord et GDF estime qu'il manque toujours d'informations. Le 22 janvier 2008, le tribunal de grande instance de Paris déboute GDF et donne raison à ses syndicats en réclamant, notamment, une description plus précise du futur siège social GDF/Suez, « sa situation physique et juridique, sa capacité d'accueil, ses potentialités ».

Contrairement à l'élu qui vote et parfois propose des lois, le magistrat qui les fait appliquer n'a de comptes à rendre à personne. « Il y a une délégation en cascade de la souveraineté populaire », souligne le bâtonnier Yves Repiquet. Au Canada, les débats sur cette délégation en cascade ont conduit à poser une question : si les magistrats décident, à quoi servent les députés ?

« Les syndicats ont fait du droit un outil de revendication sociale depuis la fin des années 1970 et ont décidé de développer une stratégie judiciaire en parallèle avec les manifestations et les grèves », explique Me Marie Alice Jourde, spécialiste en droit social. Sa consœur, Me Dominique de La Garanderie, bâtonnier de l'ordre des avocats à la cour d'appel de Paris, précise que « les syndicats ont su s'entourer de juristes et d'avocats d'excellente qualité, [qu']ils ont multiplié congrès et colloques avec des magistrats et juristes réputés et convaincu un certain nombre de ces magistrats de la justesse de leur cause. Les juges, souvent persuadés qu'il existe un profond déséquilibre entre patrons et salariés, estiment qu'il leur appartient de rétablir l'équilibre en faveur de ces derniers ». Le problème majeur posé par cette vision de la société est qu'à partir d'un cas particulier on crée une jurisprudence dont l'application est générale. En novembre 2007, le tribunal d'instance de Puteaux donnait raison à la CGT sur l'incorporation dans les effectifs de la direction informatique et des télécommunications d'EDF-GDF de salariés travaillant pour l'entreprise mais appartenant à des entreprises qui lui sont externes. Il s'agit, lors d'une consultation à l'intérieur de l'entreprise (élection au comité d'entreprise, par exemple), de faire voter en même temps que les salariés permanents d'EDF-GDF ceux qui y travaillent en mission temporaire. Là aussi, s'il y a jurisprudence elle débouchera sur une modification dans le fonctionnement des entreprises.

Actuellement, les entreprises font face à une prolifération d'abandons de poste. Absent de son poste pendant plusieurs jours, un salarié est licencié pour faute grave. Il obtient ainsi les indemnités de chômage qu'il ne percevrait pas s'il avait donné sa démission. Dans *Le Figaro*, Me Franceline Lepany, avocate de la CFDT, reconnaît qu'il y a des dérives dans les procédures actuelles : « Le virus de l'argent qui touche de plus en plus de salariés perturbe aujourd'hui les procédures conçues pour contrecarrer les comportements d'entreprises malveillantes. »

Un bel exemple d'intervention des juges concerne la téléréalité en général et « L'Île de la Tentation » en particulier. La cour d'appel de Paris a requalifié, le 12 février dernier, les contrats d'Antony, Marie et Arnaud en CDI. Une décision importante. En effet, « le principe de ces jeux-concours est qu'il y a une dotation en gain potentiel mais pas de rémunération pendant le tournage des séquences », explique le producteur Gaspard de Chavagnac. Pendant toute la durée du tournage, les candidats ne touchent pas un sou, mais il y a un gros lot à encaisser pour les seuls vainqueurs. En requalifiant en CDI les contrats des trois candidats, la cour d'appel peut bouleverser de fond en comble le mécanisme financier de la téléréalité. Une jurisprudence étant rétroactive, ce sont des dizaines et des dizaines de candidats de « Kho Lanta » à « Pop Stars », du « Bachelor » aux « Volontaires » qui peuvent se précipiter à leur tour devant les tribunaux pour réclamer une requalification active de leur contrat. Il y a en jeu un « gros paquet » de millions d'euros. Inutile de préciser qu'à TF1 comme ailleurs on suit l'affaire de près.

Ce sont les magistrats qui, sous pression syndicale, ont porté l'estocade aux textes instituant le CNE et à la loi sur l'égalité des chances de Dominique de Villepin. En juillet 2007, la cour d'appel de Paris a mis en cause la conformité du CNE (contrat de nouvelle embauche). Alors que l'angoisse de perdre son emploi n'est en rien atténuée par la rigidité d'une protection sociale unique au monde, qui n'empêche ni le chômage, ni la précarité, ni le désarroi des plus jeunes et des moins qualifiés, alors que les débats sur la flexibilité ou la flexisécurité à la danoise se multiplient depuis des mois et alors que le CNE plaisait aux petites et très petites entreprises et donnait lieu à environ 30 000 embauches par mois, la cour d'appel écrit sans sourciller : « Il est pour le moins paradoxal d'encourager les embauches en favorisant les licenciements. » FO se réjouit : les salariés victimes d'une rupture de CNE pourront aller devant les prud'hommes. Mieux vaut huiler les portes des tribunaux que celles des entreprises. Augmenter le nombre de pages du Code du travail paraît plus important que diminuer le nombre de chômeurs. La plupart des juges n'ont jamais mis les pieds dans une entreprise.

Et voici comment un magistrat s'est fabriqué une jurisprudence à sa mesure. Désirant licencier sa femme de ménage, un conseiller à la Cour de cassation découvrit que la loi prévoit un entretien préalable de licenciement qui doit se dérouler sur le lieu de travail, soit, dans le cas présent, le domicile du magistrat. Celui-ci découvrit également que « l'employé peut se faire assister d'un délégué syndical ». Intrusion intolérable. Le magistrat profita d'un litige similaire qu'il avait à juger pour déclarer qu'en pareil cas la présence d'un délégué syndical n'est pas nécessaire... et appliqua à son cas cette jurisprudence. Étonnement de ses confrères, ce qui obligea le magistrat à faire machine arrière et à promettre de s'en tenir à la jurisprudence antérieure.

Comme le chien qui mord, l'ascenseur qui se décroche ou le pédophile qui récidive, tout licenciement peut donner naissance à un nouveau texte. On réforme dans l'urgence et à partir d'un cas particulier qui va déboucher sur un texte de portée générale. Après ce qu'on a appelé l'« affaire Michelin » en 1999, Lionel Jospin avait mis en chantier la loi de modernisation sociale qui durcissait encore plus les modalités de licenciement. L'actuel conseiller pour les Affaires sociales de Nicolas Sarkozy, Raymond Soubie, avait dénoncé cette situation, en 2002, dans le numéro du magazine *Challenges* qui traitait de la qualité de l'accueil fait en France aux entreprises étrangères. Sous le titre « Le charme français a vécu », il écrivait : « Chacun peut se faire quelque souci à propos de la situation de l'emploi dans les prochaines années. (...) déjà notre pays avait la réputation d'avoir un droit social compliqué, contraignant et incertain, résultant des strates alternées de lois et de décisions de jurisprudence et de règles fiscales à l'évolution imprévisible. L'application au pas cadencé des 35 heures puis la loi sur la modification sociale renforçant les contrôles sur les licenciements économiques ont conforté l'idée, déjà largement répandue, que l'exception française entraînait trop de contraintes pour les états-majors des groupes internationaux. » Il y a deux ans, Christine Lagarde avait fait scandale en déclarant qu'il fallait réformer le Code du travail. *Le Figaro* lui a demandé si elle maintenait ce propos. « Je le pense toujours, a-t-elle répondu, et me réjouis que le président de la République ait décidé de rouvrir ce chantier. C'est la démarche qui est actuellement à l'œuvre entre les organisations patronales et les organisations syndicales. J'espère qu'elle aboutira. » On admirera la prudence de madame la ministre. Depuis un bon moment Zazie ne dit rien mais elle chantonne : « À la pêche aux moules, moules, moules... ». Son oncle lui répond : « Mais tu sais, Zazie, c'est très surveillé. »

À la pêche aux moules, moules, moules...

Je n'veux plus aller, maman.
Les gens de la ville, ville, ville.
Font trop d'règlements, maman !

Les lois, interdictions et règlements se sont insinués dans les moindres recoins de notre vie privée comme dans les moindres recoins des rochers où, à marée basse, on ramasse des crevettes ou des petits crabes, où l'on creuse le sable pour y chercher des coques et y trouver parfois des praires. Il arrive que les plus hardis mettent la main sur des tourteaux et les plus chanceux – c'est beaucoup plus rare – sur un homard. Si vous décidez de vous lancer dans cette aventure, simple et familiale, qu'est la pêche à pied, munissez-vous bien sûr d'une épuisette, d'une pelle, d'une tige de fer se terminant par un crochet et, surtout. surtout, n'oubliez pas votre code.

La pêche à pied professionnelle fait l'objet d'une réglementation très précise depuis Napoléon III. C'est tout à fait normal puisque des familles entières, de nos jours de moins en moins nombreuses, en vivent. La réglementation de la pêche ludique, celle des crevettes des trous d'eau de notre enfance, est en passe de rattraper celle de la pêche professionnelle. Avant de courir vous acheter les ustensiles adéquats, faites un détour par Internet où, au début de l'année 2008, on pouvait consulter sur le site *ad hoc* quelque 48 300 références concernant la réglementation de la pêche à pied. Bien évidemment, Bruxelles se préoccupe de la taille des poissons, coquillages et autres crustacés susceptibles de garnir votre épuisette et a déterminé cette taille dans le règlement CEE n° 3094 /86 du 7 octobre 1986. Attention où vous mettez vos bottes ou vos sandales en plastique, ce règlement ne concerne que les bords de l'Atlantique au sud du 48e parallèle, quelque part entre Bordeaux et La Rochelle, mais pour plus de précisions le sextant est recommandé. Au nord de ce 48e parallèle, d'autres réglementations ont cours. L'Europe est devenue la surveillante en chef de tout ce que les familles peuvent pêcher, mais les régions, les départements, les syndicats de pays et les communes édictent leurs propres règles. Quelques exemples : la Direction départementale des affaires maritimes de la Manche précise qu'elle autorise la pêche du maquereau, du chinchard, de la truite de mer, de l'orphie et du saumon à l'aide de la senne à mulets, de la plie à l'aide de la bichette et du haveneau mais que, heureusement, le mulet peut se pêcher à la bichette à corne (dictionnaire, siou'plaît). En baie de Veys, la pêche des salmonidés est autorisée entre la limite de sature des eaux fixée par les décrets du 4 juillet 1853 et du 27 mars 1987 et l'alignement point A : 49° 16' 65'' N – 000° 13' 70'' W point B : 49° 16' 95'' N – 000° 13' 35'' W. Quand vous aurez remis votre sextant dans sa boîte, vous découvrirez que « cette réglementation ne s'applique pas aux Minquiers et aux Ecréhous, sites sous juridiction jersiaise ».

La ville de Roscoff se montre très pointilleuse en ce qui

concerne le ramassage du « sourdon ou hénon, de son vrai nom la bucarde », qui est en fait une coque. Des critères très précis concernant ce ramassage ont été édictés.

Si cette lecture vous rebute et que vous décidez de laisser tomber filets, pelles et râteaux, vous pouvez toujours, pour les consoler, offrir des glaces ou des crêpes à vos enfants après avoir lu le Code de la consommation (1 774 pages, 62 euros), visiter la région muni du Code du tourisme (774 pages, 69 euros), pratiquer un sport après vous être plongé dans le Code du sport (1 152 pages, 58 euros). Il y a, vous le savez, 62 codes qui attendent votre lecture, et après les vacances il vous faut vous plonger dans le Code de l'éducation (1 729 pages, 69 euros) pour préparer la rentrée scolaire. Au total, vous pouvez mettre sur votre table de nuit quelque 100 000 pages de codes divers, vous êtes certain de trouver le sommeil.

Comme pour la pêche à pied, le législateur considère l'activité de brocante sous deux aspects, celui du brocanteur professionnel – rigoureusement réglementé – et celui du vide-grenier familial. Une activité qui se développe avec vigueur en France depuis vingt ans, qui attirerait entre 1 million et 1,5 million d'adeptes, et qui consiste, notamment dans les villages et petites villes, à permettre aux particuliers de vendre eux-mêmes les objets dont ils veulent se débarrasser. Sur le trottoir devant chez eux ou sur des terrains municipaux ou paroissiaux, ils déballent leurs objets qui vont du moulin à café au verre rapporté par tante Louise de Lourdes et du microsillon d'André Claveau à la cuillère à bouillie de leur enfance. Il n'y a bien évidemment pas d'impôt et pas de TVA sur le prix de tous ces objets. C'est un véritable espace de liberté pratiquement unique dans notre vie si contrôlée. Les professionnels se sont plaints de cette concurrence dominicale et familiale qu'ils jugent déloyale. Certains particuliers en auraient fait leur métier et n'acquitteraient donc aucune taxe. Démarrant au quart de tour, les fonctionnaires du ministère des Petites et Moyennes Entreprises, du Commerce, de l'Artisanat et des Professions libérales (on se croirait dans une brocante) se sont émus de ce vide juridique grave dans lequel s'organisent les vide-greniers, ruraux pour la plupart. Qu'on puisse encore librement étaler ses fonds de grenier, s'en est trop. Il y a certainement des abus et une surveillance plus attentive est peut-être nécessaire. Mais le ministère cité plus haut a frappé fort et on peut se demander si le titulaire de l'époque, Renaud Dutreil, a lu les textes que lui avaient préparés ses services avant d'apposer sa signature au bas de la circulaire du 13 avril 2006.

Celle-ci commence par rappeler les règles et textes principaux qui se sont ajoutés au fil des ans et qui concernent brocantes et vide-greniers. Une liste impressionnante, soit :

– deux articles du Code du commerce,
– le Code pénal,
– le Code de consommation,
– trois lois,
– deux décrets,
– une circulaire.

Au train où vont les choses, l'organisation d'un vide-grenier va devenir aussi compliquée que celle d'un rallye automobile. L'organisateur doit déposer une demande d'autorisation auprès du préfet, demande comportant un certain nombre de pièces. Dans certains cas, « un extrait du plan cadastral portant identification des parcelles adjacentes au lieu de vente » est à fournir. On se demande en quoi les « parcelles adjacentes » sont ici nécessaires. Le texte précise que si l'autorité saisie est incompétente, la demande et les pièces jointes doivent être transmises... à l'autorité compétente. Vous avez compris : si vous adressez votre demande au général commandant la région militaire, celui-ci devra avouer son incompétence et transmettre votre requête au préfet. La circulaire reprend un amendement parlementaire introduit à l'article 21 de la loi du 2 août 2005 en faveur des PME : « Les particuliers non inscrits au Registre du commerce et des sociétés sont autorisés à participer aux ventes au déballage en vue de vendre exclusivement des objets personnels et usagés, deux fois par an au plus, à condition qu'ils aient leur domicile ou leur résidence secondaire dans la commune, l'intercommunalité ou l'arrondissement départemental ou, pour les villes de Lyon, Marseille et Paris, dans l'arrondissement municipal siège de la manifestation. Les modalités d'application du présent alinéa sont fixées par décret en Conseil d'État. » Dans notre société, eh oui, le Conseil d'État doit se préoccuper de la vente de votre cafetière usagée...

Et, comme d'habitude, les lois les plus complexes sont les plus faciles à contourner. C'est le cas notamment de cette obligation de résider à l'endroit où se tient le vide-grenier. Un ami demeurant dans la commune en question peut faire enregistrer une inscription à son nom et vous laisser œuvrer par la suite. Cela est bien évidemment valable pour toutes les communes où vous ne possédez ni domicile ni résidence secondaire. La circulaire admet que cette réglementation pose un problème pour les « ventes au déballage d'ampleur régionale, voire nationale, comme les grandes braderies, ou pour les ventes au déballage se situant à la frontière de plusieurs arrondissements départementaux ou municipaux ». Aussi « un complément législatif est envisagé après concertation avec les parlementaires, les professionnels concernés et les organisateurs de vide-greniers ». On attend donc une nouvelle loi ou circulaire.

Les administrations ont l'art de transformer en casse-tête juridique les loisirs populaires les plus simples. Bien sûr qu'il faut des lois, des règlements et une discipline. Mais ne peut-on laisser aux citoyens le soin d'utiliser leur imagination ou leur courage, leur intelligence ou leur liberté de décider ? Fallait-il pour surveiller les vide-greniers en arriver à un texte aussi long, précis et probablement inefficace ? « On gouverne mal, quand on gouverne trop (...) l'office de la loi est de nous protéger (...) mais pas de nous dispenser de faire usage de notre propre raison. S'il en était autrement, la vie des hommes, sous la surveillance des lois, ne serait qu'une "longue et honteuse minorité"... » C'est ce qu'écrivait, en 1804, Jean-Étienne-Marie Portalis, le père du Code civil napoléonien. Il ajoutait : « Il faut présumer le bien quand le mal n'est pas prouvé. » Aujourd'hui nous pratiquons cette maxime dans le sens inverse.

L'administration se prend à ses propres pièges et ne sait plus parfois comment sortir des règles qui ont été fixées. C'est le cas pour le lundi de Pentecôte. Après la canicule de l'été 2003 qui a entraîné la mort de quinze mille personnes, Jean-Pierre Raffarin, alors Premier ministre, a voulu apporter une réponse rapide et juridico-médiatique à l'émotion qui secouait les Français. S'inspirant du modèle allemand et, comme toujours, sans aucune étude d'impact, il décida de supprimer un jour férié et d'offrir le produit de ce travail supplémentaire aux personnes âgées dépendantes. On attendait 2 milliards d'euros de recettes de cette mesure. Le ministre du Travail de l'époque, François Fillon, eut beau traîner les pieds, la loi fut votée en juin 2004 et appliquée, pour la première fois, à la Pentecôte 2005. Et les problèmes ensuite de s'accumuler. Non seulement cette loi était inégalitaire, car elle touchait les seuls salariés, mais elle était difficile à appliquer et les chefs d'entreprise le firent dans le désordre. Certains se contentèrent de payer la taxe de 0,3 % sans contrepartie des salariés ; d'autres, comme la SNCF, rajoutèrent deux minutes et trente secondes à la journée de travail, tandis que l'administration et la majorité des PMI déclarèrent le lundi de Pentecôte ouvré, ce qui non seulement heurtait les habitudes mais supprimait *de facto* des événements traditionnels comme la Féria de Nîmes, le pèlerinage de Chartres ou bien la fête annuelle de Lutte ouvrière. Le 29 janvier 2008, le ministre du Travail, Xavier Bertrand, déclarait qu'il allait donner « plus de souplesse au système ». Matignon a confirmé le maintien du principe d'une journée de solidarité mais qui serait, dès cette année, dissociée du lundi de Pentecôte qui redevient jour férié. Le choix d'un autre jour a été reporté après les élections municipales de mars 2008.

Petit à petit, c'est toute notre vie qui est saisie à la gorge, toute notre capacité d'initiative qui est brimée, toute entreprise qui est encadrée. Les attentions législatives réglementaires se multiplient et le principe de précaution permet d'imaginer toutes les restrictions et toutes les interdictions. Un jour, ce sont les pompiers qui menacent d'annuler un spectacle en plein air... parce que les issues de secours ne sont pas suffisamment bien indiquées. « Nourrir des enfants ou des personnes âgées en collectivité demande de suivre une liste de recommandations plus contraignante que celle imposée à un pilote de Boeing 747 avant le décollage », écrivait *Le Point* du 28 juin 2007. Ainsi la cantinière de l'école d'un petit village d'Auvergne, qui apportait les œufs de ses poules pour en faire profiter les enfants, s'est vu interdire de continuer ce « dangereux trafic » car la directrice de l'école et les parents craignaient un contrôle. On lui permet tout de même d'apporter ses fruits et ses légumes. Mais en principe c'est interdit, la nourriture industrielle doit être le lot de tous.

Si l'Éducation nationale mettait autant d'ardeur à apprendre à lire, écrire et compter aux enfants qu'elle en met à surveiller ce qu'ils mangent et boivent, la France serait couverte de petits génies au lieu de porter le bonnet d'âne dans tous les classements internationaux concernant l'enseignement. En tout cas, le « mammouth » prend davantage soin de ce qui entre dans leur tube digestif que de ce qui nourrit leur cervelle. Pour la sécurité alimentaire des élèves, l'Éducation nationale a opté pour les normes HACCP (Hazard Analysis Critical Control Point), un processus mis au point par la Nasa pour assurer le confort intestinal des astronautes en apesanteur. Sachez donc que nos chères têtes brunes et blondes bénéficient de la même technologie gastronomique. Comme l'écrit Sophie Coignard : « ça ne s'invente pas ». Imaginez la scène : la cantinière du petit village d'Auvergne, celle dont nous venons de parler, est face à son fourneau, aussi tendue qu'un coureur de grand prix automobile au moment du départ. « Paré à l'enfournage », lance la directrice. « Oui, m'dame », répond la cantinière. « Check-up Nasa, reprend la directrice :

– analyse des dangers,

– détermination des points critiques,

– fixation des seuils critiques,

– élaboration d'un système de traçabilité,

– détermination des mesures correctrices à prendre,

– application des procédures de vérification afin de confirmer que le système HACCP fonctionne,

– constitution d'un dossier regroupant toutes les procédures. »

Et c'est parti pour le gratin de choux-fleurs. Ubu en bégaie. Et lance des « cornegidouille » à répétition. Zazie, morte de rire, lance au ministre de l'Éducation nationale : « Hé, Xavier Darcos, elle est bonne la soupe ? » Et le ministre de répondre : « Peut-être pas, mademoiselle, à l'école le code l'emporte sur le livre de recettes. » Le Code rural, plusieurs textes du ministère de l'Agriculture et des règlements du Parlement européen prescrivent les ingrédients législatifs de la poule au riz du jeudi. Lorsqu'on lit (rarement) dans les journaux que les élèves d'une école ont été intoxiqués, on peut être sûr que les bactéries fautives avaient suivi un entraînement de commando.

La baignade est tout aussi contrôlée que le déjeuner. En 2003, deux circulaires, dont l'une contredisait l'autre, ont fixé les règles applicables aux parents accrédités à accompagner les chers petits à la piscine. On leur demande tout simplement de ne pas couler à pic immédiatement après s'être mis à l'eau et de parcourir vingt-cinq mètres à la nage. Pas plus. Ce certificat de maître-nageur parental est cependant provisoire et, après trois ans, les parents doivent prouver qu'ils flottent toujours.

Dans son livre *Arrêtez d'emmerder les Français, il y a trop de lois idiotes dans ce pays*, déjà cité, Thierry Desjardins recense les textes que nous sommes censés connaître. Dans une conférence récente, il a remis ses comptes à jour et en a totalisé 590 000, dont 180 000 décrets et arrêtés et 400 000 règlements. Depuis cette conférence, il y a un an, quelques milliers de textes sont venus s'ajouter à cette somme. La liste est faramineuse, mais ces textes « sortent des bureaux de l'administration, des bureaux anonymes, clandestins, irresponsables puisque personne ne sait qui les a écrits ». Dans une proportion d'environ 98 % ils n'ont pas été discutés à l'Assemblée nationale. Quand l'administration ne sait plus très bien quoi faire, elle pond des règlements, nous a déclaré l'ancien ministre délégué au Budget Alain Lambert. Nous en avons ici une preuve. Au cours de l'année 2006, la direction de la Sécurité sociale a publié 700 textes ; pour la même année, les décrets, circulaires, règlements du ministère de l'Éducation nationale ont nécessité pas moins de 11 000 pages du *Bulletin officiel* de ce ministère. Aucun des exemples ne manque de sel. Il vous est interdit, dans une offre d'embauche, de préciser le sexe de la personne que vous voulez employer. Une interdiction destinée à mettre en pièces la « discrimination sexiste ». Oui, mais si vous voulez monter *Cyrano de Bergerac*, si vous cherchez quelqu'un pour présenter une robe de mariée, ou bien pour servir de modèle à Vénus, que faire ? Rassurez-vous, ce sont les trois seuls cas pour lesquels vous pouvez préciser le sexe requis. Mais avec les lois, rien n'est jamais simple. Un homme qui s'est présenté à une annonce passée pour recruter des hôtesses de l'air, a été éconduit. Il a fait un procès. Il l'a gagné.

En Haute-Savoie, une dizaine d'habitants d'Annecy décident un jour de restaurer les refuges de montagne qui étaient dans le temps destinés à abriter les bergers. La restauration se fait à l'ancienne et avec des matériaux nobles dont le coût élevé fut atténué grâce à des aides de l'Europe, de plusieurs ministères et du département. Stupéfaction du fonctionnaire qui est venu inspecter ces refuges, avant de donner l'autorisation de les ouvrir au public : les portes d'entrée ouvraient vers l'intérieur et non pas vers l'extérieur, comme c'est désormais obligatoire dans les lieux publics pour s'échapper rapidement en cas d'incendie. Le refus signifié par l'inspecteur ne pouvait pas être pris en compte. En effet, en haute montagne, les portes doivent ouvrir vers l'intérieur parce qu'en cas de chute de neige elles seraient bloquées. On pourrait continuer à enfiler les perles de ce genre.

Nous n'avons plus le droit de fumer, de boire, de rouler vite, de pêcher la crevette, de vendre le service à thé de grand-mère sans obéir à des lois de plus en plus strictes dont certaines, c'est vrai, se justifient parfaitement. Mais va-t-on nous laisser le droit de rire, de nous moquer, de critiquer, de caricaturer ? Ah, le vilain mot ! « Caricature » comme « libéralisme », « liberté » et « flexibilité » donnent de l'urticaire à nos hommes politiques. À croire qu'ils n'ont jamais lu *Le Canard enchaîné* ni entendu parler de *L'Assiette au beurre* ou de *Charivari*. Éric Raoult, député de Seine-Saint-Denis, a déposé une proposition de loi visant à interdire la banalisation du blasphème par voie de caricature, en rajoutant le mot « caricatures » après les termes « écrits, imprimés et dessins dans les articles 23 et 29 de la loi de 1881 » de manière à ce que la caricature puisse être assimilée aux « crimes et délits commis par voie de presse ». Jean-Marc Roubaud, député du Gard, proposait, pour sa part, d'interdire « tout discours, écrit, imprimé, dessin ou affiche portant atteinte au fondement des religions ». Petit à petit, on ne pourra plus parler des religions qui méprisent les droits de l'homme, de celles qui ont pratiqué des sacrifices humains ou qui prévoient toujours la peine de mort par lapidation. À ce train-là, le fameux slogan de Mai 68 « Il est interdit d'interdire » n'aura plus aucune raison d'être : il n'y aura plus rien à interdire.

Un autre député, Christophe Masse (il a été battu en 2007), qu'aucun lieu commun ne rebute, constate que la France s'urbanise depuis la moitié du XIXe siècle. Cela signifie des logements, des équipements, des infrastructures publiques mais aussi la perte du contrôle de leur environnement par les « urbanisés ». Dans une proposition de loi déposé en mars 2007, il envisage la création d'un « observatoire de la vie urbaine » qui aura son mot à dire lors de la délivrance d'un permis de lotir. Il sera composé de représentants de la commune ou communauté de communes, du conseil régional, du conseil général, des services publics de transport, de poste, de santé et de police du quartier concerné. Objectif : s'assurer que tous ces services suivront la réalisation immobilière projetée. Alors que de tous côtés des voix s'élèvent pour demander que la simplification du permis de construire soit accélérée, voilà une proposition qui ajoute un échelon décisionnaire supplémentaire. En effet, « la décision prise par l'Observatoire de la vie urbaine n'est susceptible d'aucun recours »... Ce qui est contraire à tous les principes du droit dans toutes les démocraties.

Les femmes enceintes d'une façon générale, et les fœtus en particulier, excitent de plus en plus les envies législatives. Mais qu'est-ce qu'on peut trouver à leur interdire ? Eh bien, le député Jacques Godfrain a déposé une proposition de loi visant à interdire aux femmes enceintes de fumer et de consommer de l'alcool... « À partir du moment où il y a danger pour le fœtus, la société se doit de le protéger et l'expression de la société, c'est la loi. » Mais comment s'assurer que la future maman observe la loi ? En dépêchant un observateur dans chaque foyer en attente d'un heureux événement ?

La protection de la langue française suscite également une vigoureuse émulation. Le sénateur de l'Oise, Philippe Marini, a proposé de compléter la loi du 4 août 1994 relative à l'emploi de la langue française en imposant l'utilisation du français dans les messages informatiques, dès lors qu'ils ne sont pas exclusivement conçus pour des personnes de nationalités autres que françaises. Là aussi un gendarme derrière chaque ordinateur. Les morts ne sont pas oubliés et Paulette Guinchard, députée de la Nièvre, a proposé en mai 2007 d'instituer des « funérailles républicaines ». Il s'agit de « décomplexer la mort ». Des lois de 1887 et de 1996 permettent à tout citoyen d'être inhumé de façon civile et non selon des rites religieux. Mais en Europe, 70 % des funérailles sont religieuses. Et les 30 % restantes ? Si vous n'êtes pas ancien ministre, ancien footballeur au pied magique, ancien député, cycliste aux mollets d'acier, chanteur à la voix de velours ou actrice aux yeux du même tissu, votre mise en terre sera aux obsèques ce que le MacDo est à un dîner de Paul Bocuse, privée de toute « solennité institutionnelle », déplore Mme Guichard. Alors oui, oui, oui à une loi « pour rétablir la dignité de la personne humaine » en établissant un rite républicain, c'est-à-dire célébré, faute de curé, par un représentant de la commune, adjoint au maire ou conseiller si le premier magistrat est absent. Ainsi « tout individu pourra s'en aller après un dernier salut officiel de la Nation ». Seulement voilà : en 2007 il y a eu 16 892 décès rien qu'à Paris, les cimetières parisiens sont éloignés les uns des autres, les Parisiens se font souvent enterrer en province. Il faudrait créer une bonne cinquantaine de postes de conseillers de Paris chargés uniquement des funérailles républicaines. Et dans les petites communes où se perpétuent des haines cuites et recuites au long des années, que se passerait-il si le maire et ses adjoints refusaient, par animosité politique par exemple, de se rendre à un enterrement ? Comment les y contraindre ? Et que faire du corps en attendant qu'une décision soit prise ?

Faut-il proposer une loi pour que les anciens combattants puissent, comme les grands mutilés civils et militaires, recevoir une carte les dispensant de payer l'entrée dans les musées... et de compenser la perte de recettes des musées par la création d'une taxe additionnelle sur les tabacs ? Une cinquantaine de députés ont voté cette résolution. Avec la Constitution de 1958, le Parlement ne peut plus adopter de résolutions, alors il se tourne vers le passé. Tout commence le 29 janvier 2001 par la loi 2001-70 d'une brièveté exemplaire : « La France reconnaît publiquement le génocide arménien. » Les Turcs en sont encore à tenter de digérer leur turban et la porte est ouverte à la bonne conscience historique et collective. Quatre mois plus tard, la France reconnaît par la loi que la traite et l'esclavage sont des crimes contre l'humanité. Un coup à gauche avec les esclaves et un coup à droite avec les colons. La Nation exprime sa reconnaissance aux femmes et aux hommes qui ont participé à l'œuvre accomplie par la France dans les anciens départements d'Algérie, au Maroc, en Tunisie et en Indochine ainsi que dans les territoires placés antérieurement sous la souveraineté française. Le cocorico législatif déclenche un joli chahut sur les bancs du Palais-Bourbon et une tempête sous les crânes universitaires. Le 12 décembre 2005, un groupe d'historiens réclame l'abrogation de ces lois qui « ont restreint la liberté de l'historien [et] lui disent, sous peine de sanctions, ce qu'il doit chercher et trouver ». Comme d'habitude, pas d'étude d'impact. Et comme d'habitude on termine par là où l'on aurait dû commencer : la création d'une « commission pluraliste pour évaluer l'action du Parlement dans les domaines de la mémoire et de l'histoire ». Ce n'est pas un canular. Avant de connaître les conclusions de cette commission, le gouvernement Villepin a transformé la bombe en pétard mouillé, faisant appel pour cela à l'artificier de service législatif : le Conseil constitutionnel qui, le 31 janvier 2007, déclassa les dispositions contestées. Moins de deux mois plus tard, c'était reparti avec le groupe communiste.

Celui-ci déclara, en février 2007 : « La France doit ouvrir les yeux sur le génocide. Sans oublier ses propres responsabilités historiques. Nous considérons que la France, placée au cœur de ce drame, doit rompre ce silence assourdissant. » Stupéfaction sur les bancs de l'Assemblée ! Plus d'un demi-siècle après sa mort, les communistes français étaient-ils sur le point de reconnaître les crimes de Staline, le goulag, les exécutions sommaires, les aveux arrachés sous la torture, les 7 millions de gens morts de faim en Ukraine, l'invasion de la Tchécoslovaquie, la répression à Budapest ? Bref, 75 millions de morts ! Mais non. Le génocide dont il s'agit est le génocide tsigane. Pour horrible qu'il ait été, faut-il en faire une loi, comme pour le génocide arménien ? La proposition de loi est ainsi rédigée : « La France reconnaît le génocide tsigane perpétué par les nazis et commémore chaque année la mémoire des victimes tsiganes. »

Comme toutes les propositions de loi précédentes, ces textes n'ont jamais été discutés, ils ont rejoint l'immense cimetière des textes proposés et qui ne seront heureusement jamais appliqués. Mais il y a beaucoup plus grave que ces lois oubliées : ce sont celles qui ont été votées et promulguées et qui ne sont pas appliquées. Plus ça urge moins on se presse. Plus le gouvernement fait examiner et voter des lois en urgence et plus il traîne des pieds pour les mettre en œuvre. Les délais de parution les textes d'application peuvent atteindre plusieurs mois voire plusieurs années. On l'a constaté avec la loi sur les handicapés. Entre le 1er octobre 2006 et le 30 septembre 2007, 45 lois ont été promulguées, 31 de ces lois nécessitaient, pour être appliquées, des décrets et arrêtés qui, au total, représentaient 550 textes. Au 1er octobre 2007, un tiers seulement de ces textes avait été publié, ce qui signifie que les deux autres tiers demeuraient lettre morte. Le 59e rapport du Sénat sur le contrôle et l'application des lois se félicite cependant d'une légère amélioration par rapport à la même période de l'année précédente : « Il est préoccupant de noter que le taux d'application des lois votées après déclaration d'urgence, procédure comportant présomption de diligence du suivi réglementaire, est revenu, de 2005-2006 à 2006-2007, de 25 à 16 % (...). Sous la XIIe législature (2002-2007), la proportion des lois votées selon la procédure de droit commun devenue pleinement applicable est de 66 %, soit une proportion beaucoup plus grande que celle des lois votées en urgence, soit seulement 16 % », souligne le Sénat.

Parmi ces textes en attente d'application, la loi concernant la restauration des monuments historiques. L'État ne parvient pas à assurer l'entretien des monuments dont il a la charge. En août 2003, c'est un plancher du château de Chambord qui s'effondre. Six personnes sont blessées. Quelques années plus tôt, c'est un clocheton de la cathédrale de Rouen qui s'était écrasé sur le parvis. À force de mégoter sur les crédits, notre patrimoine historique et architectural n'est plus entretenu et on estime qu'il faudrait entre 1 et 2 milliards d'euros pour réparer, dans tous les sens du terme, tous les dégâts. Entre économies de bouts de chandelle et argent jeté par les fenêtres, l'État ne sait pas que choisir. Or la France accueille environ cent millions de visiteurs étrangers par an et le tourisme représente, après l'agroalimentaire, le deuxième poste de notre balance commerciale.

Puisque « les caisses sont vides », le gouvernement a

donc décidé d'aller chercher de l'argent dans la poche du contribuable. Pas avec le bâton de l'impôt, mais avec la carotte de la réduction. L'article 10 de la loi de finance 2007 étend « la réduction d'impôt pour mécénat aux dons destinés à des travaux de restauration et d'accessibilité du public aux monuments historiques » (*Le Cri du contribuable* du 20 décembre 2007). Mais voilà, le mécénat qui a permis à des entreprises comme Vinci la restauration de la galerie des Glaces de Versailles n'est pas en odeur de sainteté à Bercy, loin s'en faut, et tout allègement fiscal, on le sait, sent le soufre. Un an après que les députés eurent décidé de doter la France d'un des instruments en vigueur dans la plupart des pays européens, on attendait toujours l'instruction fiscale et le décret d'application de cet article de la loi de finance 2007.

Le gouvernement n'est pas plus écouté de l'administration en ce qui concerne la simplification des lois. En janvier 2007, à l'occasion de la présentation des vœux à Jacques Chirac, encore président de la République pour quelques mois, le président de l'Assemblée nationale, Jean-Louis Debré, avait déclaré : « Rien ne sert de légiférer si les conséquences n'en sont pas tirées rapidement sur le plan de l'action. Il faut malheureusement attendre dix mois en moyenne pour que les décrets d'application soient publiés au *Journal officiel* (...). Ce délai, trop long, n'est pas compris par nos concitoyens. » La moyenne est de dix mois. Pourtant, il existe une loi du 9 décembre 2004 prise à l'initiative du gouvernement Raffarin, qui rend obligatoire de publier six mois après la parution d'une loi un rapport sur sa mise en application. L'administration ne pourrait plus « s'asseoir » pendant le temps qui lui convient sur un texte voté par les élus du peuple. Mais la loi sur les lois inapplicables reste elle-même inappliquée.... « C'est comme si le gouvernement... »

À la fin du mois de mai 2007, sur les trente textes promulgués au cours du mois précédent à propos desquels un rapport avait été demandé, un seul avait été remis aux parlementaires. En fait, la moyenne d'attente d'un texte réglementaire est bien de dix mois, mais il peut s'écouler deux ans, voire beaucoup plus, entre la promulgation de la loi et son entrée en vigueur.

Des exemples ? Le 2 août 2005, le gouvernement promulgue une loi en faveur des petites entreprises qu'il avait fait voter en urgence. Deux ans plus tard, en mai 2007, aucune des 53 mesures prévues par cette loi n'avait été rendue effective. Le quotidien *Le Monde* du 23 mai 2007 écrivait qu'à cette date aucun texte d'application de la loi du 24 avril 2004 portant diverses dispositions sur l'immigration n'avait été publié et que la loi du 24 janvier 1984 sur les établissements de crédit attendait toujours l'intégralité de ses décrets d'application. Il paraît que près d'un quart de siècle après sa promulgation sous François Mitterrand, cette dernière loi serait devenue obsolète sous Nicolas Sarkozy du fait de l'évolution du système bancaire. Commentaire grinçant du bâtonnier Repiquet : « Les lois sont si souvent inutiles qu'il est rassurant qu'elles demeurent inappliquées. »

Il y a quand même des progrès. Depuis le 31 mars 2004, Légifrance publie en ligne les tableaux des décrets d'application des lois pris et à prendre. Ainsi 80 % des décrets nécessaires à l'application des lois votées depuis 2002 avaient été pris à la mi-avril 2007. Au secrétariat général du gouvernement a été créé, en avril 2006, un service de la législation et de la qualité du droit chargé du contrôle des études d'impact. À première vue, il ne semble pas que les choses aient véritablement évolué. La simplification du droit devient, pourtant, un souci du gouvernement et des différents organismes parlementaires. La volonté de l'État d'engager un vaste chantier de simplification de notre corpus juridique s'est traduite par la création en 2006 de la Direction générale de la modernisation de l'État (DGME), née de la fusion de quatre organismes dédiés à la réforme de l'État : la Délégation aux usagers et aux simplifications administratives (DUSA), la Délégation à la modernisation de la gestion publique et des structures de l'État (DMGPS), l'Agence pour le développement de l'administration électronique (ADAE) et la Direction de la réforme budgétaire (DRB). À la lecture de ces sigles, on peut comprendre que l'État ne soit jamais parvenu à se simplifier lui-même. Enfin, il est tout de même parvenu à réunir quatre organismes parmi les milliers qui foisonnent... « La DGME a pour mission de coordonner, d'aider, d'inciter au niveau ministériel les administrations en vue de moderniser les modes de fonctionnement et de gestion de l'État pour améliorer le service rendu aux usagers, contribuer à une utilisation plus performante des deniers publics et mobiliser les agents publics », voilà ce qu'on peut lire dans l'exposé des motifs concernant la proposition de loi relative à la simplification du droit. La DGME a été créée par un décret daté du 30 décembre 2005. Elle doit piloter notamment le programme d'administration électronique (ADELE). L'État commence à avoir de l'humour ! L'abrogation des lois obsolètes figure également au menu de cette révision. Mission difficile parce que, reconnaît l'exposé général de cette loi, « le nombre de textes dont le recensement s'avère extrêmement difficile pourrait aujourd'hui avoisiner 10 000 lois et 140 000 décrets ».

Jean-Luc Warsmann, président de la commission des lois de l'Assemblée, Yves Jego, député de Seine-et-Marne, et Étienne Blanc, député de l'Ain, auteurs de la loi concernant la simplification du droit, ont donc décidé de s'attaquer à l'abrogation des lois obsolètes et à la suppression d'actes tels que le certificat médical prénuptial. Par un texte voté le 9 octobre 2007, une centaine de lois ont été supprimées ou leur abrogation a été confirmée : loi du 1er décembre 1790 portant institution d'un Tribunal de cassation ; décret de juillet 1791 relatif à l'organisation d'une police municipale ; loi du 29 avril 1806 relative à la procédure criminelle ; loi du 21 juin 1843 sur la forme des actes notariés ; loi du 21 juin 1883 sur la police rurale ; loi du 20 mars 2004 remplaçant l'arrêté des consuls du 3 germinal an IX.... On passe le Second Empire, la IIIe République, on supprime la loi du 12 juin 1942 réprimant la perte ou la détérioration de denrées alimentaires... Les lois et les décrets-lois des années 1935-1936-1937 concernant la réglementation de la vente par camion-bazar sont également supprimés, ainsi que la loi du 11 juin 1942 relative à l'établissement des grandes lignes de chemin de fer, ce qui paraît indispensable à l'heure du transport routier et du TGV. Alors qu'il n'y a plus de frontières entre la France et la Belgique depuis des décennies, on n'a supprimé qu'en octobre 2007 la loi du 30 mai 1857 autorisant les sociétés belges légalement constituées à exercer leurs droits en France... En contrepartie, un décret de novembre 1870 concernant les poursuites à l'égard des Français coupables de délits en Belgique en matière forestière, rurale et de pêche a été abrogé.

Mais il y a encore quelques lois qui semblent insubmersibles. Ainsi les femmes sont toujours interdites du port du pantalon par la loi du 26 brumaire an IX de la République qui dispose que « toute femme désirant s'habiller en homme doit se présenter à la Préfecture de police pour en obtenir l'autorisation ». Formalité assouplie en 1892 et en 1909 par deux circulaires autorisant à une femme le port du pantalon... si elle tient à la main un guidon de bicyclette ou les rênes d'un cheval. En 2003 un député avait demandé à la ministre déléguée à la Parité et à l'Égalité professionnelle (à prononcer sans reprendre sa respiration) de supprimer ce texte. Nicole Ameline, titulaire du portefeuille, a répondu : « Il ne paraît pas opportun de prendre l'initiative d'une telle mesure dont la portée serait purement symbolique (...) pour adapter le droit à l'évolution des mœurs, la désuétude est parfois plus efficace que l'intervention. » C'est presque du Montesquieu dans le texte...

Mais il y a encore des textes qui valent leur pesant de Codes. Il est toujours formellement interdit d'appeler son cochon Napoléon ; tout un chacun doit posséder une botte de foin dans sa cave au cas où le roi passerait avec son cheval... Par arrêté municipal d'octobre 1954, le maire de Châteauneuf-du-Pape interdit le survol, l'atterrissage et le décollage d'aéronefs dits soucoupes volantes ou cigares volants de quelque nationalité que ce soit sur le territoire de sa commune, sous peine de mise en fourrière immédiate.

Il n'y a pas qu'en France qu'on peut quand même rire avec les lois. Ainsi, en Alaska, il est légal de tuer les ours, mais illégal de les réveiller pour les photographier. Au Danemark, il est interdit de démarrer son automobile si quelqu'un se trouve dessous. Et en matière de pérennité législative y-a-t-il mieux que la vieille Angleterre ? Un membre du Parlement n'a toujours pas le droit d'entrer à la Chambre des lords en armure ; il est tout autant interdit de pousser son dernier soupir à la Chambre des communes sous peine d'être jeté dans le cachot le plus proche. À qui se sent frustré et éprouve le besoin de passer ses nerfs sur un sujet de Sa Gracieuse Majesté, rendez-vous dans la ville d'York où une loi, jamais abrogée, autorise à occire un Écossais, condition ô combien restrictive, pourvu qu'il soit porteur de flèches... Les mêmes Anglais vous permettent quand même, à condition que vous soyez un homme, d'uriner en public, mais uniquement sur la roue arrière d'un véhicule motorisé et à condition que vous y ayez préalablement posé la main droite. À propos d'automobile, les Suisses exigent des automobilistes roulant avec des pneus neige qu'ils apposent un autocollant sur leur véhicule spécifiant qu'il est interdit de rouler à plus de 160 km/h.

En France le plus dur reste à faire, notamment quand il s'agira d'élaguer le Code des impôts et le Code du travail (2 500 pages). Yves Jego nous a déclaré que la loi du 9 octobre 2007 était un premier pas et qu'il souhaitait que le Parlement dispose, lors de chaque session, de créneaux de temps destinés uniquement au travail de suppression des lois obsolètes et de simplification des lois compliquées. C'est la seule manière, selon lui, de s'attaquer au Code pénal et à ses 16 000 infractions répertoriées et dont 200 à peine font l'objet de condamnations devant les tribunaux. Le 3 octobre 2007, Étienne Blanc écrivait : « Même si l'essentiel du travail de codification est désormais derrière nous (...) il faut s'atteler, notamment, au Code général des impôts, au Code électoral. L'effort d'allègement des procédures en direction des entreprises, engagé par la Direction générale de la modernisation de l'État, ne doit pas se relâcher. Enfin, l'abrogation des dispositifs devenus sans objet doit s'imposer systématiquement lors de l'élaboration de tout projet de loi ou de tout acte réglementaire. »

Le 14 septembre 2007, la commission des lois de l'Assemblée installait un site Internet qui invite les Français à proposer des réformes pour les réglementations qui seraient devenues « sans objet, désuètes, inintelligibles ou trop complexes »... Tous les membres de la commission des lois ont été invités à se faire l'écho de cette préoccupation et de la relayer auprès des professionnels. Cela ne sera pas facile et Étienne Blanc prend note des échecs antérieurs pour promouvoir des « études d'impact et d'évaluation ». « L'article 39 de la Constitution pourrait être modifié à cette fin pour prévoir que les projets de loi soient accompagnés d'une étude d'impact dont les critères seraient déterminés par une loi organique. Cette loi disposerait que l'étude d'impact doit obligatoirement exposer les raisons des choix du dépôt, indiquer les effets attendus du projet et donner la liste des textes devant être abrogés ou modifiés pour tenir compte de ces nouvelles dispositions. » C'est ce que demandent pratiquement tous les Premiers ministres depuis vingt ans. Il faut convaincre l'administration qui considère les études d'impact comme une « contrainte procédurale supplémentaire ». Il faudra aussi convaincre les ministres.

Trois jours après le dépôt de ce rapport et des dispositions qu'il contient, dans la nuit du 6 au 7 octobre 2007, un groupe d'environ cinq personnes s'est introduit dans le musée d'Orsay où il a dégradé *Le Pont d'Argenteuil,* un tableau de Claude Monet. Le lendemain, Christine Albanel, ministre de la Culture, déclarait au Journal de France 2 : « Un groupe de travail est en cours de constitution (...) afin de renforcer la sécurité des biens culturels et d'envisager des mesures complémentaires pour prévenir de tels actes inadmissibles. » La ministre de la Culture a annoncé qu'elle avait également saisi sa collègue de la Justice afin de renforcer la législation sur la délinquance concernant les biens culturels. Encore une loi, alors que le

Code pénal suffit à réprimer parfaitement cette infraction. Dominique Barella, à l'époque président de l'Union syndicale des magistrats, a réagi avec une certaine vivacité : « Que des personnes mal intentionnées commettent des dégradations dans un musée ne constitue pas une nouveauté. Mais que la ministre de la Culture, qui est chargée d'organiser les expositions et donc de protéger les œuvres, se sente obligée d'annoncer immédiatement une nouvelle loi pénale au Journal de 20 heures est bien conforme aux dérives ambiantes. Les responsables politiques ne structurent plus leur communication en fonction d'une étude des dossiers et d'une pédagogie de l'action publique mais en fonction de l'émoi soulevé, comme s'il suffisait de s'agiter pour avoir l'air d'être efficace faute de l'être...

« Après une énième loi récidive, une énième loi immigration, une énième loi chien mordeur, poursuit Dominique Barellla, avions-nous besoin d'un texte de plus pour améliorer le tableau de chasse législatif du gouvernement ? Trop de lois, trop de lois pénales : le Parlement, le Conseil constitutionnel, le Conseil d'État, les professionnels du droit et les entrepreneurs le disent. Mais il est si tentant pour les ministres, sans moyen et incapables de gérer leur administration, d'agiter la loi comme un moulin à prières dans la petite lucarne face à l'opinion. Triste, vraiment triste pour la démocratie. »

La démocratie va-t-elle finir étouffée sous un amas de textes ? Le danger existe d'autant qu'aux textes nationaux s'ajoutent, désormais, les textes européens qui n'ont cessé de s'accumuler depuis la création du grand marché. Tintin, en restant à Bruxelles, peut s'en convaincre.

Tintin au pays des eurocrates... Peut-on encore boire et manger ?

Avec une rondeur d'enseigne gastronomique qui ouvre l'appétit, Jean-François Girault offre le physique rêvé pour le président d'une fédération professionnelle qui s'étend du Ritz au Café-tabac de la Mairie en passant par l'Auberge du Bon Laboureur. Les CHR (cafés, hôtels, restaurants), avec 180 000 entreprises et 800 000 salariés, constituent le quatrième employeur et une des professions les plus « hyper-réglementées » de France. « J'ai démarré il y a trente-cinq ans avec un menu Gastro au forfait à 17 francs, on ne s'occupait pas de paperasserie, juste d'un peu de comptabilité, plus de 80 % du temps était consacré au client et à lui faire la cuisine, explique Jean-François Girault. Aujourd'hui, un patron de restaurant doit passer trois à quatre heures par jour derrière un bureau et non devant ses fourneaux, même s'il travaille au total dix à douze heures par jour. C'est autant d'heures prises à son vrai métier qui est de satisfaire la clientèle. Depuis une vingtaine d'années, les lois et règlements s'accumulent et sont devenus si nombreux que le patron de bistrot et l'aubergiste de campagne, comme le dirigeant de palace de luxe, sont constamment à la merci d'un procès-verbal, car, sans le vouloir, il y a toujours quelque chose qui va à l'encontre de la loi. Même les experts-comptables s'y trompent et il faut faire appel à des juristes. »

Au moment même où l'on s'interroge sur la hausse des prix, on pourrait également s'interroger sur toutes ces contraintes qui obligent le petit commerçant comme le plus modeste des artisans à rémunérer experts-comptables, juristes et représentants à Bruxelles, comme on le verra d'ici quelques pages. Voilà un bon sujet d'étude pour les organismes de prospective économique dont nous avons parlé et dont il serait intéressant de connaître les conclusions plutôt que d'apprendre comment les Chinois établissent leur épargne. Le témoignage du président des HCR est appuyé par celui de Claude Bellot, président des fromagers et ancien président de la Confédération de l'alimentation de détail et des métiers de bouche. « L'établissement des feuilles de paie ne peut se faire sans expert-comptable. Il existe un empilement de textes anciens qui ne sont jamais abrogés et le syndicat doit employer un juriste, un conseiller social et un ingénieur pour la sécurité alimentaire », explique-t-il.

Dans les cafés, hôtels et restaurants, établir le planning des salariés relève du casse-tête chinois. « Nous travaillons 39 heures mais par convention 35 heures auxquelles s'ajoutent 4 heures dont le coût est majoré de 10 %. Le salarié est engagé à 39 heures et le planning consiste à réajuster le temps de travail au plus près de ces 39 heures. La flexibilité a disparu dans un métier où par nature l'activité est en dents de scie. Ainsi un serveur et un cuisinier ayant travaillé 40 heures et un quart d'heure doivent récupérer, la semaine suivante, une heure et quart chacun, même si le nombre de clients a fait un bond en avant. » À la gestion du personnel s'ajoute l'étude de la réglementation et la comptabilité. Il faut se tenir très informé, car au moindre problème on change la réglementation.

« Les services vétérinaires, poursuit Jean-François Girault, sont venus vérifier mes installations dans la brasserie que je dirige au Mans, qui a été refaite voilà quatre ans et qui a reçu l'agrément de tous les services concernés. Inspection des vestiaires, des douches, des toilettes, des lavabos dans la cuisine. Un de ces lavabos comportait des robinets actionnés manuellement, on a exigé un lave-mains avec un robinet supprimant l'usage des mains... quatre ans après que le premier eut reçu un agrément. » Les contrôleurs de la Direction générale de la concurrence, de la consommation et de la répression des fraudes (DGCCRF) se déplacent en binômes avec les vétérinaires... dont le champ d'application est le même. Ils passent la cave au peigne fin durant une demi-journée, toute bouteille proposée à la carte doit exister en cave. C'est tout à fait normal, reconnaît Jean-François Girault, pour lutter contre les fraudes éventuelles. Mais gare à la facture perdue. On réclame alors l'inventaire de l'année précédente. Quant au fisc, il exige de conserver une facture pendant trente ans.

Dans la même année, Jean-François Girault a compté jusqu'à cinq contrôles : Hygiène, Fraudes, Inspection du travail, Fisc et Douanes. Que viennent faire les douaniers dans un établissement HCR ? Privés de monter la garde aux frontières disparues, ils descendent dans les caves des bistrots pour vérifier notamment le livre des tabacs. Un acte d'autorité majeur. En effet, l'aubergiste ou restaurateur est tenu d'acheter les cigarettes qu'il propose à sa clientèle dans le débit de tabac le plus proche de son établissement. Il arrive que des débitants se plaignent d'une discrimination à leur égard, estimant qu'ils sont les plus proches de l'établissement concerné. Alors les douaniers débarquent et, chaîne d'arpenteur au poing, vérifient au mètre près si le litige est fondé. Après l'interdiction de fumer dans les cafés et restaurants, il va falloir trouver une autre occupation aux douanes ! Mais elles ont l'imagination fertile, les Douanes !

Un ancien préfet nous a cité le cas du petit village de Goumois dans le Doubs où Jean-Jacques Rousseau venait herboriser et qui a inspiré ce vers à Arthur Rimbaud : « ... un trou de verdure où chante une rivière ». À Goumois, qui est à cheval sur la frontière franco-suisse, l'église se trouve dans l'Hexagone et le cimetière dans la Confédération helvétique. Depuis des siècles, la messe est dite dans l'église, en France, et la sépulture a lieu dans le cimetière, en Suisse. Un jour les douaniers se sont avisés que les fleurs qui accompagnaient les défunts n'acquittaient pas la TVA... puisque en quelques mètres elles franchissaient une frontière. L'émotion douanière est remontée jusqu'à la préfecture où le préfet a exhibé un texte datant de Charles X pour expliquer aux douaniers que cette coutume était ancestrale, que la TVA n'existait pas à l'époque de Charles X, et qu'il allait demander au directeur des Douanes de bien vouloir le leur rappeler.

Face à une telle avalanche de récriminations on en viendrait presque à oublier les résultats de ces contrôles, à savoir la protection qu'ils fournissent au consommateur et les découvertes de produits avariés dans certains restaurants. Jean-François Simon, le critique gastronomique du *Figaro*, réputé et redouté, écrivait en janvier 2008 : « Parfois l'hôtellerie française, c'est croquignolet : voisins en direct, plumards défoncés [J.-F. Simon est un ami de Zazie], lumières au néon, douches fissurées. » Le gastronome a fait cette constatation alors qu'il parcourait la France profonde à la recherche d'une adresse dont on lui avait vanté les mérites et où il a picoré des « nourritures de philatélistes ». On comprend sa déception.

Réactions des professionnels : « Les contraintes physiques et juridiques sont normales. Que la propreté, la sécurité, la qualité, la fraîcheur fassent l'objet de surveillance, c'est tout à fait logique, voire nécessaire. Mais le vrai problème réside dans l'accumulation et surtout le changement perpétuel des normes à respecter, explique Jean-François Giraud. Il y a trente ans, un bon cuisinier ouvrait un restaurant, se mettait la tête dans les casseroles derrière son fourneau, offrait de bons produits et une belle cuisine. La paperasserie a pris le pas sur l'attention qu'on doit porter à la clientèle. La preuve, les fermetures qui se multiplient. Les investissements nécessaires pour répondre aux normes exigées découragent les repreneurs. Qui va reprendre les fourneaux et les comptoirs de la génération qui part à la retraite ? » En vingt ans, on est passé de 210 000 à 120 000 licences IV (permission de vendre de l'alcool). À Tourcoing, il ne reste plus qu'une seule brasserie, laquelle est entourée de banques. Et ce qui est vrai pour ces cafés l'est également pour les petits commerces.

On se plaint de la désertification des centres-villes, de la disparition des petits commerces qui permettaient à chacun de venir y faire ses courses, même à qui ne possédait pas d'automobile. La France est le pays où le nombre de mètres carrés de grandes surfaces par habitant est le plus élevé ou un des plus élevés au monde. Et pourtant la concurrence fonctionne mal. Cinq centrales d'achat avec des ramifications en Suisse dictent leur loi. Là aussi on a empilé les lois depuis la loi Royer en 1973 sans parvenir à sauver les petits commerçants et sans parvenir à obtenir des prix véritablement performants.

Au Havre, les banques rachètent les commerces à tour de bras pour y installer des agences. Le centre-ville classé au Patrimoine historique de l'Unesco dépérit malgré tous les efforts de la municipalité. Plus de cinquante agences bancaires sont installées sur le territoire de la commune. Sur la place des Halles centrales, il y en avait deux il y a quatre ans, il y en a neuf aujourd'hui. Il faut dire que les banquiers offrent pour ces boutiques des prix supérieurs à ceux du marché. *Le Figaro* expliquait en septembre 2007 que la mairie du Havre entendait garder ses commerces et qu'elle refusait de délivrer des permis de travaux ou d'installer des places de parking pour décourager les banques. En vain. Les maires peuvent choisir l'emplacement des zones commerciales mais pas la nature des commerces qui s'y installent. Les guichets des banques remplacent ainsi les étals des poissonniers et des bouchers. Il faudrait un droit de préemption qui permette aux maires de sauvegarder les commerces de bouche en se portant acquéreurs des murs vacants. Cela est prévu dans la loi du 2 août 2005 (loi Dutreil) mais à la fin de 2007 les décrets d'application de cette loi n'étaient toujours pas sortis. Le gouvernement Fillon a remis sur le métier pour la énième fois la réforme des lois Galland et Raffarin (sur la vente et sur l'urbanisme commercial) avant même que les décrets d'application de la précédente réforme aient été publiés. Le 13 octobre 2007, le président de la République annonçait une refonte totale de la loi Galland.

Vous organisez un goûter festif (exemple : découverte du goût) qui est préparé par les parents des élèves d'une école ou bien encore par les élèves eux-mêmes dans des « ateliers cuisine ». Qui peut déguster les préparations des chers petits ? Les textes qui règlementent la préparation de ces goûters sont aussi nombreux que ceux qui contrôlent ou restreignent les implantations commerciales. Si les participants à la préparation du goûter ou du déjeuner en cuisine sont les seuls à profiter du repas, pas de souci : ils n'entrent pas dans le champ d'application du décret du 29 septembre 1997. Mais si des convives qui n'ont pas épluché de pommes de terre ni écossé de haricots participent aux agapes « dans le cadre de la restauration collective de l'établissement », leur mastication entre dans le cadre du décret de 1997. Zazie, arrête de mettre ton doigt dans la crème au chocolat et relis la note de service DGAL/5DHA/N.98/n° 8126 en date du 10 août 1998. Elle est on ne peut plus précise : « Il est évident que cette participation de non-professionnels à la préparation des repas représente une difficulté pour l'application à la lettre de l'arrêté du 29 septembre 1997. Il appartient à l'encadrement de ces établissements (qui vont de l'école à la maison d'arrêt en passant par les hôpitaux) de veiller strictement à la répartition des tâches confiées aux différentes personnes, en prenant en compte notamment les connaissances de chacune, ses capacités mentale et physique de façon à ce que les personnes employées ne constituent pas un risque au poste de travail qui leur a été attribué. » On sait bien qu'au mois d'août le soleil tape fort, mais quand même ! Exiger une séance de gymnastique et programmer des tests de QI pour qui passe aux fourneaux, ce n'est pas commun. Toutefois, si la liberté de cuisiner est strictement encadrée, celle de décongeler est assouplie.

« L'arrêté du 29 septembre 1997 ne définit pas les conditions de décongélation des produits congelés (...) celles-ci sont fixées par l'arrêté du 26 juin 1974. Je vous informe d'ores et déjà que celui-ci est en cours de modification.

Notamment, le mode de décongélation pourra être librement choisi par le professionnel sur la base d'une analyse des dangers et d'une validation du protocole élaboré. En dehors de cette dernière, seule la décongélation en chambre froide (0 °C à + 4°C) à l'abri des souillures ou lors de la cuisson peut être autorisée. » Enfin, cette note de service recommande, pour préparer de nouveaux textes, d'attendre la prochaine intoxication : « On recommandera la conservation des plats témoins au froid positif, entre 0°C et 3°C. Toutefois, lorsqu'un autre mode est déjà utilisé, il peut perdurer jusqu'à ce que les statistiques élaborées à la suite des intoxications alimentaires collectives aient fourni les données nécessaires à la définition d'un mode unique. Le questionnaire d'enquête des TIAC (toxi-infections alimentaires collectives) sera modifié en ce sens. »

On peut s'étonner du jargon utilisé en matière de sécurité alimentaire comme pour les autres sujets. Il faut dire que la sécurité alimentaire en France est du ressort de plusieurs ministères et organismes qui ont fait preuve au moment de la crise de la « vache folle » de leur efficacité.

En Allemagne, un mois et demi après la découverte de « la vache folle », le chancelier Schröder procède à un remaniement ministériel et décide de placer la sécurité alimentaire au centre de ses préoccupations. Les Britanniques, après les mensonges et l'opacité qui ont dominé tout l'épisode de la « vache folle » sous le gouvernement conservateur, décident également de jouer à fond la transparence. Tony Blair crée une agence de sécurité alimentaire indépendante qui est responsable devant le Parlement de ses études et qui peut – prérogative unique – rendre publiques ses recommandations faites au gouvernement. C'est la FSA (Food Standard Agency).

En Suisse, c'est l'OVF (Office vétérinaire fédéral) qui

conseille, comme en Grande-Bretagne, le gouvernement, et dès 1990 la Suisse interdit l'utilisation de farines animales dans l'alimentation des ruminants.

Partout ce sont donc des organismes uniques et responsables qui ont à répondre devant le gouvernement et les citoyens des avis qu'ils émettent.

En France, pourquoi faire simple quand on peut faire compliqué ? C'est toujours le même refrain. Trois ministères, Santé, Consommation, Agriculture, gèrent la sécurité alimentaire. Une triplette qui passe davantage de temps à régler ses conflits qu'à se préoccuper de la sécurité. Tous les trois ont sous leur tutelle l'Agence française pour la sécurité sanitaire des aliments (Afssa). Les recommandations de cette dernière, adressées au gouvernement, donnent lieu à d'intenses bagarres entre les ministères concernés qui ont des « clientèles différentes » et donc doivent ménager des intérêts divergents. Ces bagarres expliquent les retards dans l'application des recommandations. Ainsi, au moment de l'épisode de la « vache folle », il a fallu six mois pour que l'utilisation de boyaux de bœuf dans l'alimentation soit interdite. Alors, comme pour se rattraper, la France multiplie les interdictions. Elle est le seul pays en Europe à avoir banni les ris de veau des étals des bouchers sans que les fondements juridiques et scientifiques d'une telle mesure aient été examinés.

Si les administrations contrôleuses sont incapables de s'entendre rapidement entre elles, elles se réconcilient sur le dos du contrôlé comme les commères de Brive-la-Gaillarde dans la chanson de Brassens. Les discussions concernant la destruction des déchets des bovins abattus en abattoir mériteraient un roman. Les déchets sont classés par catégories, les poubelles pour les déchets à détruire doivent être séparées, puis emportées dans deux usines différentes, opération donnant lieu à deux paiements distincts. Grands gagnants de cette complexité, les fonctionnaires chargés d'appliquer ces normes et les deux sociétés d'équarrissage qui se sont installées dans un confortable monopole financier et qui dictent leurs conditions aux pouvoirs publics.

Alors que l'histoire de la « vache folle » remonte à une dizaine d'années, que les bovins pénétrant dans un abattoir sont rigoureusement testés, ce qui permet de découvrir tout au plus deux ou trois cas d'ESB par an (détection faite avant que les bêtes puissent entrer dans un circuit commercial), « on maintient des mesures très onéreuses dont la sévérité, si elle était appliquée à la sécurité routière, interdirait de rouler à une allure autre que le pas », explique-t-on au Syndicat de la boucherie et des traiteurs.

Certains vont jusqu'à prétendre que si l'on devait respecter à la lettre toutes les mesures édictées et qui se sont multipliées au fil des ans, on ne pourrait plus ni boire ni manger. « C'est pour toutes les activités la même chose, explique Marc Spielrein, président de la Semmaris, (marché international de Rungis). Grâce à l'Europe, poursuit-il, il y a eu cependant un énorme progrès d'accompli dans l'élaboration des normes et la modification majeure est que l'obligation de moyens a été transformée en obligation de résultats. »

Cela signifie qu'avant cette modification on contrôlait dans un établissement l'existence d'un savon, du désinfectant et du balai. Aujourd'hui on contrôle la propreté. « Les laboratoires des bouchers fournissent un excellent exemple de cette nouvelle procédure. Les technocrates bruxellois avaient, un jour, décidé que pour nettoyer plus facilement ces pièces où les bouchers effectuent certaines opérations, la jonction du plancher et des murs ne devait pas offrir d'angle droit mais un arrondi. Pourquoi ? Personne n'a jamais trouvé une quelconque étude justifiant cette contrainte. Aujourd'hui on ne vient plus contrôler le respect de l'arrondi, mais vérifier que le mur est lavable et compatible avec un contact alimentaire. »

Appliquée avec intelligence, « en exprimant la pertinence économique et en ne tirant pas de conclusions excessives du principe de précaution, cette méthode peut se révéler efficace », affirme Marc Spielrein. Il explique que la mise en conformité aux normes représente un investissement important dont l'amortissement nécessite la durée. Or les normes – et donc la réglementation – varient constamment en fonction des connaissances technologiques. Ce qui était la veille obligation peut devenir le lendemain interdiction.

En 1995, sous la pression de la Commission européenne, il a été décidé de supprimer les décharges insalubres et que les déchets devaient être incinérés. Moins de dix ans plus tard, on découvre que l'incinération est encore plus polluante que les décharges, qu'elle rejette dans l'atmosphère des gaz toxiques et notamment de l'oxyde d'azote.

Depuis des décennies et des décennies, les meules du fromage de Comté sont affinées dans des caves et disposées sur des lattes d'épicéa. Des technocrates bruxellois s'avisent un jour que ces meules seraient plus confortablement affinées si elles reposaient sur des lattes plus faciles à laver. Exit l'épicéa et bonjour le plastique. Quelques années plus tard, on revient sur cette décision et c'est le retour de l'épicéa. Bruxelles tolère à nouveau le bois. Les billots des bouchers ont connu le même sort. Bruxelles avait interdit le bois et ordonné que ces billots soient eux aussi en plastique. On s'est rapidement aperçu que les billets en plastique se fendaient et que leur nettoiement était beaucoup plus aléatoire que celui des billots en bois.

Et là aussi le bois a effectué un retour triomphal. Rebelote avec les chaudrons en cuivre, interdits puis réautorisés. Et puis bravo aux vétérinaires qui avaient ordonné l'aseptisation totale des caves d'affinage. Des génies scientifiques, ces vétérinaires. Leur décision a conduit à déclencher une catastrophe absolue car l'aseptisation a tué la flore nécessaire à l'affinage.

« La science évolue plus vite que les lois », explique Philippe Prudhon, directeur du département technique de l'UIC (Union des industries chimiques). Ainsi le CFC – un composé fluoré carboné – est un produit dont la vertu cardinale est d'être non inflammable. Alors on va l'utiliser partout et notamment pour la production de réfrigérateurs. Et puis un jour on découvre que la sorcière se cachait sous le masque de Blanche-Neige et que le CFC passe ses nuits à attaquer la couche d'ozone. Le problème, souligne Marc Spielrein, c'est que tous les deux ans on change de normes.

« L'Europe apporte des contraintes supplémentaires d'autant que la transposition en droit français des directives européennes se fait de façon contraignante et tatillonne », commente le président des fromagers, Claude Bellot. Cette interprétation des textes européens, explique-t-il, est difficile parce que la législation française en rajoute une couche, va généralement plus loin et fait plus compliqué que ce que demande l'Europe en matière alimentaire. Ainsi, c'est parce que la France avait durci les règles européennes que dans la crise de l'époisses – causée par une listéria –, le plus grand fabricant de ce fromage a failli disparaître.

Si l'on respectait les règles françaises, on ne devrait pas manger de gorgonzola et en toute hypothèse on ne pourrait pas le fabriquer en France. En Italie ou en Belgique, les contraintes sont plus légères que chez nous. Et comment rêver d'une harmonisation européenne quand au niveau national l'administration ne parvient pas à harmoniser l'application de ses propres textes ? Claude Bellot explique que les 3 500 entreprises de crémiers-fromagers sont contrôlées par les services vétérinaires et les fraudes par l'intermédiaire de la Direction départementale de la répression des fraudes (DDRF). Mais l'harmonie ne règne pas obligatoirement entre les diverses directions départementales. Il y a donc des inégalités de traitement selon les départements et des différences entre les textes d'application qui sortent des bureaux des différentes directions départementales. Que se passe-t-il entre Bruxelles et ses départements ?

« Aller au Charlemagne » signifie à Bruxelles qu'on se rend dans un des immeubles de la commission qui porte le nom de l'empereur à la barbe fleurie. Zazie est ravie du voyage. « T'as voulu voir Bruxelles et t'as vu Charlemagne... T'as voulu voir Charlot et t'as vu Barroso », sifflote l'intrépide gamine dans le Thalys. Enfin, elle prend le métro. À Paris, il est en grève. À Bruxelles, il est en goguette. On quitte le Thalys à Bruxelles-Midi pour un wagon de métro ; on y est coincé entre un Anglais roux buvant sa bière, un Letton contemplatif et un Hongrois dubitatif, plongé dans un guide, un Allemand s'épongeant le front avec un mouchoir à carreaux, un Portugais partageant avec un Algéro-Bruxellois un « pistolet » et un Finlandais mastiquant du renne. C'est le métro commun à 27 pays qui ne parlent pas la même langue mais qui partagent le même idéal : faire partie de l'Europe.

En descendant à la station « Rue de la Loi », on peut se demander si la loi, ou plutôt l'empilement des directives, n'a pas terni cet idéal et douché les enthousiasmes. La Communauté, puis l'Union européenne ont installé la paix en Europe, puis permis aux pays qui sortaient du joug communiste de franchir d'un seul bond un demi-siècle. Après cinquante ans de prison, ils retrouvaient une maison. « L'Europe est le plus grand projet économique et politique du XXe siècle », a dit un jour un universitaire américain. Mais n'est-elle pas elle aussi menacée de perdre son âme, d'égarer sa volonté et de pervertir ses ambitions sous l'amas de textes produits à Bruxelles ?

En descendant à la station « Rue de la Loi », on arrive rapidement dans un bétonnage au milieu duquel le ministère des Finances parisien aurait sa place. Si Hergé revenait boire un pot de « lambic » à l'estaminet La Bécasse, il se frotterait les yeux et n'aurait pas besoin d'envoyer Tintin chez les Soviets. Les technocrates sont à portée de métro.

Le droit communautaire a pris son essor dans les années 90 (rapport Cecchini) avec la mise en place du grand marché voulu par Jacques Delors en 1992. Mais c'est « surtout avec l'explosion du droit de la concurrence et le contrôle des concentrations à partir de 1989 que la Commission européenne a acquis des pouvoirs énormes. La fusion d'entreprises, comme Air France-KLM, Sanofi-Aventis, plus récemment Suez-Gaz de France, a donné lieu à des échanges de caisses entières de documents (...) le travail des avocats ne va pas s'alléger maintenant que la Commission a importé des États-Unis la règle de clémence (...) en cas de dénonciation de pratiques illicites », écrivait dans *Les Échos* du 23/24 mars 2007 l'avocat Olivier d'Ormesson.

« Renversant » : c'est le commentaire lapidaire d'experts bruxellois après la décision de la Cour de justice européenne, qui a condamné la Commission à indemniser, en partie, Schneider dont elle avait refusé la fusion avec Legrand. « Erreurs manifestes... omissions... contradictions... » Les mots utilisés par le Tribunal européen à l'égard des arguments avancés par la Commission pour s'opposer à ce mariage sont particulièrement durs. La Commission a-t-elle fait de la concurrence une fin plus qu'un moyen ? Sa volonté d'apparaître comme le bon élève du libre-échange, son souci d'éviter les froncements de sourcils américains l'ont-ils conduite à penser à la concurrence plutôt que de réagir en termes d'emploi, de croissance de niveau de vie ? C'est ce que pensent un certain nombre d'observateurs, dont le président Sarkozy. Pour son premier Conseil européen en tant que président de la République française, il a obtenu que les mots « concurrence libre et non faussée » soient rayés des objectifs principaux de l'Union dans le traité européen dont il pilotait la renégociation.

La protection des consommateurs doit être un objectif des autorités européennes et nationales. Mais les manifestations pour une augmentation des salaires qui se développent depuis le début de l'année 2008 en Italie, en Allemagne et en France notamment, rappellent que les citoyens européens réclament une économie capable de leur assurer un train de vie décent.

L'Europe a su faire face à la guerre froide pilotée du Kremlin, elle semble désarmée face à la mondialisation pilotée de Pékin. Si cette mondialisation passe par l'écrasement des classes moyennes, si la concurrence mondiale suppose l'écrasement des salaires, si l'ouverture des frontières doit entraîner l'écrasement des modes, comme des niveaux de vie, il faut alors s'attendre à une montée des revendications en Europe comme aux États-Unis. Il faut s'attendre à une progression des extrêmes (en témoigne la progression de la gauche sous le nom de Link en Allemagne). Pour ne pas être accusée d'être une forteresse, l'Europe se transforme en passoire commerciale et, au nom de la concurrence, elle fait la chasse aux champions industriels européens. Dans *Le Figaro* en septembre 2007, Éric Morgan de Rivery, avocat spécialiste des questions européennes, écrivait : « Le fait que Nicolas Sarkozy ait fait disparaître les mots et la référence à une "concurrence libre et non faussée" a semblé émouvoir certains (...) La concurrence n'est qu'un moyen parmi d'autres prévus par le traité (...). Pourtant que dans certaines affaires, les aides de l'État où toutes initiatives nationales en matière de politique sociale, sécurité, service public, puissent être prises en considération, sont taxées de protectionnisme ».

Les bureaux de Bruxelles ont trouvé dans une « naïve idéologie libérale, le substitut à l'inexistence d'une volonté politique claire, bien difficile à énoncer à 27. En résultent les refus obstinés de sanctions commerciales en réponse aux *dumpings* chinois, la passivité face aux manœuvres protectionnistes, notamment américaines, l'entêtement à démanteler certains grands groupes européens réputés exercer des quasi-monopoles au risque de les livrer aux opérateurs financiers internationaux... », lisait-on dans *Les Échos* du 25 septembre 2007. Y était cité Hubert Védrine, chargé d'un rapport sur la mondialisation par l'Élysée : « Il ne faudrait pas que l'Europe devienne l'idiot du village global. » Le journaliste et économiste Philippe Simonnot ne tenait pas un langage différent : « L'Europe s'est dévoyée, les États-Unis également, et on va faire crever les entreprises et les gens qui arrivent encore à entreprendre. Au lieu de se battre pour créer des richesses et des emplois, on oblige les entreprises à se battre contre des administrations. »

Avec le grand marché, Bruxelles est non seulement

devenu une machine à produire de la réglementation mais aussi la tour de Babel des lobbyistes.

On estime à 20 000 environ le nombre de personnes qui font du lobbying à Bruxelles et qui tentent, tantôt de comprendre, tantôt d'influencer une réglementation de plus en plus difficile à intégrer pour les entreprises. « À cela s'ajoute une instabilité de références juridiques avec la création permanente de nouveaux textes », explique-t-on à la FIM (Fédération des industries mécaniques). « Bruxelles réglemente à tour de bras même là où les États membres n'avaient pas osé réglementer. Il y a une véritable surenchère dans la réglementation », affirme Jean-Pierre Gondrand, qui fut longtemps secrétaire général de cette fédération.

La concurrence et l'environnement figurent parmi les thèmes principaux de cette réglementation et l'instabilité juridique est dénoncée de partout. En mars 2007, Franck Gambelli, directeur du Service sécurité, conditions de travail et environnement de l'UIMM (Union des industries mécaniques et minières) écrivait dans la publication *Environnement* : « Les contraintes légitimes qui sont imposées à l'entreprise industrielle pour protéger les milieux naturels doivent avoir pour contrepartie une stabilité juridique et une prévisibilité des évolutions compatibles avec les besoins de l'entreprise (...) comment les autorités publiques françaises peuvent-elles se référer, dans une législation sanctionnée pénalement, dans des documents qui ne sont même pas traduits en français ? »

Il y a deux problèmes majeurs en ce qui concerne la réglementation européenne, analyse Jean-Louis Bourlanges : « Il s'agit d'un droit négocié, or toute négociation donne des résultats complexes et parfois obscurs, l'Union est composée de 27 États, il y a la Commission européenne, le Conseil des ministres, le Parlement, on pratique la culture du troc permanent entre le Parlement, la Commission et le Conseil des ministres. Désormais 80 % de notre législation économique est d'origine européenne. Est-ce normal ? »

Pierre-Henri de Grégori commente de son côté : « Bruxelles est devenu la caricature de la folie normative. Pourtant, quand on remonte aux premiers âges de l'Europe, on voit qu'il y avait des textes courts, simples et forts. Celui créant la PAC, par exemple, tient en une page. L'article 39 du traité de Rome fixe un objectif : obtenir la parité entre les agriculteurs et les autres catégories sociales. Aujourd'hui, Bruxelles fixe les dimensions du paquet de spaghettis. » Les groupes de pression ont appris à manipuler le Parlement européen et peuvent obtenir de lui ce qu'ils n'avaient pu obtenir d'un parlement national.

Les Verts sont passés maîtres dans la pratique de ce sport parlementaire pour obtenir des députés européens des dispositions refusées par les parlementaires nationaux. « Le Parlement européen souffre d'une faiblesse politique et vote souvent n'importe quoi, affirme Roger Chinaud. Quand des délégations de parlements nationaux constituaient l'Assemblée européenne, il y avait un frein naturel. Aujourd'hui les habitudes parlementaires sont différentes, les lobbies sont là qui poussent les parlementaires à faire des textes tandis que la Commission les y incite de son côté. »

Les industriels se félicitent d'une réglementation qui permet l'harmonisation. Ainsi aux accumulateurs et chaudières qui sont des instruments remontant au XIXe siècle s'appliquaient une réglementation et des normes différentes selon les pays. On s'est mis d'accord pour une réglementation européenne unique. « L'harmonisation européenne va bien, car l'Europe est notre terrain de jeu, observe un industriel. Mais les fonctionnaires européens sont déconnectés des réalités industrielles et, surtout, il n'y a pas de véritable surveillance des marchés et les exportateurs chinois vendent leurs produits en Europe sans que soient véritablement respectées les réglementations européennes. » Les « marchands de contrôles » sont les grands gagnants de cette réglementation dont ils finissent par être les maîtres. Pas plus que pour les lois il n'existe d'étude d'impact. Et le coût de la certification d'un produit devient trop élevé pour un grand nombre de petites et moyennes entreprises. Le marché européen a été ouvert trop brutalement et c'est, par exemple, ce qui a conduit Testut à fermer ses portes.

À Bruxelles, on réglemente de la même façon téléphones portables et scanners médicaux. En ce qui concerne ces derniers, une réglementation était tellement obscure qu'une telle directive ramenait l'Europe à l'époque des rayons X. Le problème que soulèvent les industriels est qu'il n'y a aucune évaluation pointue des textes adoptés pas plus au niveau européen qu'au niveau national. « Ainsi, raconte un industriel, la Commission a failli réglementer le soleil ou plutôt l'exposition de certaines professions au soleil. C'est un souci louable de protection. Si le Parlement n'avait pas réagi, des métiers comme moniteur de ski ou marin-pêcheur auraient été tout simplement interdits. »

Connaissez-vous Reach (Enregistrement, évaluation et autorisation des produits chimiques) ? Adopté en décembre 2006 et entré en application le 1er juin 2007, ce nouveau règlement européen marque un tournant de la politique européenne en matière de management des substances chimiques. Il s'agit là de la plus ambitieuse législation jamais enregistrée en Europe, une législation qui consiste non seulement à répertorier 30 000 produits chimiques mais aussi à assurer le suivi de leur utilisation. La mise en place de Reach exige plusieurs années de procédures, des batteries d'expertises en toxicologie et en écotoxicologie. À compter du 1er juin 2007, les fabricants de produits chimiques ont dix-huit mois pour faire enregistrer leurs produits et, s'ils sont jugés nocifs, leur trouver un substitut. L'idée est aussi simple que louable : il s'agit de mieux maîtriser les risques que fait courir à la santé de la population européenne l'utilisation de produits chimiques.

Reach répond à la nécessité d'une meilleure connaissance et dote l'Europe d'un outil prodigieux et d'un extraordinaire répertoire scientifique et chimique. Mais Reach est également un instrument d'une complexité véritablement pharaonique : 300 pages, 3 000 textes d'application. Pour évaluer et prévenir les risques pour la santé humaine et l'environnement, toute la chimie européenne, de l'usine locale au groupe multinational, est entrée dans un cycle « enregistrement du produit, évaluation de ses caractéristiques, autorisation commerciale et restriction dans son utilisation ».

Prenons le cas d'une peinture. Avec Reach, il s'agit non seulement de répertorier tous les produits qui la composent mais aussi d'étudier les effets sur l'utilisateur, des effets qui peuvent varier selon qu'on emploie un rouleau ou un pistolet. Les conditions d'utilisation du produit doivent donc être précisées. Les producteurs comme les distributeurs sont tenus de communiquer ces informations sur une période d'au moins dix ans après la date de fabrication du produit. En cas d'importation, la responsabilité est transférée à l'importateur.

« Oui, bien sûr, il faut améliorer la connaissance que nous avons de certaines substances et de l'utilisation que l'on en fait, explique Philippe Prudhon, directeur du département technique à l'UIC (Union des industries chimiques). Oui, les produits chimiques peuvent être, dans certains cas, responsables de cancers, mais on passe du déterminisme à la probabilité. On sait qu'un avion peut s'écraser au sol – c'est le déterminisme. Faut-il pour autant l'interdire, compte tenu de ce risque ? – c'est la probabilité. À vouloir tout savoir, on ne sait plus rien, on perd le bon sens. Les rejets d'une cheminée sont contrôlés, tout comme les échelles, selon une réglementation précise. C'est le parapluie universel, et au moindre nouvel accident il faut savoir qui est responsable pour le poursuivre. »

Les entreprises européennes vont devoir se faire enregistrer à l'agence installée à Helsinski, qui attribuera à chacune un numéro de code. Reach va générer de l'innovation et de la richesse, mais à quel prix ? La Chine, qui nous bombarde de jouets estimés dangereux, ne va-t-elle pas poursuivre son offensive commerciale avec des produits chimiques ? Les industriels, qui estiment que la mise aux normes Reach va coûter 5 milliards d'euros, ne seront-ils pas tentés de se délocaliser dans des pays où les investissements requis par ces normes seront moins chers ?

À Bruxelles, on sait que les Chinois s'apprêtent à exploiter les opportunités offertes par Reach et que des laboratoires se sont ouverts pour fournir des informations aux industriels intéressés. La chimie est la troisième industrie européenne, elle compte 31 000 entreprises qui emploient 1,9 million de salariés. « Reach va stimuler la compétitivité de l'industrie chimique européenne et contribuer à la gestion saine des produits chimiques dans le monde », déclare Stavros Dimas, commissaire européen à l'Environnement. C'est dans les chiffres de l'emploi, l'ouverture ou la fermeture d'usines chimiques européennes et l'évolution de leur chiffre d'affaires qu'on pourra juger les performances ou les contre-performances de Reach.

Les initiatives législatives viennent de la Commission européenne, une technostructure qui n'arrête pas de produire de nouveaux textes. « On les supplie à genoux de ne pas amplifier mais de simplifier, rien n'arrête la plume des eurocrates, ils en rajoutent toujours une couche. » Cette critique est d'autant plus paradoxale que les entreprises réclament une réglementation unifiée afin de ne pas devoir consulter les uns après les autres les pays dans lesquels elles exportent pour savoir ce qui est autorisé et ce qui ne l'est pas. Mais ce qui est bon pour les grandes entreprises l'est moins pour les petites qui vivent dans le système normatif français, qui souvent n'exportent pas et qui, soudain, sont confrontées à une concurrence nouvelle. Derrière les récriminations à l'égard de Bruxelles, il y a souvent des relents protectionnistes. Mais ce qui est vrai, c'est que, sous couvert d'harmonisation, on sur-réglemente en entraînant une inflation de textes et un recours systématique à des spécialistes pour les interpréter. On ne sait jamais restreindre le champ d'application de la loi, juger de ce qui est utile ou ne l'est pas. Alors on réglemente tout, et comme l'administration française a peur de se voir déposséder de son pouvoir réglementaire, elle se livre à la surenchère.

Ce sont de nouveaux les douaniers qui fournissent un exemple de cette surenchère. En charge du contrôle de l'alcool et du tabac, ils peuvent débarquer à l'improviste, aussi bien dans un bureau de tabac que dans une distillerie pour inspecter les stocks. Personne ne trouve à redire à ces opérations permettant de surveiller nos importations comme de vérifier les stocks déclarés. Mais ce devoir de contrôle qui leur est imparti ne connaît plus de limites.

Ainsi une entreprise fabriquant des appareils pour la pétrochimie, des échangeurs thermiques dont le système s'apparente – en simplifiant – à celui des alambics, a reçu la visite des douaniers. Certains des appareils destinés à la pétrochimie atteignent la taille d'un immeuble de quatre étages et ne constituent pas vraiment l'instrument adéquat pour fabriquer du calvados en douce ou de la gniole à la sauvette. Verdict de l'escouade de douaniers : en modifiant ces échangeurs thermiques, on peut les transformer en alambics. Conclusion : il aurait fallu les déclarer aux douanes locales. Résultat : stock bloqué et menaces d'amende. Il a fallu que les dirigeants de l'entreprise remontent très haut dans la hiérarchie des Finances pour faire lever les sanctions décidées par les douaniers à l'encontre de l'entreprise.

Entre Bruxelles et Paris, le courant ne passe pas toujours très bien. Sous pression espagnole, une directive européenne a mis l'accent sur les « machines pyrotechniques » et, notamment, les pétards et feux d'artifice qui font fureur du côté ibère des Pyrénées et occasionnent de nombreux accidents. Le gouvernement espagnol, qui n'osait pas prendre les mesures nécessaires pour calmer les utilisateurs de pétards, a donc fait appel à l'Europe pour l'aider. Et, par un miracle technocratique, la fusée Ariane s'est retrouvée classée parmi les « engins pyrotechniques » de foire. On en rit encore.

Combien y a-t-il de textes européens ? Selon un lobby britannique, Open Europe, installé à Bruxelles, réputé, il est vrai, pour être eurosceptique, le nombre de pages des textes réglementaires européens serait, non pas 80 000 mais 170 000. « Peut-être la Commission écrit-elle sur les deux côtés d'une page », écrit Open Europe. Même à Bruxelles l'humour reste britannique. Le préfet Claudius

Brosse écrit dans *L'État dinosaure*, déjà cité, que l'Europe fabrique des textes « aussi vite qu'une usine fabrique des boulons ou des casseroles ». La Commission européenne a été saisie d'une rage réglementaire excessive. La création du grand marché a donné lieu à un régime réglementaire et normatif qui dépasse l'entendement. Ainsi le lait est-il défini de la laiterie au biberon « pour être sûr que ce soit le même liquide à Stockholm et à Athènes », s'amuse Renaud Denoix de Saint-Marc. Au nom de la concurrence, on multiplie les règles et on accouche d'une réglementation touffue. Directives et règlements ignorent les différences et, au nom de la libre circulation, on banalise et on standardise. Les goûts et les habitudes sont ignorés. Un seul règlement pour les 27 pays de l'Union et la même tomate ou le même concombre d'Oslo à Palerme. Une taille et un diamètre fixés pour les concombres ainsi que le nombre de tomates, et leur circonférence, à mettre dans un cageot.

L'Union européenne prend conscience qu'elle risque de périr de sa fonctionnarisation, étouffée sous un monceau de textes et éloignée à tout jamais des citoyens. Le sénateur Hubert Haenel écrivait en mars 2006 : « À l'échelon de l'Union, dans le cadre de la nouvelle initiative "Mieux légiférer" lancée par le commissaire Günter Verheugen, toute proposition législative importante passe désormais par les étapes d'un Livre vert, organisant une large consultation, puis d'un Livre blanc tirant les conséquences de celle-ci. » La réforme de la réglementation devient une préoccupation majeure à Bruxelles, comme à Paris.

C'est ce que confirme Me Debruix du cabinet Hogan et Hartson : après la très forte augmentation du volume de textes communautaires due à l'ouverture du grand marché,

Bruxelles s'efforce de diminuer sa production législative. Mais le problème, souligne cet avocat, est que de nombreux textes communautaires et nationaux se superposent et que les textes nationaux ne sont pas supprimés au profit des textes en provenance de Bruxelles.

La Commission européenne entend faire de la réforme normative un des principaux critères d'appréciation des États membres. Elle souhaite que la procédure d'évaluation préalable, mise en place en Grande-Bretagne, au Canada et en Espagne, notamment, serve de socle à la modernisation de l'État, à la rationalisation de l'administration et à la diminution du nombre de fonctionnaires. La Commission espère ainsi rapprocher les citoyens non seulement de leurs États nationaux mais aussi de l'Union européenne. Il n'y a pas meilleurs prosélytes que les convertis.

En 2005, le travail gouvernemental sur les questions européennes a été réorganisé sous l'égide du secrétariat général aux Affaires européennes. L'actuel titulaire du poste, Jean-Pierre Jouyet, est un des meilleurs spécialistes de ces questions et un haut fonctionnaire respecté dans toutes les capitales. La France prend la présidence européenne le 1er juillet 2008. Saura-t-elle proposer des mesures contre l'inflation législative, la sienne et celle de Bruxelles, plus crédibles que les mesures annoncées pour faire diminuer nos déficits budgétaires ?

En octobre 2006, la France a apporté son soutien à Günter Verheugen, vice-président de la Commission européenne, qui a décidé « de simplifier, de rationaliser afin de mieux légiférer ». À Bruxelles comme à Paris, la haute fonction publique fait de la résistance. À Paris comme à Bruxelles, la complexité lui sert de « plat de résistance ». « Pour un certain nombre de fonctionnaires de la Commission, l'intégration de l'Europe se mesurait à la quantité des textes produits », déclarait-il aux *Échos*, en novembre 2006. Et les Français de s'inquiéter. « Mieux légiférer ne doit pas signifier moins légiférer », affirmait Catherine Colonna, alors ministre déléguée aux Affaires européennes. On croit rêver. Le commissaire européen en charge de l'Industrie enfonce cependant le clou bruxellois : « Mon objectif est de réduire le coût du fardeau administratif de cette réglementation d'au moins 25 % d'ici à 2010. » Un fardeau qu'il évalue à 150 milliards d'euros.

Le commissaire Verheugen a supprimé 68 projets de texte qui attendaient sagement, sur la table du Conseil des ministres, d'être appliqués. Il veut également tailler dans le vif des textes législatifs communautaires en abrogeant, modifiant ou refondant certains d'entre eux. La procédure est lente et trente textes seulement ont été « nettoyés » en 2006 au lieu des cinquante prévus. Les critiques de Verheugen contre les abus de pouvoir de la technocratie européenne ont fait des vagues jusqu'à Berlin où l'on a même évoqué son départ anticipé de la Commission. Sous tous les cieux, il est devenu périlleux d'essayer de se faire obéir de son administration. « Dis, tonton, pourquoi tu tousses ? » Derrière cette fameuse réplique de Fernand Raynaud, il y avait « un beau paquet d'oseille ». Alors, tout ça, combien ça coûte ?

« Dis, tonton, pourquoi tu tousses ? »

En dix ans, la dette publique a augmenté de sept points et représente aujourd'hui 18 000 euros par Français et 41 000 par ménage, informe la Cour des comptes dans son rapport 2007. En 1985, des économistes sonnaient le tocsin : la dette va dépasser 1 000 milliards... Il s'agissait de francs. Entre 1990 et 2007, la dette a progressé de 235 %, elle frôle 1 200 milliards d'euros auxquels il faut ajouter l'engagement de paiement de retraites des fonctionnaires de l'ordre de 1 000 milliards.

La Sécurité sociale est dans le rouge, les collectivités locales sont dans le rouge, les administrations sont dans le rouge. La France n'est plus capable d'équilibrer le moindre de ses comptes. Elle a perdu le contrôle des différents budgets. C'est le résultat le plus visible et le plus inquiétant de ce gâchis législatif et administratif. Le remboursement de la dette absorbe 15 % du budget général, la totalité de l'impôt sur le revenu. Et au moindre relèvement des taux d'intérêt, la France est frappée du syndrome des *subprimes* et le remboursement de sa dette pourrait un jour devenir le premier poste budgétaire devant l'Éducation nationale. En 2006, on a enregistré une légère baisse du taux d'endettement, parce que la France vendait des « bijoux de famille ». On appelle cela « cession d'actifs publics ». En 2007, l'État a dépensé 38,4 milliards d'euros qu'il n'avait pas et qu'il a dû emprunter – l'emprunt aurait été beaucoup plus lourd s'il avait honoré toutes ses factures. « L'État n'a pas réglé toutes ses dépenses l'an dernier. Il aurait dû régler 1,5 milliard à la Sécurité sociale et 2,7 milliards au Régime agricole », explique Jean Arthuis, le président de la commission des finances du Sénat.

Comment la France parviendra-t-elle à rembourser cette dette ? Dans le passé, elle a largement utilisé le remède de cheval qui s'appelle inflation, remède que la Banque centrale européenne refuse désormais de délivrer. Le slogan « Consommez aujourd'hui et payez demain » est devenu la devise nationale : croissance, organisations sociales, remboursement de la dette, nous achetons tout ou presque à crédit.

Remis en décembre 2005 à Thierry Breton, le rapport Pébereau sur l'endettement de la France lançait un message clair : non seulement l'excès de dépenses publiques n'a pas soutenu la croissance, mais il l'a freinée. Avec plus de 40 milliards de remboursement annuel, la France ne peut pas utiliser l'arme budgétaire. Nicolas Sarkozy en 2004, Thierry Breton en 2005 utilisaient le même langage : la France vit au-dessus de ses moyens. « La remise en ordre des finances publiques doit être la priorité de la prochaine magistrature », affirmait Michel Pébereau un an après la remise de son rapport. François Fillon a fixé à 2012, c'est-à-dire à la fin du quinquennat de Nicolas Sarkozy, le retour à l'équilibre budgétaire.

Mettra-t-on en place les outils de contrôle de la dépense publique que demandait le député Fourgous ?

Le président du groupe UMP à l'Assemblée, Jean-

François Copé, a annoncé en août 2007 son intention de mettre en service le 1er janvier 2008 un « office de contrôle de l'activité gouvernementale au Parlement ». Il serait inspiré du NAO britannique dont nous avons parlé et servirait notamment à estimer, sur-le-champ, le coût d'un amendement proposé par les députés pendant les débats parlementaires ou à mesurer l'impact de certaines lois dites de circonstance.

En décembre 2007, cinq députés (Louis Giscard d'Estaing, Jean-Michel Fourgous, Philippe Cochet, Olivier Dassault et Sébastien Huyghe) écrivent dans *Les Échos* : « Renforcer le pouvoir de contrôle du Parlement est d'autant plus nécessaire que nous ne pouvons continuer à voter, comme c'est le cas à l'heure actuelle, des budgets entièrement façonnés par l'administration, aussi compétente et dévouée soit-elle. Il n'est pas admissible qu'entre le budget qui nous est présenté et celui que nous délivrons à la nation les écarts soient aussi faibles, une fraction de millième, qu'ils sont actuellement (...). C'est aussi à cette occasion (la préparation du budget) que nous pouvons contribuer à la grande tâche à laquelle s'est attelé Nicolas Sarkozy. » Nous nous retrouvons dans la même situation que celle de l'amendement Fourgous (chapitre IV). La réponse de François Fillon sera-t-elle du même tonneau que le refus de l'époque ? Nicolas Sarkozy a déclaré, en décembre 2007, en ouvrant le Conseil de modernisation des politiques publiques : « La réforme de l'État, il faut cesser d'en parler (...). Il faut la faire (...). Il faut des marges de manœuvre supplémentaires (...). Il faut réduire le poids de nos dépenses. » Comparant les taux de dépenses publiques français et allemands, le président de la République a observé qu'au moins 150 milliards d'euros devaient pouvoir être économisés, sans quoi nous n'irons pas chercher le point de croissance qui nous manque. « Il faut avoir le courage de solder vingt-cinq années de promesses intenables », avait déclaré Gerhardt Schröder en devenant chancelier.

Pour retrouver sa liberté politique, l'État doit remettre en cause son fonctionnement législatif et administratif.

En France le coût de l'inflation normative est chiffrable à travers le nombre d'organismes multiples, les postes de fonctionnaires qui s'y rattachent, les budgets conséquents, les aides et subventions jamais contrôlées, les erreurs, la corruption et les fraudes, ce sont les coûts directs. Mais l'insécurité et le foisonnement juridiques entraînent ce qu'on appelle des coûts induits : la multiplication des procédures se transforme en dépenses supplémentaires. On constate une augmentation significative des recours au pénal là où, il y a une vingtaine d'années, on saisissait les juridictions civiles. On enregistre une explosion de la saisine des juridictions administratives.

En mars 2005, lors d'un forum-débat intitulé « Justice en péril », Bernard Évin, alors président du Syndicat de la juridiction administrative, a révélé que « le nombre d'affaires nouvelles portées devant les tribunaux administratifs en 2004 s'[était] élevé à 462 412, soit une augmentation de 17,9 % par rapport à 2003 ». Cette croissance remonte au milieu des années 1970, elle n'est donc pas nouvelle. « Ce qui est nouveau, c'est l'accélération brutale du rythme de croissance au cours des dernières années. On est passé d'un rythme annuel de 5 % à près de 18 %. L'inflation et la complexité normative figurent dans les explications majeures du phénomène », avait souligné Bernard Évin. Les raisons de cette complexification sont nombreuses :

• inflation législative accentuée par le dépôt d'amendements gouvernementaux de dernière minute,

• utilisation massive des ordonnances, ce qui accentue l'inflation normative et la complexité des règles,

• textes abusivement qualifiés de simplificateurs qui en réalité compliquent encore plus les règles,

• textes adoptés qui manquent de lisibilité et leurs dispositions de portée pratique,

• textes non appliqués qui accroissent la complexité, de même que les directives européennes mises en œuvre tardivement,

• textes modifiés de façon incessante : le Code des marchés publics a été refondu ou profondément ajusté tous les ans depuis quatre ou cinq ans,

• émiettement de l'administration française qui accentue bien évidemment cette complexité.

Prenons l'exemple de l'immobilier et du foncier.

Les communes dotées d'un POS (Plan d'occupation des sols) le modifient constamment. En outre, ces POS doivent être élaborés selon des règles si nombreuses et tatillonnes que les juristes spécialisés se font fort d'en faire annuler neuf sur dix. Marc Spielrein affirme qu'« il est devenu rigoureusement impossible de construire et [qu']on aboutit à des absurdités ». Ainsi, le permis de construire pour l'extension de Rungis a, pendant près de deux ans, navigué entre dépôt, recours, annulation et confirmation, etc., tant est si bien que Marc Spielrein s'est trouvé détenteur de... deux permis de construire. Une insécurité juridique qui a coûté cher : 600 000 euros.

On trouve toujours un motif, même le plus futile, pour faire capoter un projet et cela coûte toujours des dizaines, voire des centaines de millions. Retrouvons Claude de La Panouse qui, cette fois ne croise pas le fer mais avec l'administration mais avec des associations et notamment celle de José Bové.

Il ne restait du château du Colombier dans l'Aveyron que des murs, il est vrai, solides. La plupart des planchers étaient effondrés et les toits manquaient. Soutenu et encouragé par les élus qui voient dans ce château l'occasion d'une attraction touristique, Claude de La Panouse restaure le bâtiment, recré un jardin médiéval et installe, comme à Thoiry, des animaux. Après enquête publique, il reçoit l'autorisation d'ouvrir ; on vend les billets mais à la veille de l'inauguration les procédures vont faire annuler l'ouverture.

Dans sa demande de permis de construire, Claude de La Panouse avait omis de signaler qu'une Zinief (zone d'inventaire écologique et de fouilles) se trouvait à proximité du Colombier de même qu'un vignoble d'appellation contrôlée (le vin de Marcillac). Annulation... L'affaire remonte jusqu'au ministre de l'Intérieur de l'époque, Jean-Pierre Chevènement, qui déclare qu'il n'enverra pas les gendarmes au Colombier tandis que sa collègue ministre de l'Environnement, Dominique Voynet, menace du contraire. « Le pouvoir judiciaire est discrétionnaire, il dit tout et son contraire », commente Claude de La Panouse qui a finalement pu ouvrir son domaine après trois nouvelles enquêtes publiques.

Derrière les opposants de bonne foi qui refusent des constructions monstrueuses, il y a les idéologues qui s'insurgent contre toute modification du paysage, et puis il y a les « intéressés », des procéduriers qui occupent leurs loisirs à débusquer la plus infime irrégularité, et ces juristes du dimanche profitent du foisonnement et de la complexité des textes. Dans les communes très touristiques où maisons et terrains valent très cher, les propriétaires se regroupent en « associations de défense » qui attaquent tout nouveau projet. Des riverains, après le dépôt d'un permis de construire, réclament au promoteur soit un dédommagement pécuniaire, soit des travaux d'amélioration sur leur terrain, invoquant un préjudice que leur feraient subir les travaux envisagés. Enfin, il y a les « intéressés » qui font un « véritable commerce » de la complexité juridique en déposant un recours en annulation du permis de construire, recours qui débouche sur un arrêt des travaux – dans la majorité des cas, le promoteur cède pour éviter les pénalités financières d'un retard.

En janvier 2007, un procès hors normes s'est déroulé devant le tribunal correctionnel de Meaux. « Au pays de Picsou le bon plan finit au tribunal », titrait *Libération* du 5 février 2007. Dix personnes étaient soupçonnées « d'escroquerie ou de tentative d'escroquerie en bande organisée », pour avoir déposé quatre recours en annulation de permis de construire pour d'importants centres commerciaux que devaient réaliser des groupes de promoteurs puissants français et anglo-saxon. Se cachant derrière un écran constitué de plusieurs sociétés, ils monnayaient le retrait de leur procédure. Les promoteurs proposèrent jusqu'à 3 millions de francs (c'était en 1997), les « plaignants » en réclamaient 40. L'affaire était bien montée... c'était un des avocats des promoteurs qui avait rédigé le recours contre ces permis de construire avant de le faire déposer par un de ses confrères. Le procureur de la République a requis des peines sévères.

Il est très difficile de chiffrer le coût global de ces procédures. Qui se souvient de l'affaire du « pique-prune », plus connu sous le nom d'*Osmoderma eremita*, un scarabée en voie de disparition et donc particulièrement protégé ! À la fin des années 90, le projet d'autoroute A 28 traversait le département de la Sarthe, un des derniers lieux de villégiature du pique-prune. Les constructeurs de l'autoroute avaient négligé quatre textes :

- la loi de 1976 qui interdit la destruction du scarabée pour quelque motif que ce soit,
- la directive européenne 92/43 « Habitat »,
- la directive européenne 93/37 sur la concurrence,
- la convention internationale de Berne.

Des recours furent déposés, un nouveau tracé fut établi qui respectait le repos du pique-prune, des nouvelles expropriations décidées et la mise en service de l'autoroute différée. Pour avoir oublié le pique-prune, il en a coûté 2 milliards de francs au promoteur du projet autoroutier.

Toutes ces lourdeurs, complexités et contradictions coûtent des milliards d'euros et favorisent la fraude et les erreurs dans le foncier et l'immobilier, dans tous les domaines. Dans une enquête de septembre 2007, la Direction générale de la concurrence, de la consommation et de la répression des fraudes (DGCCRF) a constaté que sur 309 entreprises de construction de maisons individuelles contrôlées, 222 sont en infraction.

Dans le quartier de la Défense à Paris, la Cour des comptes, en janvier 2007, a relevé des infractions graves dans la gestion et la comptabilité de l'Épad (Établissement public pour l'aménagement de la région de la Défense). Et en octobre de la même année, la commission des finances du Sénat établissait le même constat : absence de documents d'urbanisme ayant entraîné des contentieux avec des promoteurs, difficultés dans la commercialisation des droits à construire, anomalies comptables, certaines graves et d'autres sérieuses, à la suite d'interventions dans un cadre juridique irrégulier en matière de voirie, incapacité de l'Épad à évaluer ses actifs. En clair, l'État ne respecte pas les règles qu'il demande aux entreprises privées d'appliquer. Deux ans avant les constatations de la Cour des comptes et du Sénat, le procureur de la République de Nanterre avait ouvert une enquête préliminaire sur la construction des tours du plus grand quartier d'affaires d'Europe. L'affaire est toujours en cours et les services de la Direction départementale de l'équipement (DDE) estiment à environ 40 000 le nombre de mètres carrés construits illégalement.

L'État, qu'il soit promoteur ou agent immobilier, parvient à perdre de l'argent aussi bien en vendant qu'en achetant un bien. Voici l'histoire de l'Imprimerie nationale, une belle histoire qu'on raconte le soir aux promoteurs insomniaques pour qu'ils s'endorment. Rue de la Convention dans le XVe arrondissement de Paris, à quelques centaines de mètres du pont Mirabeau (« Sous le pont Mirabeau coule la Seine... »), l'Imprimerie nationale, propriété intégrale de l'État, possédait 20 000 mètres carrés de bureaux et 10 000 mètres carrés voués à des activités diverses, une mine d'or immobilière.

En 2003, l'État cède la « mine » à la société Carlyle pour 85 millions d'euros... et la lui rachète, quatre ans plus tard, pour 325 millions d'euros. Soit 240 millions de plus-value pour Carlyle et de moins-value pour les contribuables. Les limiers de l'IGF (Inspection générale des finances) sont dépêchés sur les lieux et leur rapport est rassurant : les travaux de rénovation, de modernisation et de rationalisation qui ont coûté 100 millions sont justifiés et l'État a bien fait de rachcter ces bâtiments pour y loger les services du ministère des Affaires étrangères. De plus, le prix de l'immobilier ayant doublé, le prix de rachat est justifié.

En revanche, l'IGF épingle l'Imprimerie nationale qui a

mal vendu son bien et qui aurait pu en obtenir 35 millions de plus. Alors, question : pourquoi l'État n'a-t-il pas gardé cet immeuble pour le restaurer lui-même ? Eh bien, selon ceux qui connaissent le dossier, les règlements et procédures du Code des marchés publics sont tellement compliqués que si l'État avait diligenté ces travaux lui-même les jeunes attachés d'ambassade qui doivent occuper ces locaux auraient été ambassadeurs en retraite avant l'inauguration du bâtiment. Une galéjade ? Il s'est écoulé près de trois ans entre la promesse de vente et la signature de l'acte authentique, trois ans pendant lesquels Carlyle a effectué les travaux sans avoir payé l'immeuble à l'État... Quelques mois après son rachat officiel, il le revendait au même État.

Ubu en bégaie d'émotion et ferme les yeux de plaisir. Attendez, Père Ubu, ce n'est pas fini. Aucune clause de revalorisation de l'immeuble n'avait été prévue, ni aucun acompte ou accord de règlement échelonné et, mieux encore... l'Imprimerie nationale pour financer son propre réaménagement a contracté un crédit-relais de 5,3 millions d'euros ; elle devait recevoir, fin 2003, 63 millions de l'État, portés à 197 millions en mai 2005. Il paraît que le Trésor avait préconisé de sécuriser la vente et donc de la hâter. Ubu ne s'étonne pas que l'Inspection des finances ait trouvé l'opération exemplaire et personne ne s'étonne plus de voir le fisc passer des mois sur un dossier de contribuable particulier pour lui réclamer quelques dizaines d'euros.

Un certain nombre de députés, aussi émus qu'Ubu par l'avatar national de l'Imprimerie, ont décidé d'aller regarder d'un peu plus près la façon dont l'État exerce son métier d'agent immobilier. En 2008, les ventes d'immeubles publics doivent représenter 600 millions d'euros.

Doivent être cédés : l'hôtel Montesquiou-Fézensac, rue Monsieur (actuel ministère de la Coopération), le centre de conférences Kléber et des immeubles dans le Marais. Là aussi aucun impact budgétaire, c'est-à-dire aucune étude de prix, n'a été examiné.

Et nous retrouvons Georges Tron qui, après avoir enquêté sur les organismes de prévisions économiques, a mis son nez dans l'immobilier public. Il a été surpris. Le mot est faible : « Il n'y a plus de pilotage politique dans l'immobilier de l'État depuis les années 80. Chaque ministère fait ce qu'il lui plaît... », estime le député de l'Essonne. Si les ministères ont le même sens des affaires que l'Imprimerie nationale, on n'a pas fini de rigoler dans les chaumières. Les immeubles sont sous-occupés, l'utilisation précise des locaux n'est pas connue, d'anciens bureaux sont désertés, etc. Et pourtant il ne s'agit pas d'une mince affaire : il y aurait 58 000 immeubles affectés au service de l'État ou d'établissements publics pour une valeur de l'ordre de 60 milliards d'euros.

L'État ne se conduit pas mieux dans les banlieues qu'avec dans les aristocratiques hôtels du boulevard Saint-Germain ou les immeubles haussmanniens des beaux quartiers. Comme d'habitude, l'État a fait pleuvoir sur les banlieues des lois, des règlements, des sigles et des milliards. Selon les époques on a inventé des contrats, des observatoires ou des conseils. « Même les maires se perdent dans les sigles », explique *Le Parisien* du 7 novembre 2007. Accroche-toi, Zazie, ça va tanguer... Il y a l'ACSE (Agence nationale pour la cohésion et l'égalité des chances), il y a les ZFU, les ZRU, les ZEP, les CUCS (qui font, paraît-il, beaucoup rire dans les cités), le CIV ou bien encore le CLV, c'est-à-dire le Comité interministériel des villes et le Conseil interministériel des villes. Il ne faut pas oublier l'ANRU (Agence nationale pour la rénovation urbaine). En matière d'emploi, chaque ministre a supprimé ce que son prédécesseur avait décidé et ainsi les emplois villes de Raoult ont été remplacés par les emplois jeunes d'Aubry auxquels ont succédé les contrats aidés de Borloo... Il y aurait en tout une trentaine de sigles et 751 ZUS – les zones urbaines sensibles.

En banlieue, on touche du doigt la fracture qui s'élargit entre ceux qui font les lois, les règlements et les sigles et ceux qui les appliquent sur le terrain, c'est-à-dire l'administration à Paris et les organismes sur place. Dans les ZUS vivent environ cinq millions de personnes avec un taux de chômage de 22 % – 42 % chez les jeunes de 15 à 24 ans (chiffres 2005). Comme partout ailleurs, et comme toujours, la même constatation : lourdeurs dans l'instruction des dossiers, millefeuilles de lois, dispositifs et subventions et, comme d'habitude, aucune évaluation des résultats.

En 2006, l'embrasement des banlieues a provoqué la réunion d'urgence du CIV (Comité interministériel des villes), créé en 1984 et présidé par le Premier ministre. Dès la première voiture incendiée, on concocte une loi et un sigle accompagnés d'un chèque et on retombe dans la routine sitôt le dernier policier caillassé. Chaque nouveau gouvernement impose ses priorités qui changent d'autant plus vite que le fauteuil de ministre de la Ville est un siège éjectable : 19 ministres en 17 ans. La priorité est tantôt le sport, tantôt le langage, tantôt le civisme, tantôt l'emploi, tantôt les loisirs. Du fond de leur bureau du VIIe arrondissement, les fonctionnaires parisiens concoctent des programmes destinés aux jeunes dans les cités. Ce ne sont pas les milliards qui manquent : plus de 7 milliards en 2006, au total 34 milliards depuis 2000, ont été consacrés à la politique de la ville.

Ce ne sont pas non plus les lois qui font défaut : pas moins de 14 lois se sont succédé en 20 ans. Le calendrier des lois suit le rythme des émeutes depuis celles de 1985 aux Minguettes qui ont débouché sur « Banlieues 89 ». Sur le terrain, ça ne suit toujours pas. En novembre 2007 les reporters du *Parisien* se rendent à Clichy-sous-Bois et rencontrent les responsables du CGMB (Conseil de gestion de Maison-Blanche) qui comprend des salariés et des bénévoles. « On a toutes les casquettes, confie Zoulikha, on est animateur, avocat, assistante sociale, confident. On aide les jeunes à chercher un emploi, on remplit les documents administratifs pour les familles... mais on dirait que le gouvernement s'en fiche. » Les permanents sont payés en retard, les subventions sont versées avec un retard de six mois.

Pendant la campagne présidentielle, Nicolas Sarkozy a évoqué un « plan Marshall » des banlieues. Le plan concocté par la secrétaire d'État Fadela Amara a déclenché la colère de sa ministre de tutelle, Christine Boutin, qui a trouvé que l'ex-présidente de l'association Ni putes ni soumises avait enfilé vite fait bien fait le costard des technocrates. « On ne résoudra pas le problème des quartiers par un énième plan qui se résumerait à leur donner encore plus de moyens », déclara-t-elle au journal *La Croix* du 14 janvier 2008. « Qui peut croire qu'il suffit d'un catalogue de mesures (...) de rajouter un dispositif sur l'autre », précisa-t-elle dans *Le Monde* du 16 janvier.

C'est le président de la République lui-même qui a présenté, à l'Élysée, le vendredi 8 février, « la nouvelle politique pour les banlieues » en affirmant qu'il fallait réinventer « la ville ». Les jeunes sans emploi se voient offrir un « contrat d'économie », les « écoles de la deuxième chance », qui doivent accueillir les jeunes sans qualification, sont généralisées. La loi de finance pour 2009 doit comporter une réforme de la fiscalité locale, très attendue par les maires des villes de banlieue. On verra assez rapidement si ce « plan Marshall » réussit mieux que les autres.

S'il reste une portion de « plan Marshall », il faut la réserver pour les ports. La France n'a pas mieux adapté ses ports à la mondialisation que ses villes et banlieues à l'immigration. La Chine, à peine réveillée, exige pour son petit-déjeuner de l'acier, de la ferraille, du papier, du bois, du pétrole et des matières premières en tout genre. Elle est devenue l'atelier du monde ; elle et les pays asiatiques fabriquent les trois quarts de nos chaussettes. C'est un exemple. Une brouille avec la Chine, et Zazie n'a plus de socquettes. L'appétit chinois a fait exploser le trafic maritime mondial. Le trafic du container a triplé en quinze ans en Europe et il va doubler d'ici 2015 (cf. *Cyclope 2007*, Éditions Economica). Le nombre et la taille des bateaux comme la capacité des ports connaissent une croissance que rien ne semble devoir arrêter. Eh bien, figurez-vous que, comme l'écrivait Gilles Sengès dans un article des *Échos* du 30 mai 2006 intitulé « Les ports français en rade », certains sont même parvenus à perdre du trafic en 2005. Marseille, qui faisait la loi en Méditerranée, réalise désormais deux fois moins de trafic que Gênes. « Il faut être français, écrivait Gilles Sengès, pour inaugurer en grande pompe en 2006 un programme "Port 2000" dans lequel plus d'1 milliard a été injecté à ce jour (...) loin d'être anecdotique, cela illustre bien tous les travers de notre pays, notamment dans le domaine portuaire dont la gestion relève encore, pour l'essentiel, des pouvoirs publics là où d'autres ont libéralisé à tout-va. »

Comme dans les couloirs de Bercy, les bureaux de l'Éducation nationale et des autres ministères, le gouvernement cède aux syndicats sur les quais des ports. Alors que le trafic des ports de Méditerranée, en ce qui concerne les containers, a été multiplié par quatre ou cinq, il a seulement doublé à Marseille. La CGT s'y oppose depuis des années à toute modification. À l'automne 2005, l'idée de confier la gestion des quais à une compagnie privée a entraîné des conflits sociaux avec la CGT à leur tête. En mars 2007, la même centrale syndicale a bloqué le port de Marseille pendant plus de deux semaines. Pendant quinze jours, soixante-dix grévistes ont empêché l'approvisionnement du terminal par lequel transitent 40 % des importations d'hydrocarbure françaises. La raison de ce blocage ? La CGT exigeait sur le futur terminal privé de Gaz de France la création de cinq emplois publics. Les emplois Gaz de France à cet endroit-là réclament une qualification particulièrement pointue. On ne manie pas le gaz comme des bananes. Le gouvernement a cédé.

Selon la Cour des comptes, le coût de la manutention est d'un tiers plus élevé à Marseille qu'à Gênes ou à Valence en Espagne. L'explication de cet écart est à rechercher dans l'organisation du travail. Les dockers et les grutiers dépendent de deux employeurs différents et leurs horaires ne coïncident pas obligatoirement : 6 heures à 13 heures pour les grutiers ; 6 h 30 à 12 h 30 pour les dockers. La durée du travail est de l'ordre de 28 heures hebdomadaires. Le PAM (Port autonome de Marseille) doit affecter deux grutiers à chaque grue : le premier travaille, le second attend... au cas où. Du jamais vu dans tout autre port. S'il pleut, les dockers ont le droit de quitter leur travail. Et s'il pleut des primes – on en compte environ 150 –, ils ne se mettent pas à l'abri.

Marseille s'est transformée en bastion syndical et en Fort Chabrol cégétiste. Entre trotskisme et galéjade, entre pastis et grève, on ne sait plus très bien qui dirige sinon la CGT. À la compagnie de navigation SNCM (Société nationale Corse-Méditerranée), le commandant de bord donne l'ordre d'appareiller à condition que le délégué syndical du navire n'y voit pas d'objections. Il y a deux ans, des marins de la SNCM ont pris le contrôle d'un bateau en pleine mer. Un acte désigné sous le nom de « baraterie », une sorte de piraterie intérieure. « On est en train de livrer Marseille aux affairistes », estime la CGT dès qu'une entreprise privée ose débarquer sur la Canebière. En 1981 il y avait 110 000 adhérents CGT dans les Bouches-du-Rhône contre un peu plus de 35 000 aujourd'hui, ce qui explique le paroxysme atteint par la contestation. Les bateaux, comme le paquebot *Nautica*, abandonnent Marseille pour être réparés à Gênes, tel le *Millenium* au début de novembre 2005. Le directeur du Port autonome, qui avait redressé la situation financière de la société, a été lâché par le gouvernement parce que la CGT exigeait son départ comme condition à la reprise du travail. A-t-il été défendu par les autorités locales ? « Cela suffit de démolir Marseille et de mettre des gens au chômage », a lancé aux grévistes et aux élus de gauche, qui les soutiennent, le maire de Marseille, Jean-Claude Gaudin. Paroles, paroles...

Avec l'avion de chasse Rafale, il ne s'agit plus de « plan Marshall » mais de SAMU commercial. Là aussi, une belle histoire. Nos exportations d'armes s'amenuisent d'année en année. Ces exportations représentent environ 5 milliards d'euros par an et le secteur emploie 250 000 personnes. Comme pour les banlieues, la formation professionnelle, l'éducation nationale, les sports, les terrains de tennis, de football, de rugby, les pêcheurs à la ligne ou bien la réflexion économique, de nombreux comités interministériels, pour les exportations, de défense et de sécurité, se marchent sur la couture du pantalon. Il y a, au sommet de la pyramide, la DGA (Délégation générale à l'armement) et puis la CIEEMG (Commission interministérielle pour l'étude des exportations de matériels de guerre). La CIEEMG se réunit un jour tous les mois pour traiter 8 000 dossiers d'autorisation préalable et 8 000 dossiers d'autorisation d'exportation de matériels de guerre, selon la Cour des comptes. Celle-ci reconnaît l'efficacité de cette commission mais estime que des améliorations sont souhaitables. En effet, il faut une autorisation pour exporter des essuie-glaces équipant un blindé de chez Panhard. C'est normal puisqu'il s'agit d'un matériel de guerre, mais ça le semble moins quand on apprend que le même essuie-glace balaie les pare-brise des Peugeot 504.

S'il n'est pas facile d'exporter des essuie-glaces de Peugeot pour des chars Panhard, vous imaginez ce qui peut se passer quand il s'agit d'un avion de chasse, aussi superbe mais sophistiqué que le Rafale. Au moment où la France négociait la vente du Rafale au Maroc, le ministre de la Défense s'est exprimé à Toulouse, le 11 septembre 2007. Hervé Morin déclara : « C'est un avion très sophistiqué et difficile à vendre. » Pan dans le mille. Comme aide au décollage commercial, on fait mieux. Il paraît qu'au moment où il prononçait ces mots, le Rafale s'était déjà écrasé au sol après décollage (commercial), abattu par la DCA française (également commerciale).

Printemps 2006, champagne chez Dassault. Sa Majesté Mohammed VI a fait part de son intention d'acheter 25 avions de chasse français. Été 2006, Dassault propose 18

Rafale pour 1,8 milliard d'euros. Premier incident, Rabat demande à la DGA combien l'armée française achète ses Rafale. Immédiatement on lui fournit le prix qui est très inférieur à celui proposé à l'armée de l'air marocaine. Il faut savoir qu'il y a deux façons de vendre un avion : soit l'État s'en charge, et par l'intermédiaire de la DGA, négocie contrats, entretien et aides complémentaires diverses, soit le constructeur et ses partenaires (Dassault, Thalès, Snecma), à travers la Compagnie Rafale (groupement d'intérêt économique), s'occupent des tractations. Pour le Rafale, personne n'a choisi de tactique. Et les Marocains pour un seul chasseur se trouvent face à deux interlocuteurs qui proposent chacun un prix différent. Personne n'a choisi et personne, au plus haut niveau de l'État, ne tranche. Les Marocains profitent de ce rififi tricolore pour obtenir quelques avantages.

Pour décoller il faut du carburant, c'est-à-dire des dollars (monnaie des transactions du matériel aérien). Qui va payer ? On pense, bien évidemment, aux pétrodollars saoudiens et ensuite à un crédit qui serait consenti par la France, mais assorti d'une solide assurance Coface. De nouveau, rififi tricolore. Les Finances tordent le nez et réduisent les gaz, tandis que la Défense les met. Ça discute ferme entre la rue de Bercy et la rue Saint-Dominique, siège des deux ministères. Comme on approche des élections, Paris estime qu'il est urgent d'attendre. Tout le monde semble ignorer que, pour les musulmans, ne pas répondre est une façon de dire non. Après son élection, Nicolas Sarkozy découvre le dossier et accepte le schéma financier marocain. Trop tard, Rabat s'est déjà jetée dans les ailes du F16 américain. On attend pour le courant de 2008 une remise à plat de notre système d'exportation d'armes.

Hervé Novelli pensait-il aux ventes de Rafale perdues en égrenant, le 7 février 2008, les 40 milliards de déficit de notre commerce extérieur en 2007 ? Le plus mauvais chiffre depuis vingt ans. Ou bien comptait-il nos Missions économiques réparties dans le monde ? Il en est au total 168. L'Inspection générale des finances, dans un rapport de 2004, soulignait la mauvaise organisation de ces missions et le gaspillage de l'argent public. Ça devient une habitude, de Romorantin à New York la République jette l'argent par les fenêtres. La France entretient une dizaine de ces missions au Canada et aux États-Unis. À Miami, le conseiller commercial dispose de 300 mètres carrés de bureaux pour lui, son adjoint et trois conseillers. Les attachés commerciaux en poste aux États-Unis ne dépendent pas du conseiller, mais d'un pôle situé à des milliers de kilomètres de leur bureau, à New York ou Chicago. La mission économique de Miami doit être fermée, d'autres fermetures devaient et devraient suivre. La « faible valeur ajoutée par rapport aux moyens mis à leur disposition » est soulignée en rouge dans le rapport de l'IGF.

Il n'y a pas que les Missions économiques qui méritent interrogation. La France possède le plus vaste réseau diplomatique après les États-Unis. En 1997, Alain Juppé avait créé un comité interministériel chargé d'examiner les moyens de la France à l'étranger, comité enterré dès l'arrivée de Lionel Jospin à Matignon qui, lui-même appartenant au corps diplomatique, a davantage passé de temps à militer au PS qu'à fréquenter les ambassades. Parmi les domaines très secrets du ministère des Affaires étrangères : le circuit culturel. « Les confréries franc-maçonnes et le syndicalisme enseignant jouent de leur influence pour faire embaucher leurs protégés », explique Yvan Stefanovitch dans son livre *Aux frais de la princesse*[1], l'Italie et la Grande-Bretagne notamment offrent plusieurs dizaines de postes ardemment convoités et les relations et appuis l'emportent sur les compétences.

Comme partout les organismes se superposent : associations françaises d'actions artistiques, associations pour la diffusion de la pensée française, alliances françaises ; les sigles se multiplient : SCAC... CCL... CCC... et, comme d'habitude, les ministères se marchent mutuellement sur les pieds : Affaires étrangères, Culture, Éducation nationale, Équipement, etc., et distribuent des crédits sans concertation ni cohérence. Comme les employés sont nombreux et les frais immobiliers importants, la pensée française est le parent pauvre de ce système qui ne lui attribue que les miettes des crédits distribués.

Pendant la campagne présidentielle de 2002, Jacques Chirac avait annoncé la création d'une agence nationale qui regrouperait tous ces organismes et qui serait bâtie à l'image du Goethe Institut allemand ou du British Council. L'année suivante, la sénatrice Monique Cerisier ben Guiga constatait qu'« une centaine de ces organismes fonctionnent comme des clubs, des cercles d'amitié sans jamais donner de cours de langue ou offrir d'animations culturelles ».

Dans le secteur de la recherche, on retrouve la démultiplication des structures, la superposition des compétences, les conflits de pouvoir et le saupoudrage financier. La France dépense autant, voire plus, que les États-Unis pour sa recherche mais les fonds publics sont distribués de façon irréaliste. Ainsi la France accumule-t-elle un retard de sept à dix ans sur l'Allemagne, les Pays-Bas et la

1. Paris, Éditions JC. Lattès, 2007.

Grande-Bretagne et de trente ans sur les États-Unis ou Israël et commence à être distancée par l'Inde, la Chine et d'autres pays émergents. « L'écart entre les moyens mobilisés – on dépense autant d'argent qu'aux États-Unis – et les performances mesurées est dû aux faiblesses du modèle de gestion de la recherche publique française, écrit la Cour des comptes dans son rapport de 2005. Le Conseil national n'évalue les enseignants-chercheurs qu'au moment de leur recrutement et de leur promotion. » S'ils n'obtiennent pas de promotion, il ne se passe rien entre l'embauche et le départ à la retraite. Dans les universités, on ne crée pas de postes en fonction des choix stratégiques ou prioritaires, ce sont les étudiants qui déterminent ces choix. « Les postes sont créés exclusivement en fonction du nombre d'inscriptions dans chaque filière. » De 1996 à 2002, la filière Science et Vie a régressé d'1 % et celle des sciences sociales progressé de plus de 23 %.

C'est ce manque de prévisions qui explique que la France va manquer, manque déjà, de médecins et de dentistes. Au début de 2002, l'hôpital est passé aux 35 heures, là aussi sans la moindre étude d'impact. Les médecins ne peuvent pas travailler plus de 48 heures par semaine et ont le droit à 20 jours de RTT par an, soit une année de vacances supplémentaire tous les sept ans. À la fin de 2005, la bombe était amorcée : les médecins avaient accumulé un million de jours de RTT, soit près de trois siècles. Dans trois ou quatre ans, le mécanisme des retraites anticipées va se mettre en route, et la moitié des médecins hospitaliers approchant de la cinquantaine pourront comptabiliser leurs RTT pour partir plus tôt à la retraite. « Si rien n'est fait vite, des pans entiers de l'hôpital public vont mourir », estime le docteur François Aubart, président de la Coordination médicale.

Dans son rapport, la commission Pébereau avait pourtant souligné la prolifération d'outils de planification sanitaire. Les programmes régionaux de santé s'ajoutent aux programmes régionaux d'accès à la prévention et aux soins qui s'ajoutent aux schémas régionaux d'organisation sanitaire qui s'additionnent aux schémas régionaux d'éducation pour la santé qui eux-mêmes complètent les programmes territoriaux de santé et les programmes régionaux d'assurance-maladie. Comme toujours, on crée de nouvelles structures sans supprimer les anciennes. Et à quoi cela sert-il de prévoir ? Il y a deux fois moins d'hôpitaux en France qu'aux États-Unis pour une population qui est six fois moindre.

Nous pouvons nous féliciter à juste titre de la qualité des soins qu'on trouve à l'hôpital ou dans le cabinet d'un médecin. Mais il faut savoir que le système français de Sécurité sociale est celui qui prélève le plus et rembourse le moins. En septembre 2007, Philippe Seguin, premier président de la Cour des comptes, constatait : « Le déficit de la Sécurité sociale reste élevé et le total des déficits accumulés au fil des ans ne cesse de progresser (...) alors même que la conjoncture économique générait, au cours de l'exercice examiné, une croissance significative de recettes, elles-mêmes dopées par les hausses de taux d'intérêt et les recettes nouvelles non reconductibles. »

Bavard et Pétochet

« Lorsqu'un président du Conseil veut se faire applaudir sur tous les bancs, il lui suffit d'annoncer la réforme administrative, car personne ne sait ce que cela veut dire. » Remplaçons « président du Conseil » par « Premier ministre », et la constatation faite dans les années 1930 par André Tardieu est d'actualité. La réforme de l'État est, selon les commentateurs, tantôt le serpent de mer, tantôt l'Arlésienne de la vie politique française.

Depuis des années, on nous la promet sans jamais nous la donner. À gauche comme à droite, les promesses sont pourtant souvent les mêmes. La gauche promet beaucoup et finance par la subvention emplois et progrès social. La droite promet également beaucoup, notamment de libérer l'économie et de rétablir l'équilibre des finances publiques. Mais elle n'ose pas. Nous avons affaire à Bavard et Pétochet. Or, sans la réforme de l'État, il n'y aura pas cette réforme économique et sociale sans laquelle la France ne parviendra pas à entrer dans le XXIe siècle. Et pourtant Bavard et Pétochet sont tous deux conscients des retards accumulés.

Au début des années 80, le PIB (la richesse produite)

français dépassait son équivalent anglais de 15 %. Aujourd'hui c'est l'inverse et le PIB britannique par habitant excède le nôtre de 5 à 6 %. Dans les années 70, la France avait un taux de chômage de 2 %, pauvreté et précarité y étaient limitées. « Au-delà de 500 000 chômeurs, ce serait la révolution », disait le président Pompidou. Aujourd'hui, et malgré les progrès actuellement enregistrés, le taux de chômage reste un des plus élevés d'Europe, les travailleurs pauvres et précaires et les chômeurs représentent entre 18 et 20 % de la population active. Michel Rocard écrivait dans *Le Figaro* du 22 janvier 2007 que la part des salaires dans le PIB avait diminué de 11 %.

Mais depuis 1981, qui a préparé la France à l'ouverture des frontières, quand la mondialisation a repris sa course en avant après l'effondrement du mur de Berlin ? Entre le mois de juillet 1914 et le mois de novembre 1989 la mondialisation s'était arrêtée. Qui a préparé la France à l'ouverture des frontières, à la concurrence des pays émergents, à la transformation du capitalisme mondial, à l'explosion de la démographie, et à une lutte contre la pauvreté qui se transforme en immigration incontrôlée et en violences incontrôlables ? « Il y a trois bombes, a dit un jour Albert Einstein, la bombe atomique, la bombe de la démographie, la bombe de la pauvreté. »

En 1981, la gauche rêvait de transformer la France en Monaco soviétique tandis que Ronald Reagan et Margaret Thatcher préparaient les économies de leurs pays au choc de la mondialisation. Beaucoup de jeunes socialistes d'hier, qui rêvaient de la révolution dans le gouvernement Mauroy, sont devenus banquiers, assureurs ou gestionnaires de fortunes. Ils ont évolué. Pas la France. Ils ont quitté la fonction publique tandis que la France se fonctionnarisait encore plus. Et c'est pourquoi elle a aujourd'hui autant de peine à faire face aux changements du monde.

« Cette mutation touche la France plus brutalement que d'autres pays à cause de l'importance démesurée de l'État dans notre économie, dans notre société, dans notre culture », écrivait encore Michel Rocard dans *Le Figaro* de janvier 2007. « Conçu il y a cinquante ans, notre régime social est en défaut face aux réalités actuelles. Or le gouvernement (d'une façon générale) prétend seulement le sauvegarder par des amendements », écrivait, de son côté, en 2006, Philippe Herzog, ancien expert économique du Parti communiste et ancien député européen. Les amendements sont effectivement à la réforme ce que les cautères sont à une jambe de bois. Ces réflexions de deux hommes de gauche méritent de susciter la nôtre et celle de tous les hommes politiques.

Nous avons besoin d'un État, nous avons besoin de lois. Mais d'un État fort et efficace et de lois simples et respectées. Dans son livre *Les Intouchables*, Ghislaine Ottenheimer donne la parole à un haut fonctionnaire d'un grade important, qui reconnaît : « La fonctionnarisation à outrance de notre société et du Parlement a un coût considérable. Dans une société de fonctionnaires, il n'existe aucun frein constitutionnel à la hausse des dépenses. Quant au blocage et aux rigidités, le statut dépassé de notre fonction publique fige les situations et imprègne les mentalités. La réforme, et dans un premier temps la correction des abus, doit être initiée par les plus privilégiés. C'est à nous, hauts fonctionnaires, qu'il appartient de donner l'exemple et de suivre celui de la noblesse en 1789 en renonçant à nos privilèges [1]. »

1. Cité dans Ghislaine Ottenheimer, *Les Intouchables. Grandeur et décadence d'une caste : l'Inspection des finances*, Paris, Albin Michel, 2004.

Jean-Paul Delevoye, quand nous l'avons rencontré, nous a expliqué que les fonctionnaires qui souhaitaient une réforme de l'État étaient de plus en plus nombreux et qu'une part importante des réformes qui lui étaient proposées émanait de la fonction publique. Alors pourquoi depuis des années, en descendant dans la rue, et en refusant toutes les transformations, les fonctionnaires se sont-ils opposés aux propositions faites par tous les gouvernements ? Les fonctionnaires, ou les syndicats qui ont « pris la main » ?

Pierre Secret, président du Syndicat des administrateurs et inspecteurs généraux de l'Insee, posait la question dans *Le Figaro* du 22 décembre 2000 : « L'État peut-il comprendre l'entreprise ? » Son analyse le conduisait à faire un diagnostic de l'État et de notre structure économique et sociale. Une incompréhension majeure, écrivait-il, sépare le monde de l'entreprise du monde fonctionnaire. « Avec une majorité de gauche qui compte 72 % de fonctionnaires dans les rangs [c'était à l'époque du gouvernement Jospin], les principaux pouvoirs sont entre les mains des fonctionnaires. (...) cette omnipotence de l'État est encore renforcée par le fait que le principal contre-pouvoir est celui des syndicats qui sont dirigés par des fonctionnaires et dont les effectifs les plus importants viennent de la fonction publique. »

« Nous sommes de plus en plus nombreux à comprendre, poursuivait Pierre Secret, que disposant de tous les pouvoirs, élite de la nation, c'est à nous qu'il appartient d'indiquer la voie d'une démocratisation de nos institutions, qu'il appartient de faire passer l'intérêt général avant notre intérêt particulier. » Comment mieux expliquer les enjeux, les contraintes et les nécessités impérieuses d'une réforme de l'État ? Sans elle, la France continuera de marcher à rebours des autres nations européennes, sans elle, nous ne parviendrons à vaincre ni la méfiance qui s'installe, ni le chômage, ni le déficit commercial, ni le déficit budgétaire, et sans elle la dette ne cessera d'enfler.

Pendant des décennies, l'État a été un formidable outil de progrès économique et social : la reconstruction de l'après-guerre, la protection sociale, le souffle industriel du VIe Plan avec René Montjoie travaillant en osmose avec Georges Pompidou, les grands chantiers gaullistes et pompidoliens : nucléaire, téléphone, TGV, Concorde, Airbus, etc. L'État était au service des citoyens, aujourd'hui il est au service de ceux qui prétendent le servir. Qu'on garde en tête tous nos atouts : une démographie parmi les plus vigoureuses d'Europe, une formation des ouvriers partout appréciée, la situation géographique, une stabilité politique qui a fait ses preuves, et pourtant la France apparaît aujourd'hui comme l'homme malade de l'Europe.

Le préfet Claudius Brosse écrit, dans *L'État dinosaure :* « La France s'est construite autour de l'État, mais celui-ci agit dans toutes les directions au point qu'on peut se demander s'il est un domaine où il ne s'estime pas compétent. Résultat, comme une énorme machine, il n'obéit plus à une volonté unique, perd progressivement en efficacité et coûte de plus en plus cher. Son rendement s'apparente davantage à celui d'une machine à vapeur qu'à celui d'un moteur électrique. Il faut vraiment que la France soit forte pour supporter cet État en voie de décomposition[1]. »

L'État n'obéit plus à une volonté unique, mais qui ose manifester cette volonté ? Qui manifeste du courage politique ? Tout au long de notre enquête, nous avons rencontré des hommes et des femmes qui estiment que le manque de

1. Claudius Brosse, *L'État dinosaure*, *op. cit.*

courage est à l'origine de la situation et que si le Parlement doit réclamer une meilleure écoute et un plus grand respect il pourrait aussi user des pouvoirs qui lui sont confiés.

Écoutons quelques voix autorisées.

Pierre Mazeaud : « J'avais demandé, et j'avais obtenu, que les commissions aient deux mois pour étudier un texte. Parce qu'un texte soumis en urgence ne peut être examiné qu'une fois par les assemblées (...). Je vote une loi quand les décrets d'application sont prévus. C'est une exigence que devraient exprimer tous les élus. » Et Pierre Mazeaud de conclure : « Les parlementaires ne font pas leur boulot. Si un élu veut rester dans sa circonscription et revenir le jour des questions orales pour être à la télévision, cela le regarde. »

Pour Philippe Seguin, « l'inflation juridique est le résultat du manque de courage politique », et pour Roger Chinaud, « les parlementaires doivent utiliser les pouvoirs dont ils sont dotés. Ils doivent procéder à des missions de contrôle, exiger des chiffres de l'administration. Je l'ai fait lorsque j'étais parlementaire, cela n'est pas facile mais on obtient des résultats. En tout cas, les parlementaires ne doivent voter un texte que s'ils en connaissent les décrets d'application ».

Selon Jean-Paul Delevoye, « c'est un problème de volonté, d'autorité. Il faut faire respecter son autorité et le ministre doit choisir lui-même son cabinet. »

Bernard Zimmern : « Il ne faut pas imputer cette dérive aux énarques et à l'énarchie, mais à une carence de la volonté politique. Le Parlement n'exerce pas les quelques pouvoirs qui lui ont été concédés et les ministres n'en ont plus aucun ».

Les députés ont des outils à leur disposition pour effectuer des contrôles. Or, sur 1 863 rapports rédigés par les députés entre 2002 et 2007, il n'y en a que 70 qui témoignent d'un travail de contrôle. L'ancien ministre des Relations avec le Parlement, Henri Cuq, confia aux *Échos* du 24 septembre 2007 : « C'est une tournure d'esprit plus tendue vers la législation que vers le contrôle. »

Ces outils, au nombre de deux, s'appellent LOLF (loi organique relative aux lois de finance), laquelle place l'évaluation au centre des stratégies budgétaires, et MEC (Mission d'évaluation et de contrôle). Depuis 2005, les projets de loi de finance doivent comporter des annexes explicatives présentant les actions relevant d'un ministère et indiquant des objectifs précis, les coûts associés, les résultats obtenus et attendus pour les années à venir. La LOLF permet à l'administration de réfléchir en termes de missions (34 au total) divisées en 133 programmes dotés de 1 300 indicateurs. Mais c'est l'administration elle-même qui a choisi ces indicateurs et le Quai d'Orsay, par exemple, s'est bien gardé de proposer l'indicateur utilisé par le Foreign Office britannique sur la productivité de la diplomatie. Selon l'Ifrap, la LOLF, inventée par Laurent Fabius et Didier Migaud, sert en fait d'alibi pour ne pas contrôler réellement les fonctionnaires... qui sont des électeurs socialistes. L'utilisation optimale de ces outils doit reposer sur une volonté politique sans faille – ce n'est pas encore le cas.

Au début de l'année 2000, le rapporteur général du Budget, Didier Migaud, s'est rendu à Bercy pour vérifier « sur place et sur pièces » le montant de ce qu'on appelait alors « la cagnotte budgétaire ». Une incursion qui a laissés pantois certains fonctionnaires. En 2004, Jean-Luc Warsmann a défendu l'idée selon laquelle un an après la promulgation d'une loi le rapporteur de cette loi irait sur le terrain en vérifier les effets. Jean-Luc Warsmann, actuellement président de la commission des lois, et Patrick Ollier, président de la commission des Affaires économiques, ont décidé de faire épauler les rapporteurs-enquêteurs par un élu de l'opposition afin d'accentuer la pression sur l'administration.

Comment veut-on que le citoyen s'y retrouve ? Il est balancé entre l'absence de volonté des politiques et les diktats impérieux des syndicats qui prétendent défendre des acquis sociaux payés à crédit. Comment pourraient-ils croire aux promesses des uns et des autres ? Pendant la campagne présidentielle de 2002, Jacques Chirac s'était engagé à réformer l'État qu'il comparait à une entreprise endettée et sous-productive. Il s'était engagé à maîtriser la dépense publique et à diminuer les moyens de fonctionnement de l'État. Quand il a quitté l'Élysée, tous les voyants sociaux, économiques, budgétaires, commerciaux étaient au rouge.

« Ce ne sont pas les Français qui sont ingouvernables, c'est le réseau français d'autorité qui ne permet pas de gouverner », écrivait en 1976 Alain Peyrefitte dans *Le Mal français*[1]. Son ouvrage, réédité trente ans plus tard, est toujours d'actualité. Après les Trente Glorieuses, les trente piteuses. Claude Allègre, dans un article paru dans *Le Point* en novembre 2007, imputait la responsabilité du refus de réforme à Jacques Chirac et à François Mitterrand. Nicolas Baverez, dans *Le Figaro* du 17 septembre 2005, tenait le même langage : « Mais non ! Si la France ne s'est pas réformée, ce n'est pas faute d'être gouvernable mais faute d'être gouvernée. La vie française s'est enfermée, depuis 1981, dans une bulle démagogique qui l'a progressivement coupée du monde réel, ce qui explique que notre

1. Paris, Fayard, 1976 ; éd. revue et augmentée mai 2006.

pays soit passé à côté de toutes les révolutions de la fin du XXe siècle et du début du XXIe. » Pour excessive qu'elle soit, cette analyse a le mérite de nous rappeler les urgences dont la première consiste à ramener la confiance chez les Français.

Pour Yann Algan et Pierre Cahuc, cette méfiance s'est, au fil des ans, muée en défiance. C'est le titre qu'ils ont donné à leur ouvrage [1]. Les Français se méfient de leurs concitoyens, du marché, comme des pouvoirs publics, et l'incivisme vient se conjuguer à la méfiance. La faiblesse du dialogue social impose l'intervention de l'État. Mais qui rend nécessaire cette intervention, sinon l'État lui-même qui dirige tout ? L'étatisme consiste à réglementer l'ensemble des domaines de la vie civile dans leurs moindres détails, vide le dialogue social de son sens, entrave la concurrence et favorise la corruption. En 1999, l'hebdomadaire *Times* écrivait que la France était rongée par deux maux : l'élitisme et la corruption. La même année, une enquête du World Economic Forum (plus connu sous le nom de Forum de Davos) affirmait que c'est en France que les relations sociales sont le plus conflictuelles, tandis que l'OCDE constatait que le taux de syndicalisation y est le plus faible d'Europe.

Faute de dialogue, c'est la loi qui fixe les salaires à travers le SMIC. En Scandinavie, par exemple, les salaires plancher sont négociés par les syndicats ; la France est le pays où le salaire minimal concerne une partie des salariés plus importante qu'ailleurs. La « flexisécurité » de l'emploi, qui fait rêver certains, repose en fait sur une large cohésion sociale. En France, il n'y a pas de cohésion parce que nous nous méfions les uns des autres. Alors que tout

1. *Op. cit.*

le monde juge notre Code du travail dépassé, estime que sa rigidité nourrit les réticences à l'embauche, les syndicats refusent sa réforme parce qu'ils ne font pas confiance à ceux qui la proposent, parce qu'ils craignent que cette réforme conduise à un démantèlement d'une protection dont, cependant, le taux de chômage atteste l'inefficacité.

C'est l'instauration d'un modèle social corporatiste et étatiste qui a sapé la confiance, affirment Yann Algan et Pierre Cahuc. À l'étranger, des corps intermédiaires organisent la redistribution sociale, en France c'est l'État. « L'État a, du même coup, asphyxié la société civile et nourri la défiance envers la sphère publique et les élites. »

Le manque de confiance à tous les étages de la société contraint l'État à assurer le fonctionnement de l'ascenseur social. Il en est le constructeur – par la loi –, le réparateur – par les décrets ou les amendements –, et occupe les fonctions de garçon d'ascenseur avec les règlements. Enfin, il organise les pannes de l'ascenseur social en entravant le dialogue du même nom.

Parce qu'il réglemente et légifère de façon anarchique, l'État opacifie les rapports entre les citoyens. Pour Yann Algan et Pierre Cahuc, l'usage de la loi peut se comprendre dans un premier temps pour pallier la faiblesse des syndicats et remédier à la conflictualité des négociations, mais la loi ne peut pas tenir compte de la diversité des comportements. Ils expliquent que le civisme et la confiance mutuelle des Français se sont dégradés après la Seconde Guerre mondiale – on l'a déjà évoqué cela –, le corporatisme notamment consistant à octroyer des droits sociaux étroitement associés au statut, à la profession ou à l'âge. L'État a ainsi « déséquilibré les relations sociales, favorisé la recherche de rentes, entretenu la suspicion mutuelle et ruiné les mécanismes de solidarité ». C'est ce mélange d'étatisme et de corporatisme qui, peu à peu, a conduit les Français de la suspicion à la défiance, du déficit de solidarité à l'égoïsme, du repli sur soi à la peur des autres, et causé le recul devant la concurrence et le marché.

Comment peut-on faire confiance à la concurrence dès lors qu'on estime que la corruption et la fraude sont les moteurs de la réussite et que, par conséquent, dès le départ la concurrence est faussée ? La France est, avec la Belgique, le pays de l'OCDE où le niveau de défiance est le plus élevé. Les Français estiment que la concurrence fait davantage appel « aux bas instincts des individus, plutôt qu'elle n'est bénéfique pour développer de nouvelles idées ». On comprend que le mot « libéralisme » fasse si peur. Jean-François Revel écrivait dans *Le Figaro*, en juin 1999, après la défaite de la droite aux élections européennes : « Parler de libéralisme dans un pays où 54 % du PIB est directement ou indirectement contrôlé par l'État est une plaisanterie. » C'est ainsi que la méfiance envers les autres se mue en défiance envers la concurrence.

La plupart des Français estiment qu'« on n'est jamais assez méfiant », une mentalité qui explique et alimente la multiplication des lois, des règles, des procédures et des barrières juridiques de toutes sortes. Ainsi, selon l'OCDE, dans les pays nordiques et anglo-saxons la création d'une entreprise ne requiert que deux ou trois procédures et demande une semaine. À l'opposé, en France, la création d'une même entreprise réclame quinze procédures et au moins cinquante-trois jours pour les vérifier. Le général de Gaulle remarquait dans ses *Mémoires d'Espoir* : « Les rapports sociaux restent empreints de méfiance et d'aigreur. Chacun ressent ce qui lui manque plutôt que ce qu'il a[1] ».

1. Charles de Gaulle, *Mémoires d'espoir*, Paris, Plon, 1970.

Les coûts économiques et sociaux de cette dégradation ont été occultés par les Trente Glorieuses, parce que la forte croissance facilite les relations sociales, parce que seule la croissance peut apporter, non seulement des augmentations de salaires, mais aussi des créations d'emploi qui ne soient pas subventionnées. La France des champs et des usines, de l'acier et du charbon, du blé et de la pierre, la France quatrième puissance économique mondiale a su faire face à la reconstruction de l'après-guerre, à la décolonisation, à l'exode massif des pieds-noirs, à la construction européenne et à la concurrence mondiale. Mais son modèle ne s'adapte plus à la mondialisation qui est repartie au galop. Le grand reporter Albert Londres écrivait, en 1920, de Sarajevo : « Je suis sur le trottoir d'où est partie la balle qui a tué des millions d'hommes... » Où devrait se placer l'Albert Londres d'aujourd'hui pour comprendre les événements qui se sont succédé dans les domaines politique et diplomatique, économique et social après l'écroulement du mur de Berlin ?

Où se placer pour comprendre la défiance qui croît dans notre pays depuis bientôt un demi-siècle ? Où se placer, sinon sur ces promontoires que constituent les titres des journaux qui, jour après jour, permettent d'observer les événements ?

En prenant le recul d'une dizaine d'années et en égrenant ces titres sans essayer de les relier obligatoirement les uns aux autres, on saisit quelques bribes du processus qui conduit de la victoire électorale à la défaite de la réforme. Lionel Jospin prend le pouvoir en 1997 presque par surprise : la gauche ne s'attendait ni à la dissolution de l'Assemblée ni à sa victoire législative. C'est dans ce contexte, on l'a dit, que l'idée des 35 heures a été mise en chantier.

Une des raisons qui avaient poussé Jacques Chirac à dissoudre est que les études de météo économique annonçaient des nuages et de la pluie, c'est-à-dire une croissance en berne. Or Lionel Jospin, sitôt élu, va bénéficier d'une embellie que l'on peut qualifier d'historique. Non seulement la croissance mondiale est au rendez-vous, mais la croissance française va dépasser 3 % par an pendant plusieurs années, du jamais vu depuis longtemps. D'entrée de jeu, Lionel Jospin annonce qu'il ne trahira pas ses promesses, qu'il mettra en œuvre les 35 heures annoncées et, s'il se montre prudent en ce qui concerne les dépenses publiques, il manifeste son intention de ne pas augmenter les effectifs de l'État. Non seulement Lionel Jospin ne profitera pas de la croissance pour mobiliser l'économie mais les effectifs des fonctionnaires vont augmenter d'année en année.

• *5 janvier 2000. Le Monde* titre : « M. Jospin prend le contrôle direct des grands chantiers économiques ».

La réforme des 35 heures a été lancée, Christian Sautter a remplacé Dominique Strauss-Kahn à Bercy et Lionel Jospin nomme à ses côtés Florence Parly comme secrétaire d'État au Budget. Elle est adhérente au PS, a fait ses classes à la Direction du budget, elle est conseillère pour les Affaires budgétaires de Lionel Jospin depuis juin 1997. Deux technocrates socialistes qui n'ont jamais affronté le suffrage universel dirigent la plus grande administration française. « Lionel Jospin, écrit *Le Monde*, renforce la tonalité technicienne de ce ministère (...) le Premier ministre monte clairement en première ligne (...). À Matignon son directeur adjoint de cabinet, chargé des questions économiques et sociales, est Jean-Pierre Jouyet, un autre technicien. »

Le calendrier est chargé. 11 janvier : rapport sur

l'épargne salariale et les nouveaux droits des salariés ; 13 janvier : tenue des Assises de la distribution ; fin janvier, rapport sur la réorganisation du ministère des Finances (c'est le rapport Thierry Bert et Paul Champsaur) ; 1er février : entrée en vigueur de la seconde loi sur les 35 heures ; première quinzaine de février : Lionel Jospin doit dévoiler sa réforme des systèmes de retraite.

La réforme des retraites pour Lionel Jospin et celle de l'État pour son successeur, Jean-Pierre Raffarin, sont les deux réformes phares de leur mandature. Dans les deux cas, ce sera l'échec. Pour Lionel Jospin tout va se jouer au cours de la première année du XXIe siècle.

• *10 janvier 2000. Le Figaro* titre : « Le rapport Teulade ruse pour ajourner la réforme indispensable ».

Alors que l'année précédente le commissaire au Plan, Jean-Michel Charpin avait préconisé un allongement de la durée de cotisation pour les retraites jusqu'à 42 ans et demi pour tous les salariés, le rapport Teulade dit exactement le contraire. Le Conseil économique et social se couvre de ridicule par cette pantalonnade. Le rapport de René Teulade, ancien ministre des Affaires sociales, « exclut la remise en cause du système des retraites par répartition » et affirme : « l'avenir des systèmes de retraite n'a rien de dramatique ni d'inextricable ». Il considère que l'allongement de la durée de cotisation « ne constitue pas une réponse pertinente » et préconise « des négociations collectives ». C'est ce que souhaite le gouvernement.

• *21 mars 2000. Le Figaro* : « Les fonctionnaires l'arme aux pieds ».

Le quotidien explique que la réforme est à l'ordre du jour dans tous les pays, mais qu'à Paris l'immobilisme prévaut au sein des syndicats de fonctionnaires.

Le 22 mars, les syndicats se dressent contre le « pacte

des retraites » et le leader cégétiste Bernard Thibault affirme qu'il faut revenir sur les dispositions imposées au privé.

• *22 mars 2000. Libération* : « Retraites, encore la concertation ».

Le quotidien considère que Lionel Jospin s'est emparé, seul, du gouvernail, qu'il pilote face aux vents et aux caméras pour démontrer « aux citoyens-spectateurs que les difficultés ne l'arrêteront pas ». « Exercice de funambule au-dessus de la rue et des fonctionnaires qui confine à la haute voltige gouvernementale. Pour ne pas abandonner sa posture de modernisateur, il fonce entre le mur de la gauche plurielle et l'affiche présidentielle. »

Serge July écrit : « Jeudi, il annonce une vraie baisse des impôts (...) le lundi suivant, il renonce à réformer l'administration fiscale, le lendemain, il abandonne la réforme des retraites. » Dans la colonne voisine, Jean-Michel Thenard avance ce pronostic : « Dira-t-on que Lionel Jospin a perdu l'élection présidentielle au premier jour du printemps 2000 en renonçant à réformer ? »

• *22 mars 2000. La Tribune* : « Lunettes roses ».

« Le financement du régime des retraites des fonctionnaires par le Budget de l'État pourra se poursuivre en toute bienheureuse opacité. » Le quotidien économique souligne : « Les reculades honteuses du gouvernement sur la réforme de Bercy ont créé un rapport de force si défavorable pour lui qu'il n'est nullement assuré de pouvoir engager les négociations dans les termes qu'il espère. Et encore moins de pouvoir imposer sa volonté en cas d'échec, alors que tous les esprits sont déjà préoccupés par l'échéance présidentielle. »

• *23 mars 2000. Le Figaro* : « La montée du mécontentement ».

« La montée du mécontentement est le front du refus qui se bétonne, conduit les ministres à tenter d'éteindre l'incendie, leurs seaux de milliards à la main. Martine Aubry a ainsi accordé dix milliards sur trois ans aux hôpitaux (...) les reculades peuvent faire naître des espoirs. Pour l'instant les motifs de revendication sont divers : application contestée des 35 heures, recrutement, conditions de travail. En reculant pas à pas, le gouvernement montre cependant qu'il craint un embrasement général. »

• *27 mars 2000.* La presse est unanime : Jospin est ébranlé par l'échec de la réforme de Bercy.

Pour justifier son recul sur la réforme des retraites, Lionel Jospin affirme qu'il faut tenir compte d'un contexte nouveau : celui d'une croissance forte et d'un retour au plein emploi. Dans la foulée, il annonce 3 % de croissance jusqu'en 2020, 7 % de taux de chômage en 2010 et 4,5 % en 2020. Pas question de forcer la main aux syndicats : « Il est nécessaire d'agir, mais le gouvernement n'entend pas imposer une solution. La concertation doit être la règle. »

• *28 mars 2000. Le Monde* : « Les syndicats des Finances proposent de relancer la modernisation de Bercy ».

Martine Aubry est énervée contre les syndicats des Finances qui réclament le paiement des jours de grève. Devant le groupe socialiste de l'Assemblée nationale, elle s'en prend aux « corporatismes et aux avantages acquis des syndicats de Bercy, qui ne sont pas forcément de gauche ».

Quant à Lionel Jospin, poursuit *Le Monde*, il a toujours préconisé depuis qu'il est à Matignon le principe de stabilité des effectifs civils de la fonction publique. Le gel des suppressions d'emplois au ministère des Finances marque une rupture par rapport à cette doctrine. L'embauche de nouveaux fonctionnaires, qui n'a jamais cessé depuis l'arrivée de Lionel Jospin à Matignon, va prendre un nouvel essor.

• *30 mars 2000. L'Express* : « Les corporatismes ».

Dans une enquête sur le monde syndical, *L'Express* cite Michel Perrin, responsable de la fonction publique à la CFDT : « Si les corporatistes continuent à gérer le statut de la fonction publique de façon aussi rigide, il y aura à terme des remises en question sanglante ».

Au même moment, Alain Juppé remarque : « M. Jospin fait la douloureuse expérience de l'échec. »

• *4 avril 2000. Le Monde* : « Fonction publique : pourquoi la réforme attendra ».

Selon Le quotidien, les échéances électorales sont en vue et, grâce à la croissance, les caisses sont pleines... tout se conjugue pour que « le gouvernement Jospin joue la montre. Ceux qui appellent de leurs vœux la réforme de l'État, pas seulement de la fonction publique, désespèrent d'y parvenir un jour ».

« Voilà cinq ans, commente *Le Monde*, qu'après quatre semaines de fronde étudiants, agents des administrations et des entreprises publiques avaient fini par avoir la peau d'Alain Juppé : la réforme du système de santé était vidée d'une partie de son contenu, celle de la fiscalité réduite à sa plus simple expression, et la refonte des régimes spéciaux de retraite purement et simplement enterrée. »

• *Juin 2000. Challenges* : « Laurent Fabius, le top-model de l'économie ».

Laurent Fabius a remplacé Christian Sautter à Bercy. C'est l'homme qui reprochait à Lionel Jospin de ne pas aller assez loin dans la baisse des impôts. Celui qui affirmait au *Monde*, en août 1999 : « La gauche ne court pas beaucoup le risque d'être battue par la droite, mais elle peut l'être par l'impôt et les charges. » C'est ce même Fabius qui conseillait : « Voyez Tony Blair. En France, on considère souvent qu'il mène une politique de droite (...) mais instituer un salaire minimum garanti, créer un emploi jeune avec un impôt sur le produit des privatisations, donner priorité à l'Éducation nationale, ce n'est pas vraiment l'archétype de la droite. » Est-ce le même Fabius qui souhaitait avant la présidentielle de 2007 rendre la fiscalité encore plus progressive, augmenter la CSG et appeler à refuser « toute dérive centriste ou blairiste » ?

• *7 juillet 2000. Le Figaro* : « L'État doit repenser son rôle ».

Dans un nouveau rapport, remis à Lionel Jospin, Jean-Michel Charpin affirme qu'« il faut inventer de nouvelles régulations » afin de concilier l'exigence d'autonomie et de liberté des acteurs sociaux et le besoin « également croissant de repères, de sécurité, de normes collectives ».

• *9 octobre 2000. Libération* : « Aubry étouffe la société civile ».

C'est Edmond Maire, l'ancien secrétaire général de la CFDT, qui tient les propos suivants : « Je suis profondément attristé et choqué par son attitude politique. Depuis son ouverture au social, à la sortie de l'ENA, jusqu'au social étatisme dont elle fait preuve. »

• *24 mai 2001. La Croix* : « Le piège du financement des 35 heures ».

Le quotidien explique que leur coût est beaucoup plus élevé que prévu et que le gouvernement veut ponctionner la Sécurité sociale, ce qui conduit à une crise avec les partenaires sociaux.

• *21 mai 2001. Le Figaro* : « Dépenses sociales : un financement mal assuré ».

C'est au tour du *Figaro* d'expliquer que les projets emblématiques mis en œuvre depuis 1997 (35 heures et allègement de charges, emplois jeunes, couverture maladie universelle – CMU –, notamment) pèsent de plus en plus lourd sur les budgets et qu'on ne sait pas toujours « qui finance quoi ».

• *6 juin 2001. L'Expansion* : « Jospin cherche à recycler ses emplois jeunes ».

Chacun des emplois jeunes coûte 100 000 francs par an à l'État. « Que faire des emplois jeunes sans mécontenter l'opinion ? »

• *15 juin 2001. Le Point* : « Guigou : ces cadavres qu'Aubry a laissés dans les placards ».

Les avantages sociaux octroyés par Martine Aubry coûtent cher : « Il est loin le temps où Martine et Élisabeth s'embrassaient. »

Lionel Jospin n'a pas gagné la présidentielle de 2002. Michel Thénard avait eu raison. *Le Monde* du 4 avril 2000 avait été également prémonitoire : « Le tournant résolument électoraliste pris par Lionel Jospin et le report programmé des réformes apparaissent comme un rendez-vous historique manqué. » À un menton en galoche sur un corps de basketteur succède un menton de centurion sur un corps de chanoine.

Jean-Pierre Raffarin est précédé d'une réputation de réformateur pour avoir, dans son ouvrage, *Pour une nouvelle gouvernance*, écrit qu'il fallait « se préoccuper de l'efficacité que peut avoir un gouvernement (...) Aucune des politiques suivies par les majorités successives n'a paru suffisamment convaincante ni parfois suffisamment définie pour être poursuivie [1] ». Et le Premier ministre de

1. Jean-Pierre Raffarin, *Pour une nouvelle gouvernance. L'Humanisme en action*, Archipel, 2002.

citer la réforme de l'État, la fiscalité, les déficits publics et sociaux et d'entamer son parcours par une célèbre « raffarinade » : « La route est droite mais la pente est raide. »

• *Le 22 août 2002. Le Figaro* : « Raffarin : osez maintenant ».

La priorité des priorités doit être l'adaptation du pays à la compétition internationale ; c'est précisément parce que la conjoncture faiblit qu'il faut aujourd'hui réduire les impôts et charges. « Jean-Pierre Raffarin osera-t-il ? Pour l'heure, on devine surtout la prudence. L'occasion est pourtant historique. »

« Historique » : c'est le terme utilisé deux ans plus tôt à l'égard de Lionel Jospin. Pendant tout son mandat, Jean-Pierre Raffarin paraîtra se poser la question : faut-il attendre que la croissance revienne pour lancer des réformes ou lancer des réformes pour faire repartir la croissance ? Jean-Pierre Raffarin doit faire face, contrairement à son prédécesseur, à une croissance qui faiblit. Il doit également faire face aux promesses de Jacques Chirac et à l'héritage de Lionel Jospin. Dès le départ, le doute s'installe.

• *4 juillet 2002. Libération* : « Un plan-plan pour la France ».

Le quotidien estime que le discours de politique générale du Premier ministre est sans relief ni surprise.

« Raffarin invente l'audace prudente », titre de son côté *Le Monde* qui souligne que le Premier ministre a retenu le goût pour le compromis de son père en politique, Valéry Giscard d'Estaing.

Le Figaro estime cependant que Raffarin marque « une profonde intention réformatrice ».

Le *Financial Times*, dès le 7 août, continue dans la même veine : « Avec une majorité forte et un président de la République chef de la majorité (...), la France bénéficie d'une opportunité de réformes. Il n'est pas certain que Raffarin la saisisse. »

• *28 août 2002. Les Échos* : « Impôts et dépense publique : la droite honteuse ».

L'avocat Olivier Debouzy écrit que Jean-Pierre Raffarin n'est pas là pour faire une politique de gauche honteuse et qu'il faut que le gouvernement sorte la hache et se livre à des coupes claires dans les structures bureaucratiques du pays.

• *6 septembre 2002. Le Point* : « Jean-Pierre fera rien... saisi par la tremblante du changement ».

Moins de trois mois après l'installation du nouveau gouvernement à Matignon, Nicolas Baverez écrit : « À la notable exception de la politique de sécurité, il est désormais clair que le gouvernement Raffarin s'inscrit dans une totale continuité avec la gauche plurielle dirigée par Lionel Jospin. Sous Raffarin, comme sous Jospin, le mot d'ordre reste identique : la réforme, en parler toujours, ne la faire jamais. »

• *23 décembre 2002. Le Figaro* : « Raffarin prépare l'opinion à des réformes difficiles ».

Le Premier ministre essaie de relancer son action, il estime avoir acquis une sorte de capital de confiance de la part des Français. Jean-François Copé, le porte-parole du gouvernement, insiste : « Le temps des rapports et des reports est terminé. »

5 avril 2003. Les Échos : « Raffarin veut geler les dépenses de l'État »

La rigueur n'est pas au coin de la rue, affirme le Premier ministre qui promet d'« aller chercher le point de croissance qui nous manque en allégeant les lourdeurs pour tous ceux qui créent de l'emploi ». Il appelle l'administration à faire des efforts de gestion pour continuer à baisser les impôts, il faut geler les dépenses.

À ce moment-là, le sénateur socialiste Bernard Angely s'offusque de ce qu'à Bercy 700 personnes s'occupent à plein temps de la gestion du parc immobilier de l'État. Personne ne l'entend.

• *18-19 juillet 2003. Les Échos* : « Conflits sociaux : gauche et droite bousculées par l'extrémisme ».

« À force de voir les gouvernements successifs ne jamais rien changer, ne rien proposer, les Français manifestent une inquiétude qui tourne à la colère, lit-on dans le quotidien économique. Une contestation radicale, jusqu'au-boutiste a émergé des derniers conflits sociaux et notamment de la grève des enseignants du printemps. » Michel Wieworka, sociologue, interrogé par Françoise Fressoz, déclare voire moins dans cette radicalité un nouvel épisode de la lutte des classes que la crise des institutions de notre modèle d'intégration politique, sociale et culturelle. « Le modèle français prend l'eau de toutes parts », affirme-t-il.

• *25 août 2003. Le Figaro* : « Raffarin confronté à la dérive explosive de la dette publique ».

La dette va passer le cap des 60 % du PIB et Jean-Pierre Raffarin plaide sa cause à Bruxelles. La croissance ralentie accélère le recours au déficit. Jusqu'en 2001, la croissance a permis de réduire le déficit, ce n'est plus le cas.

On va voir que les successeurs de Jean-Pierre Raffarin iront, eux aussi, à Bruxelles comme on va à Canossa.

• *15 septembre 2003. Le Monde* : « L'équipe Raffarin saisie par la crainte de l'échec ».

Le Premier ministre doit faire face à la panne de croissance et au déficit. Il baisse dans les sondages.

C'est l'époque où André Santini lance ce mot : « S'il

continue à descendre dans les sondages, il va finir par trouver du pétrole. »

• *11 décembre 2003. Les Échos* : « Pour quoi les tiendrez-vous cette fois ? »

Pour l'éditorialiste des *Échos*, Paul Fabra, la cause est entendue : il n'y aura pas de réforme, et il conclut : « Sommes-nous devant une dramatique démonstration de l'art de ne pas gouverner ? »

• *20 décembre 2003. Les Échos* : « Raffarin s'alarme du recul de l'attractivité de la France et de notre compétitivité ». Le même journal, en décembre 2001, avait titré : « Compétitivité : Jospin face au retard français ».

• *20 juin 2004. Les Échos* : « Le gouvernement choisit la prudence ».

Au lendemain de la défaite aux élections régionales, le quotidien économique explique que les réformes sont décidément en berne... Celles du droit du travail comme celles de l'assouplissement des 35 heures sont en panne.

• *15 septembre 2004. Le Monde* : « Les politiques font de grands débats sur les chiffres ».

Éric Le Boucher explique que les grands débats sur les chiffres de la loi de finance initiale, celle qui est votée par le Parlement, sont ensuite corrigés. « Tout est furieusement corrigé, gelé, coupé, raboté par les services du Budget, dans l'exécution au cours de l'année... » L'éditorialiste du *Monde* estime que « les débats sur le budget 2004 sont sans portée véritable. C'est la ruse des dirigeants politiques, gauche et droite, réunis en vérité que de nous conduire à de faux débats pour donner l'illusion du changement dans un ordre budgétaire, en réalité, bloqué par leur lâcheté précédente ».

• *20 octobre 2004. Le Monde* : « Rapport Camdessus,

énième rapport sur le déclin français ou point d'appui pour un sursaut rapide ? »

Éric Besson, secrétaire national chargé des questions économiques au PS, fait ce commentaire, rapporté par *Le Monde* : « Ce rapport sur commande reprend les orientations de Nicolas Sarkozy et tient du discours caricatural sur le fait que les Français ne travaillent pas assez. » Trois ans plus tard, dans *Qui connaît Madame Royal ?*, le même peint un Pierre Mauroy « pontifiant sur le mode : l'économie ne compte pas, nous autres socialistes ne devons penser qu'au social, il ne faut pas s'attacher aux chiffres, on trouvera toujours des techniciens pour les adapter[1] ».

• *26 octobre 2004. Les Échos* : « Social : M. Raffarin, décidez ».

Le quotidien économique se fâche et Dominique Seux écrit : « La réforme du droit de licenciement économique restera dans les annales (...) Voilà un gouvernement qui, en à peine une semaine, rédige un texte de loi, le soumet aux partenaires sociaux, l'ampute d'un bon morceau puis l'adopte en Conseil des ministres avant de le faire voter dans quelques jours au Parlement. » Et Dominique Seux de décrire les incertitudes sur le lundi de Pentecôte, les interrogations sur les 35 heures, la révision du Code du travail et le changement de pied sur le contrôle des chômeurs.

En novembre 2004, l'Assemblée discute le projet de loi sur la cohésion sociale présenté par Jean-Louis Borloo pour « préparer l'avenir de la France ». Au total, il est prévu un financement de 15 milliards étalé sur cinq ans et 150 amendements ont été déposés dont les deux tiers par la majorité.

1. Éric Besson, *Qui connaît Madame Royal ?*, Paris, Grasset, 2007.

Dans un rapport daté du 11 novembre, la commission des finances vante le système danois : « des licenciements facilités en contrepartie d'indemnités plus copieuses et accordées plus longtemps ». Plusieurs parlementaires de poids, comme Hervé Novelli (ministre en 2008 du Commerce extérieur et de l'Industrie) ont accompagné le président de la commission des finances, Pierre Méhaignerie, au Danemark. Des syndicalistes ont également pris part au voyage. Résultat de celui-ci : un amendement allant dans le sens d'une plus grande flexibilité. Résultat : serrage de fesses immédiat à l'Élysée et à Matignon. Le ministre délégué aux Relations du travail, Gérard Larcher, prévient : « Attention aux mots provocateurs comme celui de "flexibilité". » Dominique Dord, un député proche de Jean-Pierre Raffarin et rapporteur du volet « licenciement économique » du plan Borloo, enfonce le clou : « Il ne faut pas agiter un chiffon rouge devant les syndicats. » La seule flexibilité qu'on tolère à Matignon, comme à l'Élysée, est celle des échines parlementaires.

L'entêté Novelli tient bon. Il dépose son amendement avec les autres. Ils seront tous repoussés et Novelli se fera traiter d'imbécile par Chirac comme par Raffarin à qui appartient le mot de la fin : « Le débat parlementaire est un débat libre, mais je souhaite que soit voté le texte proposé par le gouvernement. » Les raffarinades ont parfois un goût de poutinades.

Malgré ce mot de la fin, ce n'est pas fini. En février 2005, lors d'un colloque sur le modèle danois et la flexisécurité, Gérard Larcher salue le « miracle danois » : « Dans ce système, chacun trouve son compte... »

Cet épisode se renouvellera en juin 2006 avec l'ISF pour lequel le gouvernement refusera toute modification. Pierre

Méhaignerie lâchera alors : « J'en ai marre de cette monarchie socialisante avec Claude Chirac aux manettes et un Premier ministre aux ordres. » Sur ordre de l'Élysée, en effet, des députés ont voté contre un amendement adoucissant l'ISF mais, grâce à une disposition remontant à... 1993, on ne connaît pas leurs noms. Le député de l'Aisne, Charles de Courson, ricanera : « Pour la troisième ou quatrième fois en dix ans, nous assistons à ce que j'ai appelé "le bal des faux-culs". »

• *22 novembre 2004. Le Figaro* : « Taxis, notaires, coiffeurs et cafetiers accusé de brider la création d'emplois ».

C'est, explique le quotidien, un rapport explosif sur l'emploi qui est remis à Nicolas Sarkozy, avant son départ du ministère des Finances. Depuis, cet ancêtre du rapport Attali est tombé aux oubliettes.

• *7 février 2005. Le Monde* : « Les Français ne croient plus en rien ».

Le quotidien affirme que, selon un rapport des préfets, « les Français ne croient plus en rien. Ils estiment que ce n'est pas la peine d'essayer de se faire entendre ».

• *28-29 octobre 2005. Les Échos* : « La réforme de l'État, thème de la cinquième conférence de presse de Dominique de Villepin ».

Pour le quotidien économique, la réforme de l'État est devenue l'Arlésienne de la politique française, de Rocard à Villepin en passant par Édith Cresson, Pierre Bérégovoy, Édouard Balladur, Alain Juppé et Jean-Pierre Raffarin. En 1992, rappellent *Les Échos,* Pierre Bérégovoy affirmait déjà : « Il faut moins de fonctionnaires, mais il faut qu'ils soient mieux payés. »

• *12 janvier 2006. Les Échos* : « Fin des baisses d'impôts, déficit zéro, Villepin présente un plan de rigueur pour l'après-2007 ».

Candidat potentiel à la présidentielle, Dominique de Villepin promet l'effacement complet du déficit public en cinq ans.

• *3 juillet 2006. Le Figaro* : « Des résultats si minces ».

Le professeur de sciences politiques à Princeton Ezra Suleiman, écrit : « Si après douze ans de pouvoir chiraquien les résultats sont si minces, la faute en incomberait au conservatisme français, pas au président. L'argument séduit les médias enclins à relater, non sans une certaine paresse, la vision du monde colportée par les élites (...). Imagine-t-on un chef d'entreprise expliquant ses mauvais résultats par les excès de bureaucratie de son entreprise ? (...) Dans la France d'aujourd'hui, après trente ans de désillusions, le défi d'un homme politique, c'est d'être crédible (...). Les Français ne demandent ni un de Gaulle, ni un Roosevelt, ni un Churchill, ils veulent simplement un leadership moins cynique, déterminé à servir plutôt qu'à se servir du pouvoir. »

• *15 juillet 2006. Les Échos* : « La réforme inachevée des retraites... hélas ! »

Le quotidien économique écrit que la réforme des retraites sera un des éléments phares du bilan de Jacques Chirac. Alors que Lionel Jospin avait reculé devant l'obstacle, Jean-Pierre Raffarin et François Fillon étaient parvenus à faire adopter ce changement. C'est une avancée énorme. Mais « la loi Fillon n'a fait que la moitié du chemin sur le financement des régimes sociaux (...) Une certitude : on en reparlera en 2008 puisqu'un rendez-vous est d'ores et déjà prévu ».

• *29 août 2006. Les Échos* : « Villepin multiplie les gestes en faveur du pouvoir d'achat ».

Le Premier ministre promet de répondre aux problèmes concrets des Français pendant les huit mois qui précèdent les élections. Il annonce une série de mesures visant à doper le pouvoir d'achat.

En avril 2008, le président Sarkozy est installé à l'Élysée depuis bientôt un an. « Au président fainéant succède un président cannibale », avait écrit le 3 juillet 2007 Nicolas Baverez dans *Les Échos*. « Moins de quatre mois après son installation à l'Élysée, Nicolas Sarkozy peut afficher les premiers résultats de son action (...) ils sont plutôt flatteurs (...) loin de donner du temps au temps, il s'agit de capitaliser sur le sentiment d'urgence qui s'est emparé des Français depuis qu'ils ont pris la mesure du décrochage du pays. L'essai doit être transformé mais les réformes sont en route. »

En ce qui concerne la production normative, celle-ci a été particulièrement intense au cours des neuf premiers mois du nouveau pouvoir : depuis l'élection de la nouvelle Assemblée le 17 juin 2007, 23 lois ont été promulguées. La quasi-totalité des projets de loi présentés au Parlement ont été déclarés « d'urgence ». Chaque texte ne passe qu'une fois devant l'Assemblée nationale et le Sénat, au lieu de deux fois. Ce fut le cas du « paquet fiscal », de la réforme de l'université, du texte contre la récidive, de la loi Hortefeux sur l'immigration, de la loi Chatel sur la concurrence.

Les députés grincent des dents et le président de l'Assemblée nationale, Bernard Accoyer, estime en privé que le Parlement n'est qu'une chambre d'enregistrement au service de la volonté du chef de l'État. Les frictions ne manquent pas. En octobre 2007, Michel Raison, député UMP de la Haute-Saône, a démissionné de sa fonction de rapporteur du projet de la loi Chatel sur la concurrence, car l'Élysée voulait faire déposer par le gouvernement un amendement de dernière minute inspiré, paraît-il, par Michel-Édouard Leclerc. Autre grincement de dents : on compte six taxes et impôts nouveaux depuis sept mois. La créativité fiscale s'accélère, disent certains.

Dès le 9 juillet, Nicolas Sarkozy avait, lui aussi, pris le chemin de Bruxelles, accompagné de Christine Lagarde, pour expliquer que le retour à l'équilibre budgétaire était repoussé à 2012. La commission des finances fronce les sourcils et ne cache pas qu'elle a du mal à avaler le paquet fiscal de 15 milliards, la mise en cause de l'euro fort et de la politique menée par la Banque centrale.

À la fin du mois d'août quelques questions fusent. Les sondages sont flatteurs, le gouvernement lance ses réformes mais *Les Échos* s'interrogent : « Où est la logique d'ensemble ? où est l'analyse de la situation de l'économie française qui justifierait une politique économique plutôt qu'une autre (...). Y a-t-il un économiste au gouvernement pour donner une stratégie à la France ? »

Pour les Français, la diminution de la dette et du déficit passe bien après la hausse du pouvoir d'achat qui a constitué un des thèmes vedettes de la campagne de Nicolas Sarkozy. « Travailler plus pour gagner plus » est un slogan qui continue de résonner dans la tête des électeurs. Avec la hausse des prix du pétrole et des matières premières, ils ont l'impression que leur niveau de vie leur file entre les doigts et qu'au lieu de progresser, celui-ci s'érode. À peine la période de rentrée est-elle passée que l'inflation et le pouvoir d'achat font les gros titres des journaux. Mais la cote de Nicolas Sarkozy semble inoxydable.

En novembre 2007, lors d'un colloque sur la croissance organisé par l'institut de conjoncture Rexecode, François Fillon admet « un début d'impatience chez les Français ».

Il martèle cependant « réformes, réformes, réformes » et évoque, notamment, le marché du travail. Pour lui mettre du baume au cœur, Michel Didier, le président de Rexecode, rappelle que le Code du travail néerlandais compte 900 pages contre 2 600 pages pour le Code français, que le Code du commerce français qui comptait 900 pages en 1966, en comporte aujourd'hui 2 950 et que son poids est passé de 400 grammes à près de 3 kilos. Tout le monde comprend qu'il y a du pain sur la planche.

Mais la visite du colonel Kadhafi à Paris au début du mois de décembre 2007 et le battage médiatique autour de la vie privée du président de la République vont mettre définitivement fin à la période de grâce dont profitait Nicolas Sarkozy. Le charme semble rompu. Il se raconte qu'un des « visiteurs du soir » à l'Élysée a confié au président : « Tes frasques seront pardonnées si tu parviens à satisfaire les Français en matière de pouvoir d'achat. » L'ancien ministre et actuellement sénateur Gérard Longuet, un proche de Nicolas Sarkozy, lui aurait conseillé : « Bravo, tu fais des réformes, il faut assurer le suivi. »

Alors que, au mois d'octobre, l'État était « en faillite », selon l'expression de François Fillon, et que le président lui-même affirmait que les caisses étaient vides, en janvier 2008 « miracle à l'Élysée » : les caisses se remplissent pour offrir un supplément de 200 euros aux retraités modestes. Commentaire de Jacques Chérèque, le secrétaire général de la CFDT : « La décision la plus simple, c'est de donner ; la plus compliquée, c'est de financer. »

Même si le mot « rigueur » demeure tabou, tous les commentateurs économiques se demandent où sont passés les appels à assainir les finances publiques et à moderniser l'État. « La Cour des comptes n'est pas convaincue par la réforme de l'État Sarkozy », commentent *Les Échos* qui citent le jugement porté par Philippe Seguin sur la politique de RGPP (révision générale des politiques publiques) lancée en juillet 2007 par François Fillon. Celle-ci relève d'une « politique par bribes sans vue d'ensemble ni mise en cohérence ». Quelques semaines plus tôt, dans *Les Échos*, Jean-Marc Vittori avait écrit en parlant de ces réformes : « Comme à Gravelotte (...) quel feu d'artifice depuis plusieurs mois, les fusées volent dans tous les sens, même dans les coins les plus abrités. » Le 8 janvier 2008, Nicolas Sarkozy revient sur le devant de la scène : il promet du pouvoir d'achat par « le travail et la réforme ». Il a du terrain à rattraper...

C'est le moment où *Le Parisien* titre : « Sarkozy, le trou d'air ». *L'Express* évoque la déception ; *Le Nouvel Observateur* se contente d'un simple mais redoutable « Pschitt » ; tandis que *Le Point* s'interroge sur « Ce qui cloche ». À la fin du mois de janvier, l'Insee annonce que le moral des ménages s'inscrit au plus bas depuis la création, en 1987, de l'enquête de conjoncture.

Nicolas Baverez, si louangeur dès le mois de juillet 2007, avait assené, dans *Le Nouvel Observateur*, au mois de novembre : « On a l'impression qu'Henri Guaino a revendu à Sarkozy ce qu'il avait déjà vendu à Chirac : l'idée que la politique n'a que faire d'un raisonnement comptable. » Et Dominique Seux dans *Les Échos* du 7 février 2008 titre son papier : « Réformes : attention à la pause ». Tandis que *Valeurs actuelles* s'interroge : « Sarkozy, un nouveau Giscard ? » Comment expliquer la difficulté rencontrée par tous les gouvernements successifs quand il s'agit de mener à bien les réformes promises et reconnues comme inéluctables ? « C'est tout simplement...

trop compliqué », explique Jean-Marc Vittori, dans *Les Échos* du 8 février 2008. Sous le titre « Le drame de la complexitude », il analyse le jeu du lobby naturel de la « complexification » inutile, il souligne que Martin Hirsch avait recensé 51 dispositifs différents de solidarité avant de prendre ses fonctions actuelles, que les grandes entreprises se sont résignées à absorber la montagne de paperasserie et de réglementations en faisant appel à une armada d'experts. Au moins deux ministres, selon Jean-Marc Vittori, veulent simplifier la vie des Français et des entreprises. Il s'agit d'Éric Woerth, le ministre du Budget, et d'Hervé Novelli, le secrétaire d'État aux Entreprises. Dans ce livre, nous avons montré qu'ils avaient de nombreux prédécesseurs qui, tous, ont fini par lâcher prise. Les réformes iront-elles cette fois jusqu'au bout ? De nombreux députés de la majorité ont estimé qu'il y avait dans le rapport Attali plusieurs propositions mal venues à la veille des élections municipales de mars 2008. Ce n'est jamais le bon moment pour réformer. Au lendemain du second tour, selon le baromètre BVA-*Les Échos*, 51 % des Français préféreraient une adaptation de la politique gouvernementale à une accélération du rythme des réformes. Depuis le dimanche 16 mars au soir, la gauche et la droite se querellent à propos des conclusions à tirer de ces élections et l'interprétation à donner du message des électeurs. Ces derniers veulent-ils un ralentissement ou bien souhaitent-ils une accélération ? Il y aurait tout à la fois une « frustration sociale » de gauche et une « frustration réformiste » de droite. Combien de temps la cohabitation entre ces deux frustrations peut-elle durer ? De la réponse à une telle question dépend, en partie, la suite du quinquennat de Nicolas Sarkozy.

Le Père Ubu a fini par s'endormir. Il ne dit plus rien. On le réveille pour solliciter son avis. Sa réponse est simple : « Cornegidouille, si Sarkozy échoue, c'est moi qui vais prendre tous les pouvoirs. Je gouvernerai, alors que j'ai seulement commencé à régner. »

ANNEXES

Les réformes de Nicolas Sarkozy vues par l'Institut Thomas-More

L'institut Thomas-More est un centre de recherche et de réflexion, installé notamment à Bruxelles, Paris et Rome, qui a mis en place un baromètre qui, tout au long du quinquennat, doit permettre d'apprécier les réformes engagées. En guise de conclusion provisoire, nous avons demandé à Jean-Thomas Lesueur, délégué général de cet institut, de nous fournir certains éléments de son bilan le plus récent. Nous l'en remercions.

Quelles sont les réformes les plus importantes ? Les plus engagées ?

1) Notre baromètre a recensé 490 promesses faites par Nicolas Sarkozy pendant sa campagne. De nombreux chantiers ont été lancés dès le premier semestre de sa présidence.

2) La réforme des institutions, la plus engagée, est celle qui a donné lieu au plus grand nombre d'initiatives, notam-

ment avec les propositions de la commission Balladur et le lancement de la Révision générale des politiques publiques (RGPP). Les promesses concernant la réforme des institutions sont engagées à 75 %, et réalisées à 26 %.

3) Malgré un climat social tendu accompagné de nombreuses manifestations, la réforme des régimes spéciaux, vrai test pour le gouvernement, a été menée à son terme. C'est la réforme qui nous semble la plus aboutie. Pour une fois un gouvernement a tenu bon.

4) La modernisation de l'économie (centrée particulièrement sur les PME avec la réduction des délais de paiement, notamment, et la concurrence dans la grande distribution, etc.) est déjà engagée sous forme de consultations. Le volet législatif était attendu pour avril 2008.

5) Nombre des chantiers ouverts depuis mai 2007 sont inscrits dans un processus long, ce qui peut expliquer une certaine impatience.

Y a-t-il des exemples de reculade ?

Un peu plus de 1 % seulement des promesses de campagne ont été formellement abandonnés :

• le non-remplacement d'un fonctionnaire partant à la retraite sur deux (devenu un sur trois). Nicolas Sarkozy, le 19 mars, a cependant réaffirmé que la règle de ce non-remplacement serait « strictement tenue » ;

• le changement de discours relatif à l'adhésion de la Turquie à l'Union européenne ;

• le projet de TVA sociale, qui avait provoqué les premières dissonances au sein du gouvernement, est officiellement reporté. On peut penser qu'il est définitivement enterré.

Les promesses modifiées, altérées ou incomplètement

mises en œuvre sont en revanche beaucoup plus nombreuses. Parmi les plus importantes :

• réforme réduite des droits de succession ;

• intérêts d'emprunts immobiliers non rétroactifs avant le 6 mai 2007 ;

• projet de service minimum dans les transports, incomplet.

• projet d'autonomie des universités, moins ambitieux qu'annoncé.

• projet d'Union méditerranéenne, au rabais.

Manque de cohérence, dit la Cour des comptes. Vrai ou pas ?

Le nombre des chantiers ouverts est incontestablement impressionnant.

Au 1er novembre 2007, il y avait deux fois plus de promesses « en cours » que de promesses « réalisées » (en tout, 34,5 % des promesses de campagne étaient engagées).

À l'issue du dixième mois de présidence, de nouveaux chantiers – ils ne sont pas minces – se sont ajoutés à ceux déjà lancés : réforme de l'école primaire, plan Banlieues ou encore retraites. Entre le 1er novembre 2007 et le 15 mars 2008, il y a eu trois fois plus de promesses lancées que de promesses « réalisées ».

Cela ne signifie pas que le train de réformes effectivement engagées soit considérable : on juge la réforme aux résultats, et non au nombre de projets. La réforme sera jugée à ce qui sort des robinets, non à la masse d'eau engagée dans les tuyaux...

Il est à ce jour bien difficile de dégager des lignes de force de l'action gouvernementale : sur les 24 grands thèmes dans lesquels sont classées, dans notre Baromètre, les promesses de Nicolas Sarkozy, tous sans exception ont fait l'objet d'une action gouvernementale : tous les tuyaux sont encombrés !

Le qualitatif est-il à la hauteur du quantitatif ? Rupture ou continuation déguisée ?

Si la rupture a été constatée, les résultats des réformes, eux, se font manifestement attendre. La question du pouvoir d'achat en est l'exemple le plus éloquent.

La loi TEPA, qui contenait les plus importantes promesses de Nicolas Sarkozy sur le pouvoir d'achat, a été l'une des premières à être adoptées par le Parlement (août 2007). Si le premier bilan de l'utilisation des heures supplémentaires a semblé positif (55 % des entreprises y auraient eu recours en décembre 2007, selon le gouvernement), le « choc de confiance » promis par François Fillon et Christine Lagarde n'a pas eu lieu. Le gouvernement a donc dû compléter son premier train de réformes par une deuxième loi sur le pouvoir d'achat (février 2008) et par l'augmentation de 200 euros des petites retraites après leur revalorisation de seulement 1,1 % au 1er janvier 2008 (décret du 7 mars 2008). Les résultats de la loi TEPA, qui contenait pourtant les plus importantes promesses de Nicolas Sarkozy sur le pouvoir d'achat, n'étaient pas à la hauteur des attentes des Français.

Si la rupture dans le style et les formes a eu lieu, la rupture dans les orientations politiques majeures se fait attendre.

Au-delà des interrogations (par ailleurs légitimes) sur l'homme Sarkozy lui-même, l'une des causes majeures de cette situation est que, contrairement à ce qui s'est dit pendant la campagne, et que beaucoup de Français ont pensé, le travail intellectuel de fond de préparation à une politique authentiquement inédite n'a pas eu lieu. Nicolas Sarkozy ne saurait être comparé à Reagan, Thatcher ou Blair : ces responsables politiques appliquaient leur politique au nom d'un projet de société, au nom d'une « vision ». On peut douter que celle de Nicolas Sarkozy soit très nette. On avancera qu'il confond tactique et stratégie : il fait donner toutes ses batteries, il déploie ses divisions tous azimuts sans choisir où attaquer... Aucun plan d'ensemble ne semble sous-tendre son action.

Nicolas Sarkozy, il l'a dit, « se méfie des idées ». Au risque de dilapider son action sans résultats probants...

Le domaine de la loi

Article 34 de la Constitution

La loi est votée par le Parlement.

La loi fixe les règles concernant :

– les droits civiques et les garanties fondamentales accordées aux citoyens pour l'exercice des libertés publiques ; les sujétions imposées par la Défense nationale aux citoyens en leur personne et en leurs biens ;

– la nationalité, l'état et la capacité des personnes, les régimes matrimoniaux, les successions et libéralités ;

– la détermination des crimes et délits ainsi que les peines qui leur sont applicables ; la procédure pénale ; l'amnistie ; la création de nouveaux ordres de juridiction et le statut des magistrats ;

– l'assiette, le taux et les modalités de recouvrement des impositions de toutes natures ; le régime d'émission de la monnaie.

La loi fixe également les règles concernant :

– le régime électoral des assemblées parlementaires et des assemblées locales ;

– la création de catégories d'établissements publics ;

– les garanties fondamentales accordées aux fonctionnaires civils et militaires de l'État ;

– les nationalisations d'entreprises et les transferts de propriété d'entreprises du secteur public au secteur privé.

La loi détermine les principes fondamentaux :
– de l'organisation générale de la Défense nationale ;
– de la libre administration des collectivités locales, de leurs compétences et de leurs ressources ;
– de l'enseignement ;
– du régime de la propriété, des droits réels et des obligations civiles et commerciales ;
– du droit du travail, du droit syndical et de la sécurité sociale.

Les lois de finance déterminent les ressources et les charges de l'État dans les conditions et sous les réserves prévues par une loi organique.

Des lois de programme déterminent les objectifs de l'action économique et sociale de l'État.

Les dispositions du présent article pourront être précisées et complétées par une loi organique.

Le règlement

Article 37 de la Constitution

Les matières autres que celles qui sont du domaine de la loi ont un caractère réglementaire.

L'élaboration de la loi

Aux termes de l'article 39 de la Constitution, « l'initiative des lois appartient concurremment au Premier ministre et aux membres du Parlement ».

On appelle « projet de loi » le texte déposé par le Premier ministre au nom du gouvernement et « proposition de loi » celui qui émane d'un ou plusieurs parlementaires.

a) Les projets de loi

Ils sont délibérés en Conseil des ministres après du Conseil d'État et déposés sur le bureau d'une des deux assemblées. L'avis de la – ou des – « section(s) administrative(s) » du Conseil d'État doit toujours être demandé au cours de l'élaboration d'un projet de loi. Les observations faites par le Conseil d'État ne sont pas publiques et n'ont qu'un caractère consultatif.

En outre, le Conseil économique et social peut être saisi pour avis.

b) Les propositions de loi

Elles proviennent des députés et sénateurs à titre individuel ou collectif mais elles sont limitées par l'existence d'irrecevabilités (financières [art. 40], réglementaires [art. 41]).

La discussion de la loi

– le renvoi en commission (art. 43) ;
– l'inscription à l'ordre du jour ;

– la discussion en séance publique avec possibilités d'amendements ;
– la transmission à la seconde assemblée (art. 45) ;
– en cas de désaccord, le gouvernement peut provoquer la création d'une CMP (commission mixte paritaire) pour résoudre les oppositions. Le gouvernement peut clore ce va-et-vient en donnant le dernier mot à l'Assemblée nationale.

Les textes de loi en instance de promulgation sont susceptibles d'être contestés devant le Conseil constitutionnel par : le président de la République, le Premier ministre, le président de l'Assemblée nationale ou le président du Sénat, 60 députés ou sénateurs. Le Conseil constitutionnel est tenu de statuer dans le délai d'un mois, délai ramené à huit jours à la demande du gouvernement s'il y a urgence.

Une réponse positive du Conseil constitutionnel autorise le chef de l'État à promulguer la loi.

La hiérarchie des normes

Toutes les normes édictées n'ont pas la même valeur juridique. Cette valeur s'étalonne selon un principe connu sous le nom de « hiérarchie des normes ».

L'article 55 de notre Constitution prévoit que les traités ou accords régulièrement ratifiés ou approuvés ont, dès leur publication, une autorité supérieure à celles des lois.

Ces accords ou traités doivent être conformes à la Constitution. Au cas où ils ne le seraient pas, il convient de procéder, avant leur ratification, à une modification de la Constitution (art. 54).

Les traités ou accords internationaux occupent la première place dans la hiérarchie des normes.

Suivent, dans l'ordre décroissant : la Constitution, préambule et principes de valeur constitutionnelle inclus, la loi constitutionnelle (art. 89), la loi organique (art. 46), la loi ordinaire (art. 34 principalement) et la loi de finance (art. 47).

Après les actes du Parlement, ceux de l'exécutif ont aussi leur hiérarchie. Pour mémoire : la décision du chef de l'État prise en vertu de l'article 16, puis l'ordonnance dans ses dispositions réglementaires (art. 38), puis le décret du Premier ministre (art. 37), le décret pris en forme de règlement d'administration publique (RAP), le décret simple du président de la République (art. 13) et du Premier ministre (art. 21), l'arrêté interministériel, l'arrêté ministériel, l'arrêté préfectoral, l'arrêté municipal.

Il convient d'ajouter à cette liste traditionnelle, bien que leur valeur juridique soit discutable :

– la circulaire, instruction de service écrite adressée par une autorité supérieure à des agents subordonnés ; elle est théoriquement dépourvue de force obligatoire vis-à-vis des administrés mais elle joue en fait un rôle majeur dans les relations administration-administrés ;

– l'instruction en matière fiscale, opposable aux citoyens, qui engendre un vaste contentieux dans la mesure où il ne s'agit que d'une simple interprétation de l'administration.

Table

Achevé d'imprimer en avril 2008
par ***Bussière***
à Saint-Amand-Montrond (Cher)

Photocomposition Nord Compo
Villeneuve d'Ascq

« Pour l'éditeur, le principe est d'utiliser des papiers composés de fibres naturelles, renouvelables, recyclables et fabriquées à partir de bois issus de forêts qui adoptent un système d'aménagement durable.
En outre, l'éditeur attend de ses fournisseurs de papier qu'ils s'inscrivent dans une démarche de certification environnementale reconnue. »

35-57-3863-4/01

Dépôt légal : avril 2008.
N° d'édition : 98954. – N° d'impression : 081237/4.

Imprimé en France